U0512524

"十四五"国家重点出版物出版规划项目

★ 转型时代的中国财经战略论丛 ◢

本专著为山东省社科规划项目"新旧动能转换背景下山东省创意人才支撑文化产业发展研究"（19BJCJ13），
山东省人文社会科学课题"支撑山东省文旅融合高质量发展的人才培养模式研究"（2021-YYGL-20）研究成果。

新旧动能转换背景下
创意人才支撑文化产业发展研究

Research on the Development of Cultural Industry Supported
by Creative Talents under the Background
of Transformation of Old and New Driving Forces

罗文卿　著

中国财经出版传媒集团
经济科学出版社
Economic Science Press

图书在版编目（CIP）数据

新旧动能转换背景下创意人才支撑文化产业发展研究/
罗文卿著. —北京：经济科学出版社，2021. 11
（转型时代的中国财经战略论丛）
ISBN 978 - 7 - 5218 - 3186 - 3

Ⅰ.①新…　Ⅱ.①罗…　Ⅲ.①文化产业 - 人才培养 -
研究 - 中国　Ⅳ.①G124

中国版本图书馆 CIP 数据核字（2021）第 250645 号

责任编辑：于　源　姜思伊
责任校对：隗立娜　齐　杰
责任印制：范　艳

新旧动能转换背景下创意人才支撑文化产业发展研究

罗文卿　著

经济科学出版社出版、发行　新华书店经销

社址：北京市海淀区阜成路甲 28 号　邮编：100142

总编部电话：010 - 88191217　发行部电话：010 - 88191522

网址：www. esp. com. cn

电子邮箱：esp@ esp. com. cn

天猫网店：经济科学出版社旗舰店

网址：http://jjkxcbs. tmall. com

北京季蜂印刷有限公司印装

710×1000　16 开　17 印张　250000 字

2021 年 12 月第 1 版　2021 年 12 月第 1 次印刷

ISBN 978 - 7 - 5218 - 3186 - 3　定价：65. 00 元

（图书出现印装问题，本社负责调换。电话：010 - 88191510）

（版权所有　侵权必究　打击盗版　举报热线：010 - 88191661

QQ：2242791300　营销中心电话：010 - 88191537

电子邮箱：dbts@ esp. com. cn）

总　序

　　《转型时代的中国财经战略论丛》是山东财经大学与经济科学出版社合作推出的"十三五"系列学术著作，现继续合作推出"十四五"系列学术专著，是"'十四五'国家重点出版物出版规划项目"。

　　山东财经大学自2016年开始资助该系列学术专著的出版，至今已有5年的时间。"十三五"期间共资助出版了99部学术著作。这些专著的选题绝大部分是经济学、管理学范畴内的，推动了我校应用经济学和理论经济学等经济学学科门类和工商管理、管理科学与工程、公共管理等管理学学科门类的发展，提升了我校经管学科的竞争力。同时，也有法学、艺术学、文学、教育学、理学等的选题，推动了我校科学研究事业进一步繁荣发展。

　　山东财经大学是财政部、教育部、山东省共建高校，2011年由原山东经济学院和原山东财政学院合并筹建，2012年正式揭牌成立。学校现有专任教师1688人，其中教授260人、副教授638人。专任教师中具有博士学位的962人。入选青年长江学者1人、国家"万人计划"等国家级人才11人、全国五一劳动奖章获得者1人，"泰山学者"工程等省级人才28人，入选教育部教学指导委员会委员8人、全国优秀教师16人、省级教学名师20人。学校围绕建设全国一流财经特色名校的战略目标，以稳规模、优结构、提质量、强特色为主线，不断深化改革创新，整体学科实力跻身全国财经高校前列，经管学科竞争力居省属高校领先地位。学校拥有一级学科博士点4个，一级学科硕士点11个，硕士专业学位类别20个，博士后科研流动站1个。在全国第四轮学科评估中，应用经济学、工商管理获B+，管理科学与工程、公共管理获B-，B+以上学科数位居省属高校前三甲，学科实力进入全国财经高校前十。工程学进入 ESI 学科排名前 1%。"十三五"期间，我校聚焦内涵式发展，全面实施了科研强校战略，取得了一定成绩。获批国家级课题项目 172 项，教育部及其他省部级课题项目 361 项，承担各级各类横向课题 282 项；教师共发表高水平学术论文 2800 余篇，出版著作 242 部。同时，新增了山东省重点实验室、省重点新型智库和研究基地等科研平台。学校的发展为教师从事科学研究提供了广阔的平台，创造了更加良好的学术生态。

"十四五"时期是我国由全面建成小康社会向基本实现社会主义现代化迈进的关键时期，也是我校进入合校以来第二个十年的跃升发展期。2022 年也将迎来建校 70 周年暨合并建校 10 周年。作为"十四五"国家重点出版物出版规划项目，《转型时代的中国财经战略论丛》将继续坚持以马克思列宁主义、毛泽东思想、邓小平理论、"三个代表"重要思想、科学发展观、习近平新时代中国特色社会主义思想为指导，结合《中共中央关于制定国民经济和社会发展第十四个五年规划和二〇三五年远景目标的建议》以及党的十九届六中全会精神，将国家"十四五"期间重大财经战略作为重点选题，积极开展基础研究和应用研究。

与"十三五"时期相比，"十四五"时期的《转型时代的中国财经战略论丛》将进一步体现鲜明的时代特征、问题导向和创新意识，着力推出反映我校学术前沿水平、体现相关领域高水准的创新性成果，更好地服务我校一流学科和高水平大学建设，展现我校财经特色名校工程建设成效。通过对广大教师进一步的出版资助，鼓励我校广大教师潜心治学，扎实研究，在基础研究上密切跟踪国内外学术发展和学科建设的前沿与动态，着力推进学科体系、学术体系和话语体系建设与创新；在应用研究上立足党和国家事业发展需要，聚焦经济社会发展中的全局性、战略性和前瞻性的重大理论与实践问题，力求提出一些具有现实性、针对性和较强参考价值的思路和对策。

山东财经大学校长

2021 年 11 月 30 日

目 录

第 1 章 绪 论

1.1 新旧动能转换

新旧动能转换是在我国经济发展进入新常态后，中央围绕推进经济实现高质量发展而提出的新概念。所谓"新旧动能转换"即通过新模式代替旧模式，新业态代替旧业态，新技术代替旧技术，新材料新能源代替旧材料旧能源，实现产业升级，实现数量增长型向质量增长型、外延增长型向内涵增长型、劳动密集型向知识密集型经济增长方式转变。具体来看，新动能是指在社会产业创新变革中所形成的新动力、新业态、新模式发展动力；而旧动能则指的是以传统资源为导向、大规模粗放投入要素和投资的发展方式，比较宽泛地涉及使用传统经营模式的产业。因此，新旧动能转换概括来讲就是通过创新动能的培育来转换传统动能，其实质就是将传统模式的增长转化为创新经济模式的发展。

2015 年 10 月，李克强在经济形势座谈会中提出"当前我国经济正处在新旧动能转换的艰难进程中"，[①] 首次提出新旧动能转换的概念。随后，在 2016 年《政府工作报告》中进一步指出："经济发展必然会有新旧动能迭代更替的过程，当传统动能由强变弱时，需要新动能异军突起和传统动能转型，形成新的'双引擎'，才能推动经济持续增长、跃上新台阶。"此后，学界与企业界掀起了有关新旧动能转换内涵解读研究的热潮，相关研究成果、论述不断丰富发展。实际上，新旧动能转换并不是突然出现的新词，而是伴随着国际、国内经济发展形势不断变

---

① 李克强：《新旧动能转换是一个长期的过程 我们需要耐心》，中国政府网，http：// www.gov.cn.

化，对中国经济发展需要走的道路的高度凝练总结。从发展的事实看，每一次经济转型升级都是新旧动能转换的结果，而现阶段，中国正处于新一轮新旧动能转换的历史过程中。

1.2 新旧动能转换与文化创意产业

文化创意产业是为社会公众提供文化产品和文化相关产品的行业类型。从文化创意产业的本质看，一方面，文化生产活动离不开国民经济体系的支撑。《文化及相关产业分类》本来就是《国民经济行业分类》的衍生分支。文化作为与经济、政治和社会相对应的范畴，与国民经济和社会发展相辅相成、相互促进。经济发展结构调整和动力续航寻求创新的整体要求也为文化产业自身结构的合理化和高度化提出了更高要求。另一方面，市场主导和资本驱动下的现代文化产业逐渐凸显出以知识和创意为主要资源和核心资产的特征。知识经济背景下，文化产业服务于经济领域的空间广阔，服务于消费领域的行业多元，在文化产业和国民经济从并行到融合的演进过程中，文化产业自然而然全面而深入地渗透到不同行业领域中，并往往因为文化的更新推动了产业创新、融合或蔓生乃至裂变，在一定程度上促进了经济领域跨界升级和经济动力的迭代转型。文化产业以要素创新驱动业态创新、以产业转型拉动消费升级、以文化之力推动实现社会经济发展动力转换，既对新兴动能成长起到"加速器"的作用，又扮演了新旧动能转换"稳定器"的角色，对经济领域重塑新动力体系具有特殊启发意义。

1.3 文化产业链与文化创意产业化

研究文化创意产业发展的模式与路径，归根结底离不开对文化产业价值链的分析与探索。文化创意产业的运行过程其实也就是思想创意变为产业的动态转化过程。创意产业是知识密集产业，创新性和创意性是其发展的根本动力。创意产业是在创意的流动和扩散中，实现各环节的信息交换，最终实现创意的共享与创新价值的。创意产业运行过程大致表现为：首先，创意者形成创意方案；其次，生产商通过对创意方案进行投资、开发和生产，把思想创意物化为有形产品或具体服务，进行创意成果的产业化制造；再次，经纪人通过各发行机构对创意产品进行推广、交易与传播，运营商通过各媒介对创意商品进行服务与营销；最后，创意商品或服务通过销售网络到达消费者，在此创意完成了由思想到商品的转化，最终实现了创意的产业化和价值增值。关于文化产业链各环节的具体功能，以及文化创意产业化完成过程，将在本书后续部分详细介绍。

1.4 文化创意人才分类及胜任力

人才对于产业发展的重要性不言而喻，文化创意产业也不例外。研究人才对于产业的支撑作用，无疑需要对分处于产业链各环节的人才进行功能分类。依循上文的分析思路，按照文化创意产业链划分的人才包括创意提出者、创意生产者、创意推广营销者、创意组织经营管理者、创意衍生品生产经营者等多种。考虑到研究的针对性与可行性，本书拟对以上各类人才进行适当的重新归类，最终将行业人才总结为创意研发人员与创意管理人员两大类。为了更好地指导此两类文化创意人才的吸引、培养、激励等工作，本书通过借鉴前人研究成果，结合实地调查研究，总结出文化创意研发人才与经营管理人才的胜任力特质。

1.5 文化创意产业人才管理

所谓文化创意产业人才的管理，是指围绕影响文化产业人才发挥作用的因素（包括内在因素和外在因素）进行计划、组织、协调和控制的一系列活动，具体包括引进、培养、激励、使用、保留等一系列措施方式，而这些措施方式的开展与落地都与文化创意人才胜任特征指标体系的构建息息相关。本书拟重点论述的文化创意研发与经营管理两类人才的胜任力特征，为行业人才的甄别、培养、激励提供了重要依据，围绕胜任特征开展的具体人力资源管理活动能够解决创意人才总量短缺与高校人才大量输出和企业实践需求不相符的局面，从而为"如何培养文化创意产业人才"这一现实难题的破解提供了参考路径。依循以上思路，本书拟在后续部分详细论述文化创意产业在新旧动能转换中的关键作用、文化创意产业价值链分工与人才分类、文化创意研发人才与经营管理人才的胜任力特征、以胜任力为基础的文化创意人才管理策略等，以期发现人才支撑文化创意产业发展的路径模式，从而使文化创意产业更好地促进新旧动能转换的伟大进程。

第 2 章　新旧动能转换概念的提出与意义

2.1　新旧动能转换概述

改革开放以来，我国在各行各业都取得了非常伟大的成就。不仅建立了全面的物质生产体系，经济也保持持续高速增长，人民生活水平和社会发展水平大幅度提高，我国全面融入世界经济体系，国际地位不断上升。如今，我国经济发展进入新时期，尽管经济仍保持增长态势，但是我国经济增速有所放缓，经济发展进入新常态阶段。新常态不只是经济增长速度进入新常态，还包括整体经济发展方式、发展动能以及发展战略的新常态。新常态下经济增长面对着下行压力，为了应对这一问题，党中央提出了"贯彻新发展理念，培育发展新动能"的重大战略部署。[①]

2015 年，李克强总理在召开部分省（区、市）负责人经济形势座谈会上提出"我国经济正处在新旧动能转换的艰难进程中"，这是首次提出新旧动能转换的概念。[②]

2017 年 1 月，国务院办公厅印发了《关于创新管理优化服务培育壮大经济发展新动能加快新旧动能接续转换的意见》（以下简称《意见》），这是我国培育新动能加速新旧动能接续转换的第一份文件，对新旧动能转换做出了工作部署。《意见》中明确指出要求各级政府建立和落实创新、协调、绿色、开放、共享的发展理念，同时要将供给侧结

[①]　卢琳：《以"创"促"转"——浅谈新常态下如何推动新旧动能转换》，载于《中国集体经济》2021 年第 11 期。

[②]　戚汝庆等：《县域科技创新理论与山东实践》，人民出版社 2014 年版。

构性改革作为主线，努力振兴实体经济，贯彻实施创新驱动发展战略；此外，还要求政府在新旧动能转换工作中发挥自身作用，明确什么事情该做，什么事情坚决不能做，相关部门要合理简政放权、管放有度，同时还要进一步完善公共服务、创新行政管理，进一步推动制度创新和技术创新的融合程度、加深供给和需求的链接程度，同时进行新动能的培育和传统旧动能的改造，并注重二者的协调配合。

在省域层面，2018 年，国务院正式批复山东新旧动能转换综合试验区建设总体方案。山东新旧动能转换综合试验区是党的十九大后获批的首个区域性国家发展战略综合试验区，也是中国第一个以新旧动能转换为主题的区域发展战略综合试验区。山东新旧动能转换综合试验区覆盖山东省全境，包括济南、青岛、烟台三大核心城市，十四个设区市的国家和省级经济技术开发区、高新技术产业开发区以及海关特殊监管区域，形成"三核引领、多点突破、融合互动"的新旧动能转换总体布局。总体要求是坚持新发展理念，坚持质量第一、效益优先，以供给侧结构性改革为主线，以新技术、新产业、新业态、新模式为核心，以知识、技术、信息、数据等新生产要素为支撑，促进产业智慧化、智慧产业化、跨界融合化、品牌高端化。建设践行新发展理念的高地、推进供给侧结构性改革的高地、对接国家发展战略的高地、承接南北转型发展的高地，建成全国重要的新经济发展聚集地和东北亚地区极具活力的增长极，为促进全国新旧动能转换、建设现代化经济体系作出积极贡献。①

随着我国经济社会的发展，新时期经济新常态是我国开展工作的经济背景。推动新旧动能转换是经济新常态下保持经济健康持续发展的要求，同时也是引领我国未来经济社会发展的重要任务之一。

培育新动能、实现新旧动能转换，首先是把握和引领新常态的要求。上文提到，经过 30 多年高速增长之后，中国经济发展进入了新常态，这不是一个短期的周期变化，而是一个阶段性变化。新常态是我们认识和理解现阶段中国经济的大逻辑，拓展发展空间，增强发展新动能、培育发展新优势以及推动经济转型升级是我国"十四五"发展规划的重要目标之一。我们要认识、把握，特别是要引领新常态，其本质

---

① 申亮、陈媛媛：《山东省新旧动能转换财政支出绩效评价指标体系研究》，载于《财政科学》2021 年第 4 期，第 59～68 页。

就是要实现新旧动能的转换，但是，无论是就机制体系而言还是就长远规划而言，目前比较传统的旧动能管理模式跟现代化的市场发展以及经济系统吻合程度非常低。所以，新旧动能转换工作任重而道远，就目前形势而言，同时要注重观念的创新和思想的解放，以科学、合理的创新思路模式为核心，从市场发展需求的角度出发创新改革我国新旧动能转换工作，为以后经济的持续健康增长提供坚实基础。

其次，培育新动能、实现新旧动能转换，是落实新发展理念的要求。在总结人类发展的历史经验和我们自己发展的经验教训的基础上，十八届五中全会提出了"创新、协调、绿色、开放、共享"的新发展理念。绿色发展是构建高质量现代化经济体系的必然要求，也是解决环境污染问题的根本之策。自2012年开始，全国深入推进绿色制造发展，努力建设以绿色标准、绿色工厂、绿色产品、绿色园区和绿色供应链为核心的绿色制造体系，带动了一批重点行业，资源能源利用效率不断提高。新发展理念之"新"，在于它的整体性、系统性和协同性，它不是只强调其中的某一点，而是要把以上五大理念有机地结合起来，并且在实践中加以落实，要落实新发展理念，必须有新的动能。

最后，培育新动能是中国实现跨越中等收入阶段的内在要求。经过这些年的努力，我们取得了巨大的成绩，从低收入国家变成了上中等收入国家，正在迈向高收入国家。正如托尔斯泰说的，不幸的家庭各有各的不幸，那些没有实现跨越的经济体各有不同的原因，有的是政治动荡，有的是国内经济发展战略失误，有的是遇到了金融危机、经济危机、社会危机等，而幸福的家庭都是一样的，实现跨越的经济体，无一例外地实现了在不同发展阶段的新旧动能转换和接续。对中国而言，已经达到人均8000多美元的中等收入，这是一个巨大的发展成就，但是往前看，要想跨越"中等收入陷阱"，顺利地进入高收入阶段，必须培育新动能。

2.2　新旧动能转换的内涵

所谓新旧动能转换，就是培育"新动能"，改造"旧动能"的过程。新动能既来自新技术、新模式、新业态、新产业"四新"的壮大发展，也来自"老树发新芽"的传统产业改造提升。新动能不仅催生了新经济，也在推动着传统动能转型升级。因此，新旧动能转换主要包括三部分："无中生有"的新技术、新模式、新业态、新产业发展，打造经济新的"发动机"；"有中出新"的传统产业"挖潜开荒"，推动高端化、低碳化、智能化、信息化改造，促进"老树发新芽"；主动适应和引领经济发展新常态，在"去"上见实效，积极稳妥处置"僵尸企业"，大力淘汰落后产能和化解过剩产能，不断提高供给体系质量和效率。

2.2.1　旧动能的含义

要想明白什么是旧动能，首先必须知道什么是传统产业。传统产业是指在历史上曾经高速增长，但目前发展速度趋缓，进入成熟阶段，资源消耗大和环保水平低的产业。传统产业主要具有以下四个特征：

一是技术成熟性。一般以稳定成熟的传统技术为主，主要以外延式扩大再生产，其产品往往需求弹性小，附加值较低，盈利能力处于一般水平。

二是成长趋缓性。从长期来看，其占国内生产总值比重、对经济增长贡献率等指标将趋于下降。

三是概念动态性。例如，纺织工业在工业化初期是新兴产业，而进入工业化中期后就演变为传统产业。此外，有些传统产业在吸收了新兴技术后，也会转化为新兴产业。

四是地域相对性。例如，从东部沿海地区向中西部地区转移的加工制造业、向新探明储量地区转移的采矿业等，在转入地区都有可能是新兴产业。[①]

旧动能更具体地体现在以下三个方面：

第一个方面是需求侧的出口、投资、消费"三驾马车"。过去多年来，中国经济主要依靠需求侧的"三驾马车"拉动增长，尤其是投资，现在这"三驾马车"都遇到了新问题。全球金融危机爆发以后，随着世界经济的深度调整，内需逐渐成为中国经济增长的决定性力量。据国

———————————

① 刘勇：《新时代传统产业转型升级：动力、路径与政策》，载于《学习与探索》2018年第11期，第102页。

家统计局核算，2008～2017 年，内需对经济增长的年均贡献率超过100%。其中，贡献率最高的年份为国际金融危机冲击最为严重的 2009年，内需对经济增长的贡献率达到 142.6%；据国家统计局信息计算，2021 年上半年，内需对经济增长的贡献率达到 80.9%。[①]

第二个方面是大规模的要素投入，尤其是大规模要素的粗放投入，这包括劳动投入、资本投入、资源能源投入以及环境方面的投入，这种粗放投入现在看来也是比较旧的动能。改革开放以来，中国经济的强势崛起在很大程度上得益于外向型产业的高速增长，这种增长模式的实质是国际市场需求与国内低成本的劳动力、资源、环境等发展要素之间的一种低端对接，但也在客观上把一大批产业锁定在了全球垂直分工体系的底端，技术、市场甚至资源能源等对外形成了较强的依赖。进入二十一世纪以后，我国的人口红利开始逐渐缩小，劳动力供求关系发生转折性变化，"民工荒"现象不断蔓延，以农民工为主体的普通劳动力工资呈持续上涨态势，劳动力比较优势下降。

第三个方面是 GDP 导向的考核制度，包括以 GDP、工业增长值、固定资产投资以及财政收入等指标作为地方政绩的考核体系，以此来引导 GDP 或者促进当地经济的高速增长，这也是旧动能。所以，旧动能可以概括为需求侧的"三驾马车"、大规模的要素投入、GDP 导向的考核制度三方面。

2.2.2　新动能的含义

新动能是与旧动能相对应的，新动能与旧动能主要的区别就是，新动能通过创新驱动提高效率拉动经济增长，旧动能主要通过要素投入增加投资拉动经济增长。新动能是通过"创新驱动、提高效率"来拉动经济增长，所以新动能与传统的旧动能有显著的不同。与旧动能相对应，我们要寻找新动能。

那么，我们应该怎么界定新动能？我们可以根据生产函数的理论来分析。生产函数左边是 GDP 或者是产量，等于右边前面一个系数（全要素生产率）乘以各种要素投入量；要素投入属于前面说的旧动能，新

---

① 李福柱、田爽：《我国经济增长中供给侧与需求侧新旧动能转换效应研究》，载于《长沙理工大学学报（社会科学版）》2020 年第 11 期，第 82 页。

动能则存在于全要素生产率里面。一般被概括为供给侧的"三大发动机":制度变革、结构优化、要素升级。制度变革包括改革等;结构优化包括新型工业化、新型城镇化、区域经济一体化、国际化等;要素升级包括技术进步、人力资本提升、信息化、知识增长等。这"三大发动机"大致对应着新一届领导所强调的改革、转型、创新三个方面。[1]

2.2.3 新旧动能转换的含义

顾名思义,新旧动能转换就是要逐步减少旧动能、增加新动能,甚至用新动能替换旧动能。如上所述,旧动能以传统经营模式的制造业为主,具有"高耗能""高污染"的特点。新动能则是指通过新产业、新业务尤其体现在对传统产业拉动以更新换代,以新技术、新模式为动力发展引擎。[2] 新动能的产生多是通过引进和自主创新的方式来实现,利用创新驱动经济,实现经济质变。新旧动能的转换,简单说就是要通过用"新模式"代替"旧模式",用"新业态"代替"旧业态","新技术"代替"旧技术","新材料"代替"旧材料",通过逐步替代过程,最终实现产业升级。

新旧动能的转换是指培育新动能、改造旧动能的过程,核心就是增长向发展转换,产业升级向动力机制的转换,是新一轮科技革命和产业变革中形成的经济社会。在转换的过程中,要最大程度发挥新动能的作用,提高新动能比重,推动实现经济可持续发展。但是严格说来,在经济发展过程中,仅仅有新动能也是不够的,旧动能不可能完全退出历史舞台。更准确的说法是新旧动能接续转换,这也就是说,旧动能还要发挥一定作用,只不过是不能像以前那样发挥作用。新旧动能转换的过程,并不只是一味地追求"无中生有"的新技术、新产业、新业态、新模式,当然,这是新旧动能转换存在无限发展可能和发展机遇的新空间,也是光明前景的发展目标。但是现阶段结合实践而言,仍然需要高度重视"有中出新"的传统技术、传统产业、传统业态、传统模式的

---

[1] 李鑫鑫:《加快新旧动能转换促进经济转型升级》,载于《中国产经》2021 年第 3 期,第 27 页。

[2] 任志成:《习近平关于产业新旧动能转换科学论述的战略性与实践路径》,载于《南京社会科学》2020 年第 5 期,第 8 页。

优化升级过程，这也是现阶段支撑经济发展的重要力量。① 所以，这两种类型的动能都是促进经济增长的重要方面，需要有机协调两者之间的关联性，做到有机统一，并且随着新动能不断孕育，加速旧动能的淘汰过程。2017 年，李克强在贯彻新发展理念培育发展新动能座谈会上强调，实现新旧动能转换的方法既来自"无中生有"的新技术、新业态、新模式，也来自"有中出新"的传统产业改造升级。两者相辅相成、有机统一。② 新旧动能有序转换，是产业转型升级的内在动力，能有效促进"经济发展方式转变"和"经济平稳健康发展"。

2.2.4　新旧动能转换过程中遇到的问题

当前我国经济处于传统增长动能衰减和转向高质量发展"双碰头"阶段，随着全球新一轮科技革命兴起，数字化浪潮方兴未艾，以大数据、云计算、人工智能为代表的新一代数字技术日新月异，为我国产业更新换代，蓬勃发展带来新机遇。然而，中国还面临着新旧动能转换过程中的几点问题：

1. 新产业、新动能发展规模难以弥补传统产业下滑导致的动能衰退缺口

虽然近年来以新一代信息技术、生物、智造、材料等为代表的战略性新兴产业发展迅猛，但因其发展规模小，增加值占 GDP 的比重尚不够大，高技术制造业增加值占规模以上工业增加值的比重也偏小。新产业、新动能发展规模较小，难以弥补传统产业下滑导致的动能衰退缺口。因此，短期内仍无法承担起稳增长的"挑大梁"作用。中国凭借劳动力丰裕的要素优势，大力发展劳动密集型产业，创造了世界工厂的荣誉以及产业产量的增长奇迹。目前，中国处于人口发展的一个重大转折点，中国劳动力在总人口中所占比例多年来一直呈下降趋势。劳动力供给不足不仅导致传统出口产业可持续能力不足，也会导致部分制造业

---

① 杨蕙馨、焦勇：《新旧动能转换的理论探索与实践研判》，载于《经济与管理研究》2018 年第 7 期，第 21 页。

② 《李克强形象比喻新旧动能转换："无中生有"与"有中出新"有机统一》，中国政府网，2017 年 4 月 18 日，http：//www.gov.cn。

产品国内需求市场萎缩、产能过剩。①

2. 传统产业全要素生产率水平偏低，产业链优化升级任务艰巨

近年来，一些传统产业的部分企业积极利用新技术、新业态优化升级，并取得可观成效。但由于经济发展呈现出"脱实向虚"倾向，导致企业整体经营比较困难，尤其中小微企业优化升级面临缺资金、缺技术、缺人才的困境，传统动能改造提升步履艰难。中国全要素生产率与发达国家之间还存在较大差距，近几年来全要素生产率存在下降趋势。由于传统产业全要素生产率水平较低，且传统产业仍然占据着我国经济的主导地位，导致我国全要素生产率水平总体偏低。②

我国制造业规模居全球首位，已经建立了种类齐全、体系完整的产业体系，是全世界唯一拥有联合国产业分类中全部工业门类的国家，中国的供给体系在不断优化，在某些关键技术领域实现突破，在价值链全球化的拓展过程中卓有成效。但中国并未完全形成真正与高质量发展相匹配的现代化产业链。

3. 一二三次产业优化发展不平衡，第一、二产业相对滞后

从一二三次产业看，目前我国创新创业主要集中在服务领域，大量新技术应用于服务业。③ 例如电子商务、网约车、在线教育、金融科技等新服务、新模式层出不穷。第三产业改造升级较为活跃，第一、二产业的改造升级则相对滞后。在工业领域，服装、家具的个性化定制，家电、机械、电子的智能化转型发展较好，而轻工、冶金、化工、建材、医药等行业的优化升级进程缓慢。④ 传统产业必须摒弃以往那种以大量使用廉价劳动力和大量消耗资源能源为基础的粗放型增长模式，依靠在市场、技术、产品、工艺、管理等多维度上的创新探索，实现以质量和效益为基础的转型发展。当前世界经济体系面临结构性重塑，几乎所有工业化国家都在谋划后危机时代的发展问题，旨在综合利用市场和政府

---

① 任志成：《习近平关于产业新旧动能转换科学论述的战略性与实践路径》，载于《南京社会科学》2020 年第 5 期，第 10 页。

② 黄汉权：《推进产业新旧动能转换的成效、问题与对策》，载于《经济纵横》2018 年第 8 期，第 34 页。

③ 陈洪彬：《浅谈新经济的特征与规律》，载于《科技与管理》2003 年第 2 期。

④ 成思危：《解读新经济》，载于《福州大学学报（哲学社会科学版）》2001 年第 2 期。

两只手，制定一系列政策规划，调整产业策略，大力促进高端制造业。

4. 基础薄弱地区新旧动能转换缓慢，导致区域发展不平衡问题更为突出

东南沿海发达地区产业转型升级起步较早，吸引了知识、技术、信息、数据等新资源要素大量集聚，新经济快速成长，新旧动能转换步伐成效明显，一些地区基本已经摆脱产业结构转型的阵痛，进入新一轮良性发展的轨道[1]。而东北三省、内蒙古自治区、河北省、山西省等传统产业占主导地位的地区，经济基础较为薄弱，难以吸引人才、技术等高端要素集聚，产业结构调整较慢，地区经济增长乏力，新旧动能转换缓慢，导致区域发展不平衡问题更为突出。

2.3　新旧动能转换时代命题的提出

上文提到，新旧动能转换是一个发展经济学方面的概念。新旧动能转换即通过新模式代替旧模式，新业态代替旧业态，新技术代替旧技术，新材料新能源代替旧材料旧能源实现产业升级，实现数量增长型向质量增长型、外延增长型向内涵增长型、劳动密集型向知识密集型经济增长方式转变。新动能，是指在社会产业创新变革中所形成的新动力、新业态、新模式发展动力；而旧动能则指的是传统的以资源为导向、大规模粗放投入要素和投资的发展方式，比较宽泛地涉及使用传统经营模式的产业。因此，所谓新旧动能转换，概括地来讲就是通过创新动能的培育来转换传统动能，其实质就是将传统模式的增长转化为创新经济模式的发展。

如上所述，严格来说新旧动能转换概念的首次提出是在 2015 年 4 月。李克强总理在召开的经济形势专家企业负责人座谈会中对当时中国经济做出了初步判断："我国经济正处在新旧动能转换的艰难进程中"。[2] 在以往

---

　①　媒体专家热议：《新经济为发展注入新动力　期盼多措并举促进新经济健康发展》，载于《互联网信息日报》2016 年 3 月 25 日。

　②　《李克强召开经济形势座谈会　把脉一季度中国经济》，人民网，2015 年 4 月 14 日，http：//politics. people. com. cn/n/2015/0414/c70731－26844887. html。

的传统经济模式的发展历程中，我国经济主要是依靠"需求侧"的"三驾马车"拉动增长，采用以 GDP、财政收入、工业增长值等指标来促进增长的方式。经济学上把三大需求比喻为拉动国民经济增长的"三驾马车"，三大需求分别是消费需求、投资需求和国外需求。消费需求是指全社会所形成的对最终消费品（包括货物和服务）想要并且能够支付的购买力总量。投资需求指作为生产总值（GDP）的最终使用的资本形成总额，分为固定资本形成总额和存货增加两部分。国外需求是指货物和服务净出口。从总的角度看，GDP 是投资、消费、净出口这三种需求加起来所形成的最终需求，成了拉动经济增长的强大动力。与之相对应的，便是通过"创新驱动、提高效率"来拉动经济增长的新动能，其中的显著不同就在于"供给侧"的"三大发动机"。"三驾马车"起主导作用的时代已经过去，要紧随时代发展变化作出调整。"经济新常态"就是要打破原来的靠政府高投入、高投资来刺激增长这种粗放式的经济增长方式，从过去的经济"三驾马车"向"三大发动机"转变，即结构优化、要素升级、制度变革。这"三大发动机"才是中国经济发展的根本动力。

习近平判断："未来 10 年将是世界经济新旧动能转换的关键 10 年。"[1] 从 2013 年开始，习近平提出了我国经济进入新常态的论断，并提出新常态主要特征的分析：增长速度从高速转向中高速；经济发展方式从规模速度粗放转向质量效率集约；经济结构从增量扩能转向调存量、优增量；经济发展动力从传统增长转向新的增长点。这是习近平早期关于新旧动能转换的表述。

2016 年，习近平在杭州出席金砖国家领导人非正式会晤时指出："当前，世界经济正在经历新旧动能转换，复苏缓慢乏力，金砖国家所处的国际大环境总体保持稳定，但也波澜频起。"[2] 针对中国经济增长动能不足的问题，习近平总书记多次强调"推动经济高质量发展，要把重点放在推动产业结构转型升级上"。[3] 习近平曾在《之江新语》

---

① 人民日报评论员：《站在第二个"金色十年"的历史门槛上——记习近平主席出席金砖国家领导人第十次会晤》，载于《人民日报》2018 年 7 月 30 日。

② 南方日报评论员：《为金砖国家发展贡献中国智慧和力量》，载于《南方日报》2016年 10 月 18 日。

③ 易舜：《两会彰显中国开放自信》，载于《中国纪检监察报》2018 年 3 月 8 日。

一书中指出，经济结构的战略性调整和增长方式根本性转变方面的工作是要养好"两只鸟"：一只是"凤凰涅槃"，另一只是"腾笼换鸟"。既要拿出壮士断腕的勇气，摆脱对粗放型增长的依赖，大力提高自主创新能力，实现产业和企业的浴火重生，又要按照统筹区域发展的要求为地区产业高度化腾出发展空间，通过引进优质外资和内资弥补产业链的短项，培育和引进吃得少、产蛋多、飞得高的"俊鸟"。[①]

2019年5月，习近平提出了实现高质量发展必须要抓住的几个重要前提："要推动经济高质量发展，牢牢把握供给侧结构性改革这条主线，不断改善供给结构，提高经济发展质量和效益。要加快推进新旧动能转换，巩固'三去一降一补'成果，加快腾笼换鸟、凤凰涅槃。要聚焦主导产业，加快培育新兴产业，改造提升传统产业，发展现代服务业，抢抓数字经济发展机遇。"[②] 人工智能、大数据、量子信息、生物技术等新一轮科技革命和产业变革正在积聚力量，催生大量新产业、新业态、新模式，给全球发展和人类生产生活带来翻天覆地的变化。习近平认为我们应该要抓住这个重大机遇，从而实现推动新兴市场国家和发展中国家实现跨越式发展这样的目标。

习近平新时代中国特色社会主义经济思想的提出为破解时代发展难题提供了方向引领，新旧动能转换体现了习近平新时代中国特色社会主义经济思想的新理念。因此，新旧动能转换时代命题的提出切合了时代发展潮流，为解决经济发展难题提供了至关重要的解决方法[③]。

2.4　新旧动能转换的重要性

从我国当前情况来看，传统产业主要是指在工业化的初级阶段和重化工业阶段发展起来的一批产业门类，在统计分类上多属于第二产业中的原材料工业以及加工工业中的轻加工工业，在工业化的不同阶段对国

---

① 人民日报评论员：《习近平：养好"两只鸟"浙江要再创辉煌》，载于《人民日报》2006年3月3日。

② 新华社通讯员：《2019年，习近平这样谈高质量发展》，载于《学习进行时》2019年12月12日。

③ 刘勇：《新时代传统产业转型升级：动力、路径与政策》，载于《学习与探索》2018年第11期，第104页。

民经济发展起过重大支持作用。然而，旧动能发挥的作用越来越小，我们从需求侧"三驾马车"、大规模要素投入、GDP 导向考核制度三个方面分别来看旧动能在我国经济中的作用情况：随着国际经济进入到新的历史阶段，从 2015 年起，我国以美元计价的出口增速逐渐放缓，这也就是说，我们今后对依靠出口拉动经济增长的作用不能寄予过高期望。出口这驾"马车"式微之形，已经清晰可见了。过去多年来投资这驾"马车"是我们推动经济增长的一个主要拉动力，但是随着中国经济进入新阶段之后，投资边际效益递减，投资的拉动作用也在减少。以前一百块钱投资可以产生一百块钱甚至更多的产出效果或 GDP 增长效果；但现在投资拉动 GDP 的作用就没有以前那么显著了，有的甚至只能产生三四十块钱的增长效果，这就是投资边际效益在递减。从消费这驾"马车"来看，也遇到了同样的情况。消费的增速在近年来总体呈持续下降态势。消费增长主要受到收入分配制度改革和福利保障制度改革的制约，所以这驾"马车"作用也在减弱。[①]

旧动能的作用在减小，且旧动能的副作用与后遗症在加大。这些副作用与后遗症表现为以下的几个方面：第一，产能过剩。过去多年来，在传统旧动能拉动之下，很多行业高速发展，产能投的也很多，但是值得注意的是，当前我国产能过剩涉及的行业和领域，既包括钢铁、水泥等传统行业，也包括多晶硅、风电设备等新兴产业，呈现典型的"四高四低"特征，即"高投入、高消耗、高污染、高速度"与"低产出、低效率、低效益、低科技含量"并存，加剧了土地、资源、环境的承载压力。对陷入过度竞争泥潭的企业来说，产能过剩是一把双刃剑，既能把企业推入绝境，也能倒逼企业激发最大潜力，也就是努力降低成本，提高管理水平，加快技术创新和产品升级，以提高自己的生存和竞争能力。[②] 第二，高房价等资产价格泡沫比较严重。从长远看，消费升级对产业增长的主引擎推动作用将越发凸显。其原因在于：一是我国人均耐用消费品与发达国家还有较大差距；二是信息、医疗、养老、家政、旅游等服务型消费空间刚刚打开；第三是城镇化的快速推进将进一步拓展

① 张杰：《中国新旧动能转换中的新问题和新对策》，载于《河北学刊》2019 年第 5 期，第 159～169 页。

② 刘勇：《新时代传统产业转型升级：动力、路径与政策》，载于《学习与探索》2018 年第 11 期，第 26～32 页。

消费空间。第三，地方政府债务负担过重，还有企业的债务负担或者说杠杆率过高。在过去旧动能发挥作用的过程中，尤其是投资拉动过程中必须要大规模融资、大规模借贷，使它的负债率偏高，杠杆率过高，造成比较大的潜在经济风险。所以现在我们必须高度重视去杠杆，降低地方政府、国有企业等的负债率。第四，金融风险在累积。在旧动能的持续拉动之下，银行的不良资产率在上升，金融机构内部的自我循环在加剧，各种金融风险也在累积，所以 2016 年以来中央开始强调要加强金融监管，加大金融风险的防控力度。第五，资源环境约束加剧。在旧动能的拉动之下，大规模要素投入必定要消耗比较多的资源能源，造成资源能源日益短缺，环境污染压力加大。绿色发展是构建高质量现代化经济体系的必然要求，也是解决环境污染问题的根本之策。[①]

这一点也与旧动能的持续拉动有关。因为随着人们对美好生活向往需求的提高，人们开始有高品质的物质需求，消费方式、生活环境都有了变化，对娱乐文化教育等也有了丰富的精神需求，在自我价值上也有了高层次的社会需求；美好生活的要求使得生产要素、生产模式、产品载体有了转变。近年来，国家在各个方面的行业都加大了变革的力度，积极发展支撑经济，以达到促进产业结构调整的目的，从而带动各行各业的就业率，从中可以看出，新旧动能的转换获得显著成效。

2.4.1　新旧动能转换促进产业结构转型升级

如今我国的经济发展进入新常态，经济下行压力加大，过去高污染、高能耗的粗放型发展方式已经难以为继，无法再支持经济高速发展，经济增长动力、资源要素条件都已发生变化，经济发展方式亟待转变。新旧动能转换，强调推进供给侧结构性改革，落实五大新发展理念，能够从根本上适应新常态并引领新常态，符合我国经济发展的实际。

当前，我国产业转型升级的趋势愈加紧迫，产业发展面临着新的挑战，传统产业矛盾也十分突出。2008 年以来，我国以钢铁、煤炭为代表的传统产业出现了较为严重的产能过剩困境，"三去一降一补"任务提出后，钢铁企业的去产能任务不断推进，产业转型升级势在必行，这

---

① 李佐军：《加快新旧动能转换促进经济转型升级》，载于《领导科学论坛》2017 年第 18 期，第 67 页。

一过程离不开新旧动能的转换。所以说，新旧动能转换符合我国经济发展的实际，党的十八大以来，以习近平同志为核心的党中央综合分析世界经济增长周期和我国发展阶段性特征及其相互作用作出的我国经济发展进入新常态的重大战略判断是符合形势与规律的。

产业结构升级包括诸多方面。首先，相比传统行业而言，产业结构要更加高级化、高端化；相比普通行业而言，要具有特色；建设过程中，要重视产业集群化、品牌化、信息化和智能化发展，倡导绿色低碳发展理念，促进产业融合，走向国际市场。在产业结构转型中，要注重跨行业、跨产业、跨企业的深度融合。例如，无人汽车是 90 多个行业深度融合的智慧结晶，从整车厂商、传感器厂商、出行服务商，以及芯片制造商，通过互联网、人工智能、大数据和传统行业深度融合，成了新旧转换的鲜明特征。

供给侧结构性改革的根本目标应该是提升供给质量，使供给体系更好适应需求结构变化。在两个结构性矛盾中，生产方式和要素禀赋的结构性矛盾是本质矛盾，该矛盾产生的根本原因在于企业缺乏诸如研发、品牌和营销等战略性资产，使得企业没有能力使用高技能劳动力，从而形成在高质量产品上的竞争力。所以，解决该问题要依靠企业战略性资产的逐步积累，在这种情况下鼓励创新就成为推动新旧动能转换的重要政策方向。[①]

2.4.2　新旧动能转换推动企业技术创新

创新是发展的第一动力，创新是新动能的典型特征之一，具有丰富的内涵，包括的层面较多，如理论制度、科技文化以及管理等。而要实现创新驱动，就必须培养新的经济增长点。当前，世界产业结构迎来了新一代科技革命的机遇期，处在文明转换的历史关口。放眼全球，新一轮科技革命和产业革命呈现多领域、跨学科突破新态势，移动互联网、智能终端、大数据、云计算、高端芯片等新一代信息技术带动众多产业变革和创新，围绕新能源、气候变化、海洋开发的技术创新密集涌现，生命科学、生物技术带动健康、生物制造等新兴产业层出不穷，新一轮

---

① 安礼伟、张二震：《中国经济新旧动能转换的原因、基础和路径》，载于《现代经济探讨》2021 年第 1 期，第 13 页。

科技革命和产业变革正加速孕育蓄势待发。我国经济由高速增长阶段转向高质量发展阶段，这为加快新旧动能转换提供了历史性的机遇期，有助于形成发展新动能，加快新旧动能转换是当下中国经济面临的一道重大而紧迫的考题。

新经济相对于旧经济而言，动能来源发生巨大变化，从"需求端"转到"供给端"，创新性经济模式占主导地位。新经济领域以发展新产业为代表，具体形式包括节约环保产业、生态产业、资源能源行业、大文化产业、大健康产业、新兴金融业、现代农业、与新型城镇化建设有关的行业、部分物流、绿色制造业等。当前我国经济正处于传统增长动能衰减和转向高质量发展"双碰头"阶段，随着全球新一轮科技革命兴起，数字化浪潮方兴未艾，以大数据、云计算、人工智能为代表的新一代数字技术日新月异，为我国产业更新换代，蓬勃发展带来新机遇。中国具备了信息通讯产业非常完整的国内价值链，为高新技术产业发展和传统产业转型升级奠定了产业基础；高技能劳动力禀赋优势为高新技术产业发展提供了人力资本支撑；国内消费升级为高新技术产业发展提供了市场需求基础。

随着计算机技术的飞速发展，如今信息通信、智能制造技术被广泛应用，积极发挥创业创新精神，将传统行业技术与互联网 + 深度融合，促进新经济发展。① 科技创新是社会发展的核心竞争力，新旧动能转换是社会进步的重要推动力，两者之间相互协同发展，关系紧密。科技创新协同融合新旧动能转换，在相互作用下实现共同发展，促进社会进步。中国要把握好重大历史机遇，以新一轮科技革命和产业变革作为新旧动能转换的有力支撑，推动经济发展质量变革、效率变革和动力变革。在新动能的推动下，传统产业中的许多企业也已经认识到了互联网以及大数据的优势，开始加入先进技术再改造。基于信息技术和互联网 + 技术的数字经济模式，与传统企业深度融合，焕发新活力，新技术与传统技术的碰撞，推动传统企业进行技术升级，产生更多创新产品，重塑传统企业的市场核心竞争力。②

---

① 李鑫鑫：《加快新旧动能转换促进经济转型升级》，载于《中国产经》2021 年第 3 期，第 6 页。

② 陈静、岳海鸥、叶权慧：《发挥科技创新驱动助力新旧动能转换》，载于《科技和产业》2018 年第 11 期，第 58 页。

2.4.3　新旧动能转换促进产业链建设完善

制造业是中国经济的压舱石。我国制造业规模居全球首位，总体上已经建立了门类齐全、体系完整的产业体系，是全世界唯一一个拥有联合国产业分类中全部工业门类的国家。中国的供给体系在不断优化，在某些关键技术领域实现突破，在价值链全球化的拓展过程中卓有成效。但迄今为止，中国并未完全形成真正与高质量发展相匹配的现代化产业链。因此，有效的方式十分重要，政企联合能够延伸拓宽产业链条，提高产品附加值，不失为一个可行之法。

产业链的建设，既要抓好传统产业转型升级，又要寻找、培育新动能。由于制造业涉及领域较多，企业应加强产业链上下游的合作，加快新旧动能转换的步伐，共同研发新产品新技术，将产业链延伸、拓宽至上下游高附加值的领域，从而提升制造业在整个产业链中的核心竞争力。此外，政府应提供相关政策与研发资金的支持，通过建立相关产业园区的途径，促进产业链条中各方面的资源整合，发挥新动能在传统产业中的重要作用，进行产业结构的优化和产业体系的完善，发挥产业集群化的规模效益优势。与此同时，政府作为产学研结合的引导者和服务者，为企业提供资金与政策的支持是必不可少的，必须培育各行业中不同类型企业知识产权保护意识，降低研发生产中可能遇到的风险。

中国科技与产业链"两张皮"问题突出，技术成果转化难，科技创新与产业实际需求脱节。中美贸易摩擦使我们清楚认识到了中国制造业"大而不强"的现状特点，在中美贸易战中，美国对我国实行了核心技术、关键部件等的断供，严重威胁了中国企业制造业的生产安全。因此，实行产业链现代化建设的完善已经成为新旧动能转换的重要举措。从微观的层面来看，在调整企业组织结构走上产业链延伸之路时，企业需在开展工作之前提前了解经济、资源和技术方面的风险，投入人力、财力去研究规避。在产业链延长的同时应注意企业内部管理水平，企业自身的管控能力和创新能力对于加强企业间合作和引进新项目起到重要作用。从国家宏观层面来看，在中国加快建设制造业强国，转变发展方式的攻关期，在政府推动发展先进制造业、启动"新基建"一系列政策背景下，新旧动能转换是推动经济发展变革、提高全要素生产率、实现全球价值链攀升的必然选择。

2.5　新旧动能转换的逻辑与常规路径

　　新旧动能转换工作的提出与目前我国经济建设的发展目标相匹配。习总书记在党的十九大期间就明确指出，经济发展必须与我国的实际国情相符，同时要大力开展推动新动能工作，并以此作为基础与保障，推动经济实现现代化、立体化、创新化。[①] 其次，要对新动能背后包含的内容作深入了解。新动能包括开发新能源、发展新技术、运用新模式、创新业态并将其转化为新经济。运用科学、合理的方式推动新旧动能转换，促进经济的持续健康发展。省域范围来看，2017 年李克强总理对山东省在"新旧动能转换中继续打头阵"的工作部署，掀起了有关新旧动能转换内涵解读研究的热潮，相关研究成果和论述不断丰富发展。[②] 新旧动能转换的提出并不是突然出现的新词，而是伴随着国际国内经济发展形势不断变化而产生的，是对中国经济发展需要走的道路的高度凝练总结。[③] 从发展的事实看，经济转型的每一次升级都是新旧动能转换之后的结果，现阶段，中国正处于新的一轮新旧动能转换的历史过程。

1. 新旧动能转换是经济发展推进的客观规律

　　经济的发展就是生产工具的不断演进过程，也是实现新旧动能不断转换的过程，是新的技术手段、新的发展理念对已有旧动能的替代过程。在人类社会早期，通过拾取、打击等偶然性手段获得的石器工具成为生产生活的重要财富，但是这些工具的获得具有较强的偶然性和随机性，并且使用效率并不高，更不可能实现规模化、标准化生产。处于铁器时代的人们熟练掌握了铁质工具的生产工艺，生产生活的工具越来越多样化、标准化，还能够做到一定水平的规模化生产，新动能实现了对

---

　　① 王子晖：《十九大报告，习近平宣示"新时代"》，新华网，2017 年 10 月 22 日，http://www.xinhuanet.com/politics/2017 – 10/22/c – 1121837239.htm。

　　②③ 杨蕙馨、焦勇：《新旧动能转换的理论探索与实践研判》，载于《经济与管理研究》2018 年第 7 期，第 17 页。

旧动能的替代。进入 20 世纪以来，人类所能够掌握的生产工具越来越智能化，工业化大生产、智能化生产所需要的精密机床，已经代表着人类对生产工具的掌握达到空前的水平。从现阶段发展来看，先进生产工具的广泛使用，不仅是新旧动能转换最为核心的标志，也是实现经济演进的显著标志，正如马克思指出，"手推磨产生的是封建主为首的社会，蒸汽磨产生的是工业资本家为首的社会"。随着我国经济增长阶段的不同和约束条件的变化，生产要素在部门和行业间的配置以及生产率发生变动与差异，导致新旧动能的转换，影响产业转型升级，并最终决定经济增长的速度和质量。另一方面，从能源和要素获取与利用看，经济发展伴随着能源获取及利用效率的不断提升。从要素使用的角度看，世界经济增长也呈现出由要素驱动向创新驱动逐渐过渡的发展态势。从客观世界获取自然资源过渡到人类活动所创新的信息资源，人类对传统化石类资源的依赖程度逐步降低，知识、创新、技术、信息等无形要素对经济增长的重要作用逐步显现。推进要素投入结构转型，也就是要实现由原来主要依靠劳动、资本、资源、能源、环境等一般性要素拉动经济增长，转到主要依靠人才、知识、技术、信息等高级要素拉动经济增长，实现经济增长方式质的转变。只有实现了要素投入结构的转型、转变，才能够真正支撑产业的转型升级。所以我们首先要推进要素投入结构的转型。[①] 从新旧动能转换的角度看，从要素驱动向创新驱动的转变也是新旧动能转换的实现路径之一。

2. 新旧动能转换是新技术革命的必然要求

新旧动能转换和新技术革命相伴而生，新技术革命的每一次前行，也是新旧动能转换的过程。20 世纪 40 年代末以来，以电子计算机、原子能、航天空间技术为标志的第三次科学技术革命全面爆发，大批新的技术手段应运而生，并且深刻变革经济社会，极大地促进社会发展。尤其是计算机实现了对大量繁复人工运算的替代，现代科技中的大量运算可以通过计算机的新动能得以高效实现。20 世纪 70 年代开始，以微电子技术、生物工程技术、新型材料技术为标志的新技术革命不断深化发展，而新兴材料技术的迅猛发展实现了在实验室合成的复合材料对天然

---

① 李佐军：《加快新旧动能转换促进经济转型升级》，载于《领导科学论坛》2017 年第 18 期，第 80 页。

材料的替代。进入 21 世纪，互联网络技术、移动互联网技术、物联网飞速发展，接入网络中的节点数越来越多，通过网络外部性进一步提升网络价值。这一发展阶段也是高性能对低性能、智能化对非智能化产品（服务）的替代，尤其实现了互联网从"看得见摸不着"的虚拟世界向"看得见摸得着"的实体经济过渡。人们利用网络不单单进行信息传递，而是实现了线上信息与线下实体的高效配合。2010 年以来，具有更快信息传输能力的网络付诸使用，4G 技术的网络延迟在 10ms 左右，而目前我国已进入 5G 网络时代，能够实现信息的实时传递，这种相对的新动能对"旧动能"的替代过程看似变化不大，但是却能够带来实体经济的剧烈改变。近年来，工业化的再次兴起和信息化的广泛渗透再次成为新技术革命的新趋势和发展特征。新技术革命不断发展，就是新旧动能转换的过程。

3. 新旧动能转换是新时代中国经济发展的根本出路

改革开放以来，中国经济总量保持快速增长，自 2010 年 GDP 总量超过日本以来，一直保持世界总量第二的位置，并且和美国的差距越来越小。

1978～2011 年，我国 GDP 增长率大多数年份均处于 8% 以上的水平，只有少数年份低于这一水平，主要集中于 1979～1981 年、1989～1990 年、1998～1999 年三个短暂的时间区间。在经历 30 多年的快速增长后，成本竞争力、人口红利所带来的外延式增长已经达到了极限的边缘，人口红利正在逐渐消失，尤其是政策刺激导致原本应该退出市场的落后产能和落后企业未能正常退出，大而不死、僵而不退严重影响经济效率。[①] 从 2012 年开始，经济增长进入新阶段。首先，经济增长率持续低于 8% 的水平。其次，经济增长能够稳得住，除 2012 年 GDP 增长由 9.5% 下降到 7.9%，下降了 1.6 个百分点之外，2017 年、2018 年、2019 年 GDP 总量分别为 82.71、90.03、98.65 万亿元，年均增长率均在 8% 以上，实现了经济持续快速稳健发展。2020 年虽然受疫情影响，但经济依旧保持了正增长（3%）。[②] 如此庞大的经济总量，若是仅依靠劳

① 杨蕙馨、焦勇：《新旧动能转换的理论探索与实践研判》，载于《经济与管理研究》2018 年第 7 期，第 20 页。

② 1978～2020 年 GDP 增长率的数据来源于国家统计局年度数据库。

动、资本、土地等资源，通过利用效率提升和人口红利，则会愈发变得不可持续。同时，由于国内模仿创新、学习积累再创新的不断深入，通过学习获得的后发优势的空间也越来越小。这些都预示着实现新旧动能转换才是根本出路，新旧动能转换是中国由外延式粗放型增长走向内涵式集约型发展的必然之路，是从数量走向质量的道路。

新旧动能转换包括传统动能向新兴动能进行转换的过程，以新技术、新产业和新业态为核心内容，推动结构合理化、产业智慧化、跨界融合化，建造新的经济增长极。总的来看，新旧动能转换就是技术动能变革带来的一系列产业实践的变革，文化产业作为以创意为核心的高附加值产业，必然也会面临一系列的挑战和发展机遇。以下我们将介绍新旧动能转换的常规路径。

2.5.1 深入推进产业供给侧结构性改革

党和政府的相关报告和文件强调：深入推进供给侧结构性改革，做好新旧动能转换的"加减乘除法"，发展新兴产业，淘汰落后产能，加快科技创新和产业升级换代。

加快新旧动能转换，首先要持续用力做好"加法"，紧紧把握全球新一轮科技革命和产业变革重大机遇，进一步发展壮大新一代信息技术、高端装备、新材料、生物、新能源汽车、新能源、节能环保、数字创意等战略性新兴产业，积极主动培育新动能。加快建设制造强国，大力发展先进制造业和现代服务业，推动互联网、大数据、人工智能和实体经济深度融合，在中高端消费、创新引领、绿色低碳、共享经济、现代供应链、人力资本服务等领域培育新增长点；经济发展新常态下，部分传统产业产能严重过剩愈发成为我国经济运行中的突出矛盾和诸多问题的根源，企业经营困难、财政收入下降、金融风险积聚等，都与产能严重过剩密切相连。因此，必须妥善处理好政府和市场、短期和长期、供给和需求的关系，严格控制新增产能，坚决淘汰落后产能，有序退出过剩产能，做好"减法"运算；同时，优化提升传统服务业需要做好"乘法"运算，以新技术、新业态、新模式大力培育技术含量和附加值高的现代服务业，推动服务业优质高效发展。结合技术创新、现代管理经营和行业优化整合，充分利用和融合现代通信技术，实现产业的更新换代，实现中国"质"造、中国"智"造和中国"创"造；坚决破除陈旧体制机制的障碍，摒弃损害甚至破坏生态环境的发展模式和做法。在实体经济方面下大力气清除多年来形成的生态环境污染，在体制机制方面要加快破除阻碍市场机制运行的障碍，切实做好"有效市场"和"有为政府"的相互结合，做好"除法"运算，提高其经济产值和社会服务价值，减少其资源投入和碳排放。大力发展环保产业，推动节能环保技术、装备和服务水平的显著提升，加快培育新的经济增长点，形成新的支柱产业。加快新能源、新装备的研发和推广，大力发展节能与新能源产业。

在供给侧结构性改革的指引下，新旧动能转换得到发展的根本路径在于深化创新，实施创新驱动发展战略，并通过深化创新打造有机联动的创新生态系统。不断强化科技同经济对接、创新成果同产业对接、创新项目同现实生产力对接，为新旧动能转换提供源源不断的发展动力。

2.5.2　促进科技创新和创新人才培养

新旧动能转换是一项系统性工程，其中最关键的是创新驱动。创新是第一动力，加强科技创新能力，加快产业链的完善与融合，应注重企业主体地位，在市场为导向的条件下构建创新服务平台，引导人才、资金等要素在"大众创业，万众创新"的浪潮下公平配置与合理流动。在高端服务业和高端制造业方面，我国商品尚未形成对国外商品的有效替代，根源在于国内创新能力不足。[1] 尤其是在某些核心零部件，比如芯片的生产和供给方面，由于创新能力不足，我国在短时间内还无法形成有效的替代品，这就在一定程度上导致我国新动能的供给滞后，并阻碍我国新旧动能的转换进程。

产业动能转换要充分发挥市场要素配置作用，提升传统要素质量，培育新要素，通过要素质量提升和优化组合，纠正资源错配，提高经济发展的整体效率。其一，深化企业的创新主体地位，重点鼓励培养创新企业，特别是壮大发展在关键领域的领跑型、龙头型企业。其二，打通科技成果转化应用的壁垒，建立健全科技成果转化的市场导向，推动转

---

① 傅春、赵晓霞：《双循环发展战略促进新旧动能转换路径研究——对十九届五中全会构建新发展格局的解读》，载于《理论探讨》2021 年第 1 期，第 85 页。

化机制创新。其三，重视高端人才引进、知识产权保护、资金使用制度，营造良好的创新创业环境。将劳动力投入特征作为判断企业技术含量的主要指标，这些都有利于科学推动新旧动能转换。

人才是第一资源。要充分重视创新人才的队伍建设，为了突破体制障碍，改善人才发展环境，建立灵活的人才管理机制是极其重要的。同时还需要精准支持产业需求，完善科研激励措施。致力于打造高端人才要素集聚平台，既要虹吸全球高等级创新型人才，又要有针对性地培养专属于我们的"大国工匠"。从人才创造和教育角度出发，深化教育体制改革，通过高质量教育提升人才培养质量，才能够造就具有全球视野的战略科技人才和研发创新团队，实现人口红利向人力资本红利的转变。

2.5.3　加快数字化经济建设和创新

数字经济时代，企业的生产经营活动和人们的日常生活都离不开数字基础设施的支持，数字经济能够渗透进工农业和服务业的生产劳动，与其他技术手段共同发挥作用，从而决定生产过程中生产率的高低。当前我国正处在转变发展方式、优化经济结构、转换增长动力的攻关期，充分利用和发挥好数字科技发展强大的渗透、溢出、带动和引领等作用，加快推进互联网、大数据、人工智能等数字科技和实体经济的深度融合，大力发展数字经济，推动经济发展质量变革、效率变革、动力变革，已经成为推进新旧动能转换和经济高质量发展的重要路径选择。数字基础为数字经济提供实现手段和技术保障，数字基础设施的数量和质量决定了未来数字经济发展的速度和高度。

与数字技术相关的产业都可以被界定为知识密集型产业，这些产业的内部动力包括了创新研发的能力和人力资源方面的相关优势，从而发挥数字技术在传统产业下的赋能引领作用。因此，从政策上来说，很有必要去强化企业作为创新主体的作用，来鼓励各企业加大研发的资金投入，积极开展技术创新这样的活动，积极申请技术专利，从而实现抢占数字领域制高点。[①] 同时建立产学研紧密结合的创新体系，鼓励政府、

---

① 赵新宇、朱锐：《数字经济推动新旧动能转换的理论逻辑与路径选择》，载于《经济视角》2020 年第 6 期，第 9 页。

大学、科研机构、企业等不同部门间的研究合作，对不同部门间的资源进行有效整合，打造数字技术与其他技术深度交叉融合的高水平科研集聚地。在此基础上，优化科技成果转化机制，构建促进数字科技发展的体制。各地政府应针对数字科技产业发展，制定更加普惠性的金融税收扶持政策，支持数字科技企业预留更多资金，加大数字科技研发攻关投入，支持企业开展前沿数字科技探索。在保证科研集聚地能够不断地输送高科技创新成果的同时，加快科技成果向社会生产的转化，积极提升转化效率和转化能力。

第3章 发展中的文化产业

3.1 文化产业概述

文化产业是为社会公众提供文化产品和文化相关产品的文化生产活动。文化创意产业主要包括广播影视、动漫、音像、传媒、视觉艺术、表演艺术、工艺与设计、雕塑、环境艺术、广告装潢、服装设计、软件和计算机服务等方面的创意群体产业，是一种在经济全球化背景下产生的以创造力为核心的新兴产业，强调一种主体文化或文化因素依靠个人或团队通过技术、创意和产业化的方式开发、营销知识产权的行业。

随着新时代的来临，人们更高的精神、文化、娱乐、休闲以及艺术、美学需求迅速生长。"90后""00后"消费群体逐渐成为我国文化消费的主群体，如何加强调查和引导，关注文化消费模式的新变化，努力培育体验式、互动式、服务型的新型文化消费模式，成为高质量发展必须攻坚解决的问题。实际上，文化创意产业发展最核心的东西就是"创造力"。也就是说，核心其实就在于人的创造力以及最大限度地发挥人的创造力。"创意"是产生新事物的能力，这些创意必须是独特的、原创的以及有意义的。

近年来，中国的文化创意产业通过实践与探索得到了迅猛发展，形成了较完善的产业体系，且行业门类众多，涉及文化艺术、广告、工业设计、建筑设计、动漫游戏、影视广播、新闻出版、软件开发等众多领域。同时，各地政府也在积极推进文化创意产业的发展，根据不同地区的优势和发展目标，制定了相应的文化创意产业发展规划。

近十年来，中国文化产业产值稳步增长，2018年，全国文化产业及相关产业增加值突破 4 万亿元，2019 年，这一数据增长将至 4.4 万亿元左右，预测未来 5 年的年均复合增长率将达 12.3%。可以看到，文化及相关产业增加值实现平稳增长，占 GDP 比重稳步上升，文化产业继续向国民经济支柱性产业迈进，文化产业总体融资规模不断扩大。[1]

从创意产业的区域布局来看，我国产业集聚的板块特征愈加明显。文化创意产业呈现出多层次的空间演变态势。目前，我国文化创意产业已经初步形成了以环渤海、长三角、珠三角为核心集聚发展的总体空间格局。北京、上海、广州、深圳成了公认的创意产业中心城市。随着三大城市群的发展，中心城市周边城市的经济也实现了快速发展，文化消费需求越来越旺盛，文化创意产业呈现出由中心城市向周边城市扩散和转移的演变态势。

随着"一带一路"、长江经济带和京津冀协同发展战略的推进，国内不同区域板块（东部、中部、西部和东北四大板块）间以及我国与周边国家的经济地理间的信息交流与能量交换，构成了经济增长新动力，文化产业的空间组织也开始进入城市群和产业群协同发展的时代。文化产业从一开始就是全球性、世界性的。为了能够进入全球创意产业，实现创意经济发展的新格局，同时让人民群众切切实实拥有幸福感和获得感，我们应该在人类命运共同体宏大目标的指引下，进一步推动国际化发展战略，逐步掌握全球文化的话语权，向世界传播中国精神、中国文化、中国艺术与中国美学。

在全球化的趋势下，科学技术越来越发达，经济也日趋繁荣，文化相关的创作也越来越丰富多样。文化创意产业将把文化创意产品所带来的极致精神享受提供给更多的消费者，为社会科技、经济和文化共同发展提供有利的条件。创意产业充分融合了文化、经济和技术三方面的力量，用技术引领经济，用经济打造文化，利用创造力推动文化创新，通过科技手段实现优秀的文化创意，促进文化创意与相关产业融合发展。

文化产业的供给侧改革集中表现在千千万万的创意创造的文化设计和讲好新时代中国故事的内容创新上。目前文化产业的困境在于缺乏具有全球震撼力和意义深远的中国精品、中国品牌以及中国文化形象。反观中国整个文化行业包括媒介行业、娱乐行业，都有一个现象特别突

---

[1]　王家庭、唐瑭：《新时代中国文化产业新旧动能转换的初步探索》，载于《同济大学学报（社会科学版）》2019 年第 5 期，第 32 页。

出，就是做的产品越来越雷同。目前中国只能算是世界的制造工厂，而不是世界的创意工厂，因为发达国家拥有品牌，把最核心的设计拿到中国来加工，而我们却没有核心创意的版权，造成同质化现象十分严重。发达国家创意产业具有较高国际竞争力，其根本原因是创意个体和创意企业具有较强的自主创新能力，原创性在中国整个大文化的行业中越来越匮乏。因此，我们要深化文化供给侧改革，就是在文化产品和文化服务上，全面创造新的产品系列和文化服务系列。在文化创意产业领域内，我国能够拥有自主创新能力是实现我国创意产业可持续发展、提高我国国际竞争力的根本保障，而想要实现自主创新能力，其中最为关键的是要依靠人才，发挥创新人才在产业自主创新中的作用。因此，我国要建成一支人才队伍集聚度高、人才质量创新强、人才结构优化的智囊团，以完善创意产业链，促进创意产业的快速健康发展，提高国际竞争力，实现中国制造向中国创造转型。

为了不断深化文化体制改革，我国正在不断地破除阻碍创意产业发展的体制机制性障碍，解放文化生产力，通过努力实现文化事业单位的文化创意资源与创意思想相结合，初步达成了"创意产业化"和"产业创意化"的目标。我国文化产业发展正进入结构性调整阶段，从宏观经济和文化产业增长来看，近十年文化产业的总体增长均明显高于GDP的总体增长。文化及相关产业的十个门类里，明显高于平均增速的是数字信息传输服务、文化休闲娱乐服务、文化艺术服务、广电服务和文化创意设计服务。国际都市更是文化名城，文化产业的发展与布局是打造文化名城、国际大都市至关重要的一环。上海、深圳等一线城市地方政府率先对国家大方针政策做出深入具体、具备地方特色的贯彻落实。我国通过文化体制转型改革，增强文化体制机制的活力，增加文化企业的活力、竞争力和实力，解决体制转型中的突发问题，促进我国文化体制与创意产业协调发展，实现了创意的产业化、市场化。

3.2 文化产业的内涵与特点

文化产业的基础是文化。我国拥有上下五千年的历史文化底蕴，历经多个朝代、多种文化的浸透，形成了丰富多彩、独具特色的文化体系。所以，文化产业在很大程度上是由人们的脑力劳动而创造出来的、看不见摸不着的意识形态。同样重要的是人们的创意，在社会文化活动中，创意是与生俱来的，自从有了人类文化活动以来，文化创意便是其必不可少的组成部分，缺少了创意也就缺少了文化活动的生命力，而创意正是文化的价值的体现。

文化产业所要表达的思想、观点、观念是属于社会主流的一种认识，其表现出来的人们的思维是多样化的。正是由于文化产业意识形态的主流性，才能保证其融入社会，保证长期稳定的发展。也正是因为文化产业的多样性，才能满足社会经济发展过程中人们对文化产品、服务个性化的需求，以点代面。随着对文化产业个性化和共性化需求的相辅相成发展，最终才能促进文化产业持续、健康、蓬勃发展。

文化产业不仅仅具有思想上的内部属性，也同时具备着外部性，表现在其对其他行业所产生的溢出效应上。文化产业的溢出效应表明了文化产业不仅仅停留在简单产值的数字上，而更多的是通过文化知识的传播和发展，将先进的理念、观念、思想传递到更多人的身边，陶冶人们的情操，增长国民知识储备量，从而提升社会公民的整体素质，对整体产生潜移默化的积极改变。当今这样一个信息化的时代，网络、电视、广播等媒介异常发达，更加有利于文化的传播。文化产业的发展能够深化思想、提高人民素质，同时又能满足劳动者精神层面的需求，使劳动者有更多的积极性投入到工作和生活中，进而激发创造力、提高劳动效率。据测算，文化产业的溢出效应可以达到一比七，即文化产业一份消费，可以带动周边其他部门七份的经济效益，带动效应可见一斑。

上面从内外分析了文化产业的性质，根据对文化创意产业内涵的定义，从中可以得知文化产业与传统产业不同，它具备着自身的特点：突出人的创意；文化与科技并重；以产业化运作；注重知识产权。我们将从不同角度对创意产业的特点进行概括。

3.2.1　文化产业突出人的创意

创新性是文化产业的生命线，文化产业的基本特征是创新。霍金斯把创意简单定义为"有新点子"，并认为，衡量"新点子"的四个标准是个人的（personal）、独到的（original）、有意义的（meaningful）、有用的（useful）。① 文化创意产品是具有创新性的产品，创意产品依靠与众不同的卖点赢得消费者关注，从而使无形精神价值转化为实在的经济效益。文化创意产品在生产的过程中需要坚持时尚现代的文化艺术元素与传统产业相融合，从而增加创意产业产品的附加值，使产品价值得到升华，提高创意产品的边际效用。人类能够不断适应环境以满足自身需求，同时在与外部世界打交道的过程中不断认识世界和改造世界。在认识世界过程中，人类的认知得到提高，为改造世界奠定良好基础。当人们把这种对外部世界的认识与对它的改造结合起来时，人们就形成了一种新的创造力。文化创意产业正是这种创造力的体现。

文化产业的核心是人的创造力。文化产业使人的创造力得到充分发挥，从而实现了人的全面发展。文化产业依靠个人或团队的技术与创意，力争占据创意产业体系价值链的高端环节。由此看来，人的创意将成为未来经济社会发展的核心资本，土地、劳动力、货币资本等也会逐步被创意资本所取代。

3.2.2 文化产业中文化与科技并重

文化创意产品或服务的观念价值大多凝结在文化当中，具有丰富文化内涵的创意产品始终能得到人们的喜爱和追捧。文化创意产业以知识文化为基础，是对创意者的思想创意进行提供生成、投资开发、推广传播、交换消费的过程。因此，创意产品蕴含着创意者知识文化的结晶。一方面，文化是文化创意产业的基础和物质内容。历史早已证明：没有文化内涵的东西很快会被时代所抛弃，相反，具有丰富文化内涵的东西始终得到人们的喜爱和追捧。这是因为所有文化创意产业的主体物——文化创意产品或服务中都暗含着人类文明的成果，文化价值的光辉闪烁其中。另一方面，文化存在于一切创意活动当中。众所周知，创意产业是 20 世纪 90 年代才真正兴起的新兴产业，但创意活动并不是什么新生事物，而是存在于一切文化和经济活动中。

与此同时，文化创意产业的方兴未艾还得益于科技的支撑。创意产业发展的强大后盾是高科技的支持，高科技又为创意产业提供新的创造

---

① 张坤：《文化创意产业在城市中的显现作用研究》，载于《今传媒》2017 年第 10 期，第 85 页。

力，高科技与创意产业的发展相互促进，紧密联系。20 世纪后半叶，科学技术突飞猛进，尤其是高新技术、计算机软硬件、电子通信、数字化和网络技术等使人类的创造潜能得到巨大释放。创意产业是时代的产物，是人类社会、科学技术和经济文化发展到一定阶段的结果。文化创意产品（或服务）的功能价值在科技的推动下更新换代、体验不断。以文化为基础，借助科技的支撑，人类的创意天赋得以施展，在产业化的推动下，创意产品或服务以几何基数增长，从而迎来了创意产业的高速发展时期。可以预见，在数字化、信息化、网络化的时代，创意产业将超越其他任何产业而发展成为最具魅力、最有前途的产业。

3.2.3　文化产业以产业化运作

文化产业又叫"文化创意产业"，所以说文化产业很大程度上是创意的生产过程，如果有一个比较新的创意，但并没有被产业化，或者说是不具备产业化的潜力，也不能称其为创意产业。从这个角度看，产业化运作也是文化创意产业的一大特点。[①] 文化创意产业具备完整的价值链，是在价值链的基础上进行产业化运作。创意产业的产业化将创意产业的创意者、生产商、经纪人、运营商、策划人组织和连接在一起，使得创意产业各主体之间加强了解。在产业化的过程中，创意生产商能够便利地了解供应市场和销售市场的信息，供应商和销售商能够更便利地了解创意的生产、技术和产品信息。正如"创意产业"（creative industries）名称所显示的，它离不开"产业化"的运作，同时本身也是一种产业化的运作过程。只有将创意作品经过产业化变成创意产品（或服务）时，创意产业才会形成一个完整的过程，完成价值的创造和实现。也正是因为创意的产业化，人类的创意才得到进一步发展的强大动力来源，从而得以不断传播，进而得以程序化、规模化地开发和利用。[②]

---

① 吴珺楠：《基于胜任力模型的浙江省高校文化创意人才培养研究》，浙江工业大学硕士论文，2012 年，第 43 页，第 20 页。

② 喻丽君：《杭州文化创意产业人才培养模式研究》，浙江工业大学硕士论文，2012 年，第 13 页。

3.2.4　文化产业注重知识产权

文化创意产业是知识密集产业，创新性和创意性是其发展的根本动力。霍金斯将文化创意产业的产品放置在知识产权法的保护范围内，不言而喻，文化创意产业必须注重知识产权保护法。[①] 文化产业中的智力成果必须要有健全的知识产权制度进行规制，以保护产权人的利益，维护良好的产权秩序，促进技术发明和艺术创造力等智力成果更好地转化成创意产品，促进产品价值的实现，增加社会财富的创造。

文化创意产业的本质是基于人的创造力、创意来获取发展动力，只有具备相应的法制保障才能确保创意人士凭借自己的创意获取应有的回报，才能源源不断地激发创意人创意的积极性，最终促进整个文化创意产业的发展。知识产权制度的保护能够促进创意智力成果由无形变为有形，是创意作品转变为创意商品的保护"装置"，也是思想创意转化为创意产品的过程，是创意向创意经济跨越的过程。

3.3　我国文化产业的发展历程

近年来，中国的文化创意产业通过实践与探索得到了迅猛发展，形成了较完善的产业体系，行业门类众多，涉及文化艺术、广告、工业设计、建筑设计、动漫游戏、影视广播、新闻出版、软件开发等众多领域。同时，各地政府也在积极推进文化创意产业的发展，根据不同地区的优势和发展目标，制定了相应的文化创意产业发展规划。随之，产业扶持政策也相继出台，建设了大批文化创意产业园区。在上海、北京、深圳等一线发达城市，文化创意产业已经成为经济的支柱产业，发挥着显著的产业带动作用。

我国文化创意产业从产生至今已有数十年的历史。多年来，我国创意产业发展较为迅速，发展历程大致可以分为以下几个阶段：[②]

---

① 吴珺楠：《基于胜任力模型的浙江省高校文化创意人才培养研究》，浙江工业大学硕士论文，2012 年，第 20 页。

② 吴存东、吴琼：《文化创意产业概论》，中国经济出版社 2010 年版，第 50～51 页。

　　第一，产生阶段。1978 年，伴随着十一届三中全会的召开，改变中国命运的改革开放到来了，中国的经济迎来了飞速的发展，人们的物质生活水平有了大幅度的提升，同时精神生活的需求也在逐渐增长。[①]此时，广州和上海地区开始出现经营性的舞厅和音乐茶楼，如此文化服务和文化产品便有了商品的属性，也就诞生了一定意义上的文化市场，盈利性的文化生产和服务存在于这样的文化市场中，这标志着我国文化产业的初步形成。它们的出现一方面满足了人们对于娱乐活动的需求，另一方面也带来了不菲的经济利益，这也激发了民间更多群体和个人想要开设娱乐场所的热情。除此以外，民间各类出版物以及电视广播节目等相关文化艺术的数量开始了较快的增长。到 1988 年，全国各类经营性的娱乐场所超过 6 万家，电视和广播的节目总数超过 800 套，各类图书印刷量超过 50 亿册，文化产品的生产已经初步呈现大规模化产出的趋势。这一阶段，人们的消费观开始发生转变，经济发展带来的福利满足了人们物质生活的需求，人们对精神生活的追求也得到了极大的刺激，人们付出在这方面的费用比例正在逐渐上升，从前"只要吃饱穿暖有房住"的消费观念在许多经济发达的城市已不再适用。同时，随着改革开放的浪潮，人们也更多地接受到国外的文化，开始尝试国外的娱乐方式，体验国外的文化产品，对于人们来说，这既新鲜又有趣。例如，20 世纪 80 年代末，录音机已走进许多百姓家中，而被人们称为"打口带"的欧美音像制品正是此时开始传入中国，成为那一代人接触欧美流行音乐的源头。正是这个契机使得许多年轻人走上流行音乐的道路，也为之后中国流行音乐产业的发展创造了条件。[②]

　　第二，初步发展阶段。1992 年到 2000 年是我国创意产业的产生阶段。在这一阶段，创意产业尚未在社会各个层面得到应有的关注，也未能得到国家宏观战略层面的重视，属于相对自发的发展阶段。1992 年，我国加快社会主义市场经济的建设，政府在文化行业加大改革力度，充分扩展了文化市场、加快了文化产业的发展步伐，这是我国创意产业的起点。1999 年，北京市在其城市发展规划中（蓝皮书），再次把文化产业确认为北京五个经济增长点和第三产业的重要组成部分。上海、广

---

　　① 韩振峰：《五大发展理念是中国共产党发展理论的重大升华》，载于《思想理论教育导刊》2016 年第 1 期。

　　② 吴存东、吴琼：《文化创意产业概论》，中国经济出版社 2010 年版，第 50～51 页。

州、深圳、湖南等地的文化产业也都有了很大的发展。上海市制定了《全力打响"上海文化"品牌 深化建设社会主义国际文化大都市三年行动计划（2021～2023 年）》，提出要把发展文化产业看作增强城市功能的重要支柱和推进精神文明建设的强大动力，形成以高技术为支撑的多元化、开放型、高档次的文化产业发展战略。[①] 2000 年到 2003 年是我国文化创意产业的初步发展阶段。这一阶段的突出特征是国家在宏观发展战略层面认识到创意产业的重要性，指出要大力发展创意产业。2000 年 10 月召开的十五届五中全会通过了《中共中央关于制定国民经济和社会发展第十个五年计划的建议》（以下简称"建议"）。《建议》作为中央正式文件，第一次提出了"文化产业"这一概念，标志着我国对文化创意产业的发展已经形成了权威的共识，使得我国文化创意产业开始进入国家宏观发展战略的视野，步入了新的发展阶段。2002 年中国共产党第十六次全国代表大会报告中明确"发展文化产业是市场经济条件下繁荣社会主义文化、满足人民群众精神文化需求的重要途径"，将文化创意产业提升到国家战略高度。2003 年十六届三中全会进一步提出文化创意产业微观组织（经营性文化企业）的改革目标、文化体制改革的目标和文化产业政策的方向，使文化创意产业的国家战略计划落实到各个具体层面。这一阶段，文化创意产业在社会各个层面得到更为广泛的共识。[②] 文化创意产业的发展从粗放型、简约型、低层次的中下端产业链状态中获得快速的发展，朝着产业链的上游、较高的产业能级方向发展，并突破了以往单纯的文化艺术、新闻传播的领域，开始拓展到经济、社会、建筑等领域。在实践中，文化创意产业成为一个热门话题，产业发展热潮开始出现。

第三，深入发展阶段。2003 年至今是我国创意产业的深入发展阶段。这一阶段，我国文化创意产业得到更为快速的发展，其特点是文化创意产业加快资源整合、充分渗透到社会各个领域，无论是政府层面还是研究者层面，都非常重视它在国民经济以及社会发展中越来越突出的地位。[③] 其最重要的标志是，各地方政府的"十一五"规划几乎都将其作为最为

---

① 闵光辉:《关于我国文化产业化发展研究》，西南交通大学硕士论文，2002 年，第 69 页。

② 董文静:《创意产业化运行机制研究》，中国海洋大学博士论文，2014 年，第 80 页。

③ 吴存东、吴琼:《文化创意产业概论》，中国经济出版社 2010 年版，第 53～54 页。

重要的内容之一。至此往后党的多个重大会议中都强调了文化产业发展的重要性，"十一五"规划建议中提出："丰富人民群众精神文化生活。积极发展文化事业和文化产业"；党的十七大明确提出："要积极发展公益性文化事业，大力发展文化产业，激发全民族文化创造活力，更加自觉、更加主动地推动文化大发展大繁荣。"并发布了重要的指导文件《文化产业振兴规划》；2012 年，为响应"十二五"规划提出的"繁荣发展文化事业和文化产业"的目标，文化部出台了规划文件《文化部"十二五"时期文化产业倍增计划》；"十三五"规划建议更是提出要推动文化产业成为国民经济支柱性产业，并且出台了相应的规划文件去指导和支持工作的实施。

3.4 我国文化产业发展的现状

3.4.1 产业规模持续增长

自党的十五届五中全会提出推动文化产业发展以来，我国文化产业规模不断增长。[①] 依据 2004 年第一次全国经济普查统计的文化产业相关数据，按照同口径和现价计算，2017 年，我国文化产业增加值比同期第三产业增加值增速高 4.79 个百分点，比 GDP 增速高 5.89 个百分点。2004～2017 年我国文化产业增加值、第三产业增加值、GDP 及其增长率数据，见表 3－1。

表 3－1 　　　　　2004～2017 年我国文化产业增加值及增长率

年度	文化产业增加值（亿元）	文化产业增加值增长率（％）	第三产业增加值（亿元）	第三产业增加值增长率（％）	GDP（亿元）	GDP 增长率（％）
2004	3440	19.21	6.46	8.3	16.18	10.1

---

① 徐忠华：《基于产业链视角的我国文化产业整合研究》，北京交通大学硕士论文，2020 年，第 100 页。

年度	文化产业增加值（亿元）	文化产业增加值增长率（%）	第三产业增加值（亿元）	第三产业增加值增长率（%）	GDP（亿元）	GDP 增长率（%）
2005	4253	23.63	7.49	9.6	18.73	11.4
2006	5123	20.46	8.86	10.3	21.94	12.7
2007	6455	26	11.14	12.6	27.02	14.2
2008	7630	18.2	13.13	9.5	31.95	9.7
2009	8786	15.15	14.8	8.9	34.91	9.4
2010	11052	25.79	17.36	9.5	41.3	10.6
2011	13479	21.96	20.52	10.9	48.93	9.5
2012	18071	34.07	24.48	8.1	54.04	7.9
2013	21870	21.02	27.8	8.3	59.5	7.8
2014	24538	12.2	30.81	8.1	64.4	7.3
2015	27235	10.99	34.61	8.3	68.91	6.9
2016	30785	13.03	38.42	7.8	74.36	6.7
2017	34722	12.79	42.7	8	82.71	6.9

资料来源：2004～2017 年中国统计年鉴。

3.4.2 影响力和影响范围不断增长

毋庸置疑的是，中国文化产业当前在影响力和影响范围上都有所提升，并保持着不断增长的态势。对于国内来说，现在文化产业发展的兴衰与人们的生活联系得愈发紧密，而文化产业的影响范围早就遍及了整个社会，它影响着人们的生活方式，改变了人们的消费习惯。对外而言，我国文化产业的影响范围几乎已经扩大到了全球，亚洲、欧洲、美洲、非洲，甚至大洋洲，都可以或多或少的找到中国文化元素。到 2016 年为止，我国已经在全世界超过 130 个国家建立了 500 多个孔子学院，各类学员超过 200 万人，[1] 由这一例就可见我国文化产业影响范围的广阔。

---

[1] 赖林冬：《"一带一路"背景下东盟孔子学院的发展与创新》，载于《南洋问题研究》2017 年第 3 期，第 38 页。

3.4.3　发展变快和规模扩大

从 1996 年至今，我国创意产业出现了前所未有的增长。2005 年，中国已经成为世界创意产品最大的生产国和出口国，我国创意产品的出口增长率也超过了英国、美国、日本等创意产业发达国家的出口增长率，创意产业作为一个新兴行业发展迅猛，一大批创意企业兴起，成为引领今后经济发展的生力军。[①] 近年来，在党中央和各级政府的规划和引导下，文化产业进一步加速了规模化、集约化、数字化发展态势。2019 年全国文化及相关产业增加值占 GDP 比重为 4.5%，较 2015 年的 3.97% 提高了 0.53 个百分点，2020 年全国规模以上文化及相关产业企业营业收入 98514 亿元，较 2019 年增长 2.2%，在全球疫情的重创下快速恢复至正增长。随着疫情获得控制与文化市场的恢复，2022 年文化产业增加值占 GDP 比重有望突破 5%，成为国民经济社会的支柱性产业。[②]

3.4.4　文化产品产量持续攀升

2017 年，我国广播电视服务业总收入 6070.21 亿元，较 2012 年的 2801.21 亿元增长 117%；全国广播节目制作时间 788.83 万小时，电视节目制作时间 365.18 万小时；我国电影总票房 559.11 亿元，较 2012 年的 170.7 亿元增长 228%；全国出版、印刷和发行服务（不含数字出版）实现营业收入 18119.2 亿元，资产总额 22165.4 亿元，利润总额 1344.3 亿元；数字出版实现营业收入 7071.9 亿元，较 2012 年的 1935.5 亿元增长 265%。全国出版新版图书 25.5 万种。资产总额超百亿的出版传媒集团达 18 家，较 2012 年增加 50%。[③] 在制作方式多样化和互联网等新技术广泛应用的背景下，文化创意制作领域新产品不断涌

---

① 张京成：《中国创意产业发展报告 2011》，中国经济出版社 2011 年版，第 436 页。

② 范建华、秦会朵：《"十四五"我国文化产业高质量发展的战略定位与路径选择》，载于《云南师范大学学报（哲学社会科学版）》2021 年第 9 期，第 76 页。

③ 徐忠华：《基于产业链视角的我国文化产业整合研究》，北京交通大学硕士论文，2020 年，第 56 页。

现，文化产品制作也更多融入了民族品格和思想价值。

3.5 文化产业的发展瓶颈

虽然我国文化产业的发展取得了如此巨大的成就，但发展过程中仍浮现出许多的问题，有些问题逐渐得到了解决和改善，但有些问题却始终存在或者难以得到好转，这需要引起足够的重视，并需要更加积极地想方设法去解决，否则会阻碍我国文化产业的持续发展。解决文化产业发展过程中的主要问题，就如同医生医治患者，要想真正切断病根，就必须找对病因。要想彻底解决这些问题，必须找出引起问题的根本原因，只有找到原因才能对症下药，使这些问题不再反复出现。①

3.5.1 市场运行不规范，战略规划不成熟

文化产业在我国的发展进程较快。在北京、上海等文化产业发展条件优异的地区，越来越多的创意企业、创意人才、中介等主体参与文化产业化的运行，文化产业的发展也加速了金融资本的运行。文化产业在这些城市 GDP 的贡献率稳步增加，创意经济展现了强劲而蓬勃的发展势头。不过，我国文化产业也存在竞争不够充分、市场运行尚不规范的局面，预计这种局面还将持续。因此，我国文化产业要获得进一步的发展，就需要制定标准的行业规范，挖掘巨大的市场发展潜力，实现自由市场的充分竞争，提升整个文化产业的发展空间。

从当前的情况看，我国出台了多部总体性和区域性的文化产业规划纲要，但大都仅仅是粗线条的原则性、指导性的政策文件。政策缺乏具体的实施细则，操作性不强。尤其是在促进文化产业发展政策和保障措施的配套方面，由于没有具体的规定，文化产业的监管制度既缺乏配套性规定，又不具备系统性，无法有效地指导创意企业和有关部门开展工作。总而言之，我国文化产业的政策体系不成熟，内容比较空，手段过于原则化，缺乏可操作性，定性的规定多，定量的规定少，缺少资金运

---

① 韩振峰：《五大发展理念是中国共产党发展理论的重大升华》，载于《思想理论教育导刊》2016 年第 1 期，第 69 页。

营、信息传递、管理手段等方面的规定性。文化产业发展规划的不成熟还表现在我国文化产业存在市场发育很不成熟、消费需求极不稳定、文化产业的产业链条不够完善等问题。面对这些问题，我国政府应健全规划体系，既要制定原则性的长远战略规划，又要制定具体可操作的年度详细规划；既要健全与文化产业相关的法律体系，又要提供良好的创新环境和完善的基础设施；既要建立完整的文化产业链条，又要建立市场化的文化产业交易平台。

3.5.2　社会效益和经济效益不平衡

社会效益和经济效益是我国文化产业发展所带来的两种福利，但我国文化产业在发展过程中，在落实解决社会效益和经济效益的关系时常常并未执行到位，存在着比较突出的问题。经济效益和社会效益之间本来是对立统一的关系，它们并不是完全矛盾的，文化企业在生产过程中追求经济效益实属正常，追求经济效益可以让企业不断壮大，从而使企业创造出品质更好的文化产品。但一味地追求经济效益，忽视文化产品应该发挥的社会效益，这不符合我国文化产业发展的目的。文化企业应该在追求经济效益的同时重视社会效益所带来的积极影响，找好社会效益和经济效益的关系平衡。

3.5.3　人才创新能力不足

人是文化产业发展中最关键的因素，它决定了发展的成败，文化产业的发展必须依靠人才的推动，而我国文化产业发展在人才队伍的建设上，明显存在着一定的问题。队伍配置并不是十分合理，创新人才的缺口巨大，特别是顶尖创新人才的匮乏，队伍呈现断层、青黄不接的现象。文化产业是以人为本的发展模式，其核心是人才。目前，我国严重缺乏创意创新人才。现有的创新人才无论是在数量上、质量上还是结构上都与发达国家存在很大差距。高端原创人才与管理型人才的匮乏使我国文化产业面临产业链断裂的隐忧，导致我国文化产业创新能力严重不足。拥有自主创新能力是实现我国文化产业可持续发展、提高我国国际竞争力的根本保障，而自主创新能力实现的关键要依靠人才。因此，我国要建成一支人才队伍集聚度高、人才质量创新强、人才结构优化好的智囊团，以完善文化产业链，促进文化产业的快速健康发展，提高国际竞争力，实现中国制造向中国创造转型。[①]

除了上述三个问题，我国文化产业还存在文化产业发展会遇到的普遍性问题，这是事物发展过程中无法逃离的规律。包括发展方式的问题、管理体制的问题、产业结构的问题、技术创新方面的问题等，这些是各国的文化产业在发展过程中基本上都会存在的问题。的确，当前我国文化产业的发展方式需要从粗放型向更高效的方向转变，对文化资源进行深度挖掘，延长文化产品的持续生命力；在对文化产业的管理上体制还并不健全，政府管理缺位或者越位的情况还没有得到彻底改善；某些领域文化产业结构相对单一，与其他产业间融合度不高，产业技术创新性不强，在很多板块还依赖国外的先进技术。诸如此类的问题还存在不少，随着文化体制改革的不断深化，随着我国文化产业理论研究的逐渐深入，随着我国文化产业治理手段日益成熟，这些问题都是可以逐步得到解决的。[②]

---

① 董文静：《创意产业化运行机制研究》，中国海洋大学博士论文，2014年，第30页。
② 韩振峰：《五大发展理念是中国共产党发展理论的重大升华》，载于《思想理论教育导刊》2016年第1期，第71页。

第4章 文化产业促进经济增长新动力

我国经济目前正从高速增长转向中高速增长，经济发展方式从规模速度型粗放增长转向质量效率型集约增长，经济结构从增量扩能为主向调整存量、做优增量并存的深度调整，经济发展动力从传统增长点转向新的增长点，[①] 通过挖掘和培育新动力促进经济持续发展，越来越凸显出重要作用。中国经济发展正进入增长速度换挡期、结构调整阵痛期、前期刺激政策消化期的三期叠加阶段。跨越这种阶段，根本出路是创新发展，即优化调整产业结构，加快发展战略性新兴产业，促进传统产业优化升级，这其中一条基本途径就是积极发展文化产业。作为战略性新兴产业，文化产业近十年来的成长速度、产业黏度、联动发展特性和协同创新优势，越来越凸显出在经济发展中的价值和意义，特别是文化产业在推动产业融合、加速产城融合、优化区域发展布局、参与全球文化经济角力及实现社会包容性发展等方面，不断实验新路径、创造新模式、衍生新业态，对促进形成新的动力体系也有重要促进作用。文化是国家"软实力"的重要体现，在所有要素禀赋中，创造力是国家核心竞争力，而文化创新的影响则最为持久，是提升国家文化软实力的必然路径选择。创意是推动文化产业快速发展的关键核心，产业融合是其发展导向，知识产权财富化是其发展的内在动力。知识创意是文化产业的源头活水，通过市场化运作，最终实现财富和就业机会的增加，这对目前我国经济增长的作用是举足轻重的。[②] 从长期的国际经济社会发展状况看，当人均GDP在3000美元到6000美元之间时，对文化产品与服

---

① 杨永利：《努力打造经济发展新动力》，载于《经济日报》2015年5月7日。

② 刘珊：《文化产业发展促进区域经济发展方式转变的作用机制及实证研究》，江西财经大学博士论文，2015年，第40页。

务就会产生大量的需求，文化产业就进入一个快速发展的阶段。随着我国经济的不断发展，国民的人均收入也在不断增加，在解决了满足人民生存需求的基本问题，如九年义务教育、劳动社会保障、公共社区服务、医疗保障、基本住房保障之后，满足更高层次需求的文化消费必然会大幅度增长，这就相应的带来多种形态的文化产业的发展。结合文化资源、现代科技与创造性的文化产业必将成为调整产业结构，转变经济发展方式的发展方向。[①] 经济发展调整结构和动力续航寻求创新的整体要求，也为文化产业自身结构的合理化和高度化提出了更高要求。另一方面，市场主导和资本驱动下的现代文化产业，逐渐凸显出以知识和创意为主要资源和核心资产的特征，知识经济背景下，文化产业服务于经济领域的空间广阔，服务于消费领域的行业多样化，在文化产业和国民经济从并行到融合的演进过程中，文化产业自然而然全面深入地渗透到了不同行业领域中，并往往因为文化的更新推动了产业创新、融合或蔓生乃至裂变，在一定程度上促进了经济领域跨界升级和经济动力的迭代转型。[②]

44

4.1 文化产业与新动能

文化产业作为 21 世纪的朝阳产业，是指以文化为核心、为直接满足人们精神需要而进行的文化产品生产和文化服务提供的活动，是推动创新创业、培育经济发展新动能、促进经济结构转型的重要助推力。在当代的政治、文化、经济背景下，文化创意产业的发展表现出极大的活力和竞争优势，并受到许多国家和地区的重视。它作为一个新兴行业出现，往往意味着对原有行业和发展方式的反思与批评，对旧行业的理论范式、现有机制、政策趋向和实际运作的调整。

文化创意产业是技术、经济、文化交融的结果，并包含丰富的创造力、文化底蕴和知识产权，它是一种高附加值、高渗透性、强外部性以

---

① 周凯、武晋原：《文化产业与转变经济发展方式的关系、路径研究》，载于《现代管理科学》2012 年第 9 期，第 30 页。

② 齐骥：《文化产业促生经济增长新动力研究》，载于《山东大学学报（哲学社会科学版）》2017 年第 3 期，第 42 页。

及低消耗性的产业，是开发人类创造力、解放文化生产力、提升产业竞争力、增强国家"软实力"的有效手段。因此，文化创意产业在促进国家新旧动能转换和提高国民经济发展水平有着独特的意义。[①]

4.1.1　优化产业结构，促进产业结构调整和升级

创新既是文化的形态所需，又由文化的本质所赋。构建创新驱动型经济是我国实现可持续发展、促进经济结构优化、增强国际竞争力的必然要求。在产业转型中，大众对知识、智慧、创新和审美等文化要素的需求更加强烈，将文化纳入国家发展战略，并以政府力量推进文化建设成为这些国家重塑经济动力的共识。可以说，文化产业在产业转型升级、经济结构调整优化中发挥了巨大的作用，并积累了丰富的创新经验。

按照我国目前的产业划分方式，可以将文化创意产业划归到第三产业的服务业门类下。因此，文化创意产业的发展必定会提高我国第三产业所占国民生产总值的比重。目前，各个国家和地区的第三产业所占的比重均呈上升趋势，这也就有效改善了经济增长对传统工业依赖过大的弊病。[②]

同时，随着社会的进步，经济发展中文化、知识、技术等因素的重要性逐渐凸显，代表着精神经济时代已经到来。随之将会有更多资源由低效率区向高效率区转移，由传统产业流入文化创意产业，从而使文化创意产业成为国民经济发展的主导产业。[③] 另外，文化创意产业的知识密集性、高附加值、高整合性，决定了它对于优化产业结构、转变经济发展方式具有不可低估的作用。文化产业的融合发展不断地颠覆传统动力，有效推动了产业结构、产业链条、产业形态的创新，实现了组织优化和产业转型。文化产业的融合发展还把与产业功能高度重合的城市功能剥离出来，通过创造核心和主导产业彻底转变了城市形象，实现了城

---

① 水洲：《新疆文化产业对经济发展的影响研究》，新疆大学硕士论文，2014 年，第 58 页。

② 韩顺法：《文化创意产业对国民经济发展的影响及实证研究》，南京航空航天大学博士论文，2010 年，第 45 页。

③ 张妹：《文化创意产业在社会经济发展中的作用与提升》，大连工业大学硕士论文，2013 年，第 111 页。

市驱动力的升级。①

从消费者角度，文化创意产业通过满足人的精神需求产生社会效益和经济效益，较少消耗自然资源，可以说是一个低消耗高产出的环保型新兴绿色产业，它本身符合产业结构优化升级的目标。从生产者角度，文化创意产业可以为所有产业提供知识产权类产品，它通过"越界"促成不同行业、不同领域的重组与合作，并位于产业价值链的高端位置。因此，它已经超越了原来的纵向分立的产业划分方式，是对传统产业纵向分立后再横向融合的结果，从根本上改变了产业结构。文化创意产业还可以改善传统行业的结构，将文化创意产业传统行业相融合，增加创意与技术的投入，能够拓宽传统产业升级渠道，促进产业结构升级。

4.1.2　增强产业关联程度，提升传统产业附加值

文化创意产业涵盖部门众多，不仅包括文化消费类相关产业，而且还包括生产创意类相关产业，所以需要已有产业的支持和投入，才能带动相关产业的发展。由于它是经济发展到一定阶段后产生的，它的发展需要已有产业的支持和投入，从而使它成为带动相关产业发展的新兴动力。另外，其他相关的产业发展与创新又不断增加着对文化创意产业所提供的智力成果的需求，从而使文化创意产业以产业渗透的方式对传统产业加以影响和改造，通过延长产品生命周期拉长产业的生命周期。文化创意产业带来的这种产业融合效应，进一步加深了产业之间的关联，从而促使整个产业系统的发展形成良性的互动。从这两个方面反映出文化创意产业与传统产业有着密切的产业关联性。

文化创意产业的高附加值性主要体现在它的精神价值上。文化和科技是现代产业发展的两大引擎，科技的作用在于它可以改变产品和服务的功能结构，提高产品的使用价值。文化创意产品通过创意的设计为传统产品注入了文化、艺术、情感和品位等文化创意元素，使传统产业价值得到极大提升。消费者在消费产品的同时，只有体会到更多的附加内涵，才能让产品更受市场的欢迎。随着生活水平的提高，人们的消费观

---

① 齐骥：《文化产业促生经济增长新动力研究》，载于《山东大学学报（哲学社会科学版）》2017年第3期。

念发生了根本性的变化，由单纯的物质功能消费上升为精神文化消费，这也是一个高品质品牌商品较一般商品在成本相等的基础上，价格却相差极大的原因。这就是文化创意所体现的价值，把文化所体现的这种理念渗透到一般产业的各个环节，从而改变这种一般传统产业的价值链，在创造出不同价值的同时也创造了利润。

尽管文化创意产业与传统产业之间存在着双向的投入产出关系，但它对传统产业的意义远大于传统产业对它的意义。[①] 因为，文化创意产业以创意产品为主体，如创意设计、题材构思、生产工艺及销售模式等，它们的价值实现却多是以相关产业的产品为基础，把文化理念渗透到传统产业的设计、生产、营销、品牌和经营管理等环节，从而改变了传统产业的价值链，创造新的增值空间而形成新的价值分配链条。此外，文化创意产业在自身内部及其他产业之间的结盟、融合或重组趋势日渐强烈，从而带来了显著的产业融合效应，使得整个产业发展具有高度的集聚效应，如经济外部性、技术创新优势、集群式学习和集群自我发展能力，进一步加深了产业之间关联效应。

4.1.3　促进经济增长，成为新的经济增长点

47

随着文化创意产业的不断迅速发展，其对于很多国家和地区的社会、文化、经济的影响日益突出，在英国、美国等发达国家，文化创意产业已成为其主导产业。文化创意产业具有传统行业无法比拟的优势，它能完美融合创意、技术、知识等生产要素，其对区域经济发展的影响体现在方方面面，并成为区域经济发展的重要推动力。

创新在经济增长中的作用随着时代发展而逐渐增强，文化创意产业对经济的贡献得到了各个国家和地区的重视。进入 21 世纪以来，我国在创意产品出口方面居世界领先地位，如今已成为世界第一大文化创意产业生产国和输出国，另外，文化创意产业的增长远超过国民经济其他行业的增长，其对区域经济的拉动作用可见一斑。该产业为区域经济发展提供了新的动力，已逐渐成为区域的新的经济增长点。

文化创意产业要成为新的经济增长点，应具有以下特征：具有旺盛

---

① 韩顺法：《文化创意产业对国民经济发展的影响及实证研究》，南京航空航天大学博士论文，2010 年，第 101 页。

的市场需求和发展潜力，并且具有高效益；具有显著的生产率和增长率；生命力顽强，能随经济结构调整进行调整，随社会结构和意识形态的调整而调整。随着经济的不断发展，人民群众对精神文化的需求逐渐旺盛，改变了以往的消费结构，消费需求的攀升为文化创意产业的发展提供了广阔的市场。反过来，文化创意产业的发展能够带来消费者思想进步、知识增加等精神方面的提升，从而提高全民素质提高，这说明文化创意产业具有很高的效益。

目前，文化创意产业已经摆脱仅仅作为文化形态存在的状况，转而成为繁荣发展的强大的产业实体，创造出了可观的经济效益，其经济增长效应显著。文化创意产业获得迅速发展的动因，除了自身的经济社会功能外，工业社会的转型、科技与文化的融合、文化需求的增加、经济全球化的发展等都对文化创意产业的发展起着重要的推动作用。事实证明，它在许多国家和地区经济体系中的地位不断提升，并逐渐为一国综合国力的最直观、最具体的反映。综合来看，文化创意产业对经济增长的贡献表现为两个方面：一是它自身对经济增长的直接贡献，其贡献程度可以计量，表现为相关产业对国内生产总值和就业的贡献额度；二是它通过影响其他生产要素而间接对经济增长发生影响。由此可见，文化创意产业能够符合新经济增长点和经济增长新动力的要求，具有成为区域主导产业的潜力。①

4.2　文化产业与旧动能

4.2.1　旧动能产业的内涵与特征

前文提到的旧动能，是指传统动能，它不仅涉及高耗能高污染的制造业，更宽泛地覆盖利用传统经营模式经营的第一、二、三产业。从我国当前情况来看，传统产业主要是指在工业化的初级阶段和重化工业阶段发展起来的一批产业门类，在统计分类上多属于第二产业中的原材料

---

① 水洲：《新疆文化产业对经济发展的影响研究》，新疆大学硕士论文，2014 年，第 99 页。

工业以及加工工业中的轻加工工业，在工业化的不同阶段对国民经济发展起过重大支持作用。

传统产业主要具有四个特征：一是技术成熟性。一般以稳定成熟的传统技术为主，主要以外延式扩大再生产，其产品往往需求弹性小，附加值较低，盈利能力处于一般水平。二是成长趋缓性。从长期来看，其占国内生产总值比重、对经济增长贡献率等指标将趋于下降。三是概念动态性。例如，纺织工业在工业化初期的初级阶段是新兴产业，而进入工业化中期后就演变为传统产业。此外，有些传统产业在吸收了新兴技术后，也会转化为新兴产业。四是地域相对性。例如，从东部沿海地区向中西部地区转移的加工制造业、向新探明储量地区转移的采矿业等，在转入地区都有可能是新兴产业。

4.2.2 文化产业的特征

创意的本质是基于创造力而产生的想法，文化创意产业的基本要素是知识产权和文化属性，内涵的核心是创意和创新，产生的背景是注重知识和文化的知识经济时代。文化创意产业与个人创造力、与知识产权密切相关，它不仅重视文化的经济化，更重视产业的文化。文化创意产业强调跨越不同的产业然后进行重组，它位于价值链顶端附加值较高的部分。文化创意产业推崇创新和个人创造力，强调文化艺术为现代文化工业生产提供具有知识产权的、可转化的创意设计和构思，为消费者提供特定产品及服务，通过创造财富和实现就业来推动经济社会的发展。

具体而言，文化产业包含以下五个方面特点：

第一，个人的创意是文化产业的核心要素，也是文化产业的本源。创意处于价值链的顶端，它不但使思想创意转化为经济效益，而且使传统产业升级为文化产业。

第二，知识产权是文化产业顺利运作的有效支撑。从创意创作、开发生产、销售传播及消费阶段，都需要知识产权的保护。

第三，高新技术的产业化是文化产业发展的条件，借助高新技术促进文化产业价值增值。

第四，文化产业是以文化为核心的产业，文化创意是文化产业的主要内容。

第五，文化产业为所在地区提供就业机会，解决人们的就业压力。同时也能够带动旅游业，会展业、传媒业等相关产业的发展。

文化创意产业的经济特征包括以下几个方面：首先是创新与文化的二向性，见图4－1，文化创意是一个复合的概念，与文化和创意有着非常紧密的联系。我们可以意识到文化创意不仅具有文化的特征，而且还具有创意的特征，即创新性。但文化创意既不同于创新也不同于文化，文化创意在两者所代表的客观与主观方向上都有延伸，是介于两者之间的中间变量，是二者的综合与过渡，把它完全等同于两者中的任何一方都是错误的，我们把文化创意这一典型特征界定为文化创意产业的二向性。

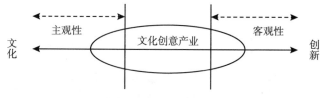

图4－1　文化产业中创新与文化的二向性

文化创意连接的客观与主观两个方向并不是对立存在的，文化创意产品生产者是理性思维与感性创造融合在一起的桥梁，它使创新与文化变得互相依赖互相促进，一方面创新对文化具有明显的"路径依赖"，另一方面创新某种程度上又加快了文化前进的步伐。

然后是高渗透性。文化创意产业为文化产业的扩展延伸，是融合了三产的全新产业。可以根据各个国家对文化创意产业的分类看到文化创意产业和其他产业相互渗透，一、二、三产原有的界限被其强大的渗透能力打破。文化创意产业将传统产业的产品中融入文化创意元素，进而延伸原有产业周期，实现较大的利润增加。文化创意产业作为经济、技术、文化的结合体，在人类各个活动环节实现自身价值作用。文化创意产业与其他产业具备较强的关联性。文化创意产业不仅创造自身价值，还渗透到相关产业，影响相关产业的发展，比如游戏软件、通信设备、家电等服务市场能为广播电视业带来巨大发展。

文化产业的经济特性还包括高附加值性。这种高附加值性主要体现在两个方面：一方面，文化创意产品是人们脑力劳动的成果，其中凝结着人类大量的高级劳动，自身有着很高的价值。再加上文化创意的独一无二性，为它创造更高的价值创造了条件。因此，在投资市场上，文化创意产业是一种高投入、高回报的行业。另一方面，产业的观念价值及文化属性被文化创意产业所挖掘，并被赋予创新元素。被赋予创意元素的产品是地位、身份和生活品质的象征，具有的价值超过产品本身的实用价值，因为它能创造出新的精神体验价值。

4.2.3 文化产业与旧动能产业的区别

1. 结构方式

文化创意产业与传统旧动能产业在结构上的最大差异是其已经融入了文化的因素。传统产业集群的结构是以价值导向为联结方式的，而文化创意产业集群是以文化传播和渗透以及价值实现为联结的，文化创意产业企业之间的互联关系与传统产业相比，更具有扩展性。[①] 传统产业的同类企业之间更加偏向竞争关系，文化创意产业的企业关系更加注重合作，而相同的文化则是合作的纽带。文化创意产业对区域经济的影响更加注重关联性，对于推动区域经济的整合有着重要的作用，而区域经济的整合对于提高区域的综合竞争力则是有力的促进。

2. 跨越空间

传统旧动能产业的生产、销售过程具有高度的物质性，而文化创意产业则是伴随着互联网成长诞生的。互联网是多媒体的，具有传统媒体没有的互动性，作者与读者的界限模糊甚至消失不见。文化创意产业的集聚效应不仅表现在地理空间上的群集，更突出地表现在虚拟网上的集聚效应。文化创意产业下的产业集群不仅表现为企业在同一地理位置的集聚，更表现出跨地理空间的集聚。现代文化创意产业集聚往往同现代科技发展有着密切的联系，现代发达的科技手段使文化创意这种无形的产品内质得以突破空间的界限和约束，使得价值流在更广阔的空间中实现。文化创意产业的超地理空间的存在形式，对于区域经济发展来说更

---

① 郑洪涛：《文化创意产业集群特征、聚集原理与竞争优势》，载于《中州学刊》2013年第 5 期，第 33 页。

具有张力，其经济辐射效应更强。

3. 生产方式不同

传统旧动能产业是工业经济，文化创意产业是知识经济。"知识经济"通俗地说就是"以知识为基础的经济"。现行的工业经济和农业经济虽然也离不开知识，但总的说来，经济的增长取决于能源、原材料和劳动力，即以物质为基础。知识经济是人类知识，特别是科学技术方面的知识的历史产物。传统产业的生产方式是全球标准化的，而文化创意产业是全球多样化的。传统产业以价值为生产标准，将工业产品规范化，同时将产品标准化后向全世界推广。文化创意产业显然不同。同样是全球化，由于具有后现代性，是正在进行的，以知识论、信息化为主要特征的第二次现代化，文化创意产业讲究地方风格和文化个性。以创意旅游为例，全球各地与众不同的地缘特点、民族个性、地方风俗、文化传统等，是创意旅游不可或缺的前提和资源。如果游客走遍世界各地，看到的是完全一样的风景和民俗，就不如待在家里。

4. 文化产业集群具有柔性特征

文化创意产业集群与传统产业集群相比，呈现出更加柔性的特征。文化创意产业集群的价值联结方式和内容已经较以前有了本质的变化，产业集群的核心向心力也由以前的以价值为导向变成了现在的文化创意和科技创新实现，在以这种以文化创意和科技创新为动力的群集网络中，企业与企业、产业与产业相互之间的联结表现为柔性特征，也就是说，当文化创意产业集群形成时，其内在的结构和可扩展性较以往有了更大提高，所涉及的产业种类也更加丰富多样，而这种扩展性和更多的接口使得文化创意产业集群的结构更加丰富，内部的协调机制更加完善。文化创意产业网络集群的柔性特征使区域经济的发展有了更广阔的选择，在这种柔性机制下，区域经济的发展道路呈现出多样化特征。[①]

---

① 郑洪涛：《文化创意产业集群特征、聚集原理与竞争优势》，载于《中州学刊》2013年第 5 期。

4.3 文化产业助推新旧动能
转换的具体路径

4.3.1 文化产业促进传统产业升级

文化创意产业不同于其他产业的特殊性在于它的价值增值效应，因此，与传统产业的融合必定会对传统产业升级有着重要的意义。广义来说，大部分产业都有创意成分，然而文化创意产业所关心的是如何将创意转化为经济活动，包括形成产品和服务，以及这些产品和服务的制造、商品化、分销以及消费等过程。所以，文化创意产业发展，不仅仅在于一个新兴产业的启动，更重要的是它推动了其他产业领域的创新，如更新产品和服务的设计与策划，开辟新的蓝海战略，品牌战略和营销战略等。正因为如此，发展文化创意产业对传统产业升级有着重要的影响。那么，文化创意产业是怎样影响传统产业升级的呢？这取决于创意在生产过程中存在的状态以及它的性质，不同状态和性质的创意促进传统产业升级的机制也不相同。① 现实当中，任何创意都是以精神产品的形式存在，精神产品是指人类在改造自然和社会的实践活动中，为满足社会的需要，通过付出脑力劳动，依靠知识、信念、智慧等要素进行创造性活动的结果。总体上看，精神产品分为自然科学（科学、技术知识）、社会科学（管理、经济及社会学知识）和文化艺术（美术作品等）三个类别。与此相对应，创意可以分为工艺创意、商业创意和文化艺术创意。它们对传统产业的影响取决于精神产品的流动性，由于技能、科学知识、艺术、甚至宗教方面的东西（讲道、祈祷、献物祝福）以及发明等，都可以成为契约的对象，其买卖方式可与物同视。当知识产权制度实施以后，就为精神产品在生产活动中自由流通、扩散提供了制度保障。精神因素因而变得更加活跃，其作用也更为突出。按照我国目前的产业划分方式，可以将文化创意产业划归到第三产业的服务业门

---

① 韩顺法：《文化创意产业对国民经济发展的影响及实证研究》，南京航空航天大学博士论文，2010年，第88页。

类下。因此，文化创意产业的发展必定会提高我国第三产业所占国民生产总值的比重。目前，各个国家和地区的第三产业所占的比重均呈上升趋势，这也就有效改善了经济增长对传统工业依赖过大的弊病。同时，随着社会的进步，经济发展中文化、知识、技术等因素的重要性逐渐凸显，代表着精神经济时代已经到来。随之将会有更多资源由低效率区向高效率区转移，由传统产业流入文化创意产业，从而使文化创意产业成为国民经济发展的主导产业。此外，文化创意产业的知识密集性和高附加值等特性将会在产业结构优化及经济发展方式转变方面起到积极有效的作用。[①]

4.3.2 跨界重构经济发展的秩序

随着我国人均收入和精神生活水平的继续上升，文化需求层次不断提高且日益多样化，新一轮科技革命又不断促使技术、信息、资本等要素跨国界、跨区域流动日趋频繁，以"跨界"为新供给特征的现代文化市场体系逐渐凸显出新的趋向。从跨行业区间的要素融合看，文化与信息化的深度融合，将加速促使产业升级，增强产业竞争力；文化与城镇化的良性互动，将加快构筑优势互补、特色集约的城镇产业格局；文化与农业现代化的相互协调，则将加快形成因地制宜、产城人文有机融合的城乡一体化格局。文化产业于传统工艺中寻求载体，在历史文化中寻求灵感，从村落记忆中寻找素材，释放了二元经济地理结构下乡村的发展活力。跨界逻辑对传统经济发展动力的颠覆和重构是建立在供给侧结构性改革基础上的，适应和引领消费趋势的裂变式创新。文化产业视阈下跨界发展的市场逻辑，一方面，打破了传统动力的线性模式，突破了单一的、静态的串联式产业链而演化为复合的、动态的并联式协作的网络，重塑了以"大文化"为纽带、打通经济发展时空关联的动力机制，为"一带一路"、京津冀和长江经济带等经济地理战略创造出基于"文化"的诠释。另一方面，文化产业打破了传统资源的排他型消费模式，将传统生产活动和生活图景在市场化的环境下转化成文化商品，为文化遗产传承和创新、文物产品的创意开发以及历史文化村镇保护性开

---

① 张妹：《文化创意产业在社会经济发展中的作用与提升》，大连工业大学硕士论文，2013年，第102页。

发构建了文化经济的新秩序。[①] 在这种机理作用下，以文化产业促进经济发展的路径有多个方面。具体而言，一是鼓励不同所有制企业进一步整合优质文化资源，在产业优势领域加快进行国际推广和宣传，抢占产业制高点，培育国际经济合作和竞争新优势，以提升中国文化产业在全球价值链中的地位；二是引导各类资本通过联合投资、跨国并购等产业协作方式提升企业国际化经营水平，鼓励有条件的企业加快境外文化产业园区和经贸合作园区建设步伐，进一步培育贸易新增长点；三是加快推进文化服务外包进程，同时结合商务部所制定的国家文化出口重点项目和重点企业名录，全方位丰富民族文化品牌内涵，让"中国创造"理念深入人心，全面提升中国文化产业的话语权和国际竞争力。[②]

4.3.3　推动建立内生动力机制

内生动力机制是对文化产业新旧动能转换过程产生重要影响的力量，它揭示了文化产业新旧动能转换的内在联系。加速文化产业新旧动能转换，需要构建强大的内生动力机制，包括加强制度设计、系统谋划和协同推动，持续激发文化产业新旧动能转换的活力和创造力，不断增强文化产业新旧动能转换的内生动力，其关键在于推动深化改革、坚持对外开放和创新发展，以全面深化改革释放文化产业发展新动力，通过完善产权制度和要素市场化配置，实现产权有效激励、要素自由流动、价格体系灵活和竞争公平有序。与此同时，应坚持对外开放，激发文化产业发展新活力，用开放的视野和思维整合全球优质文化资源，从而推动文化管理体制和发展方式与世界先进水平对接。文化的创新力是文化变迁和发展的重要机制，是由文化的内在矛盾决定了的本质性的东西，是文化产业化生成和发展的内在动力。[③] 文化产业的创新性和发展潜力为国家发展提供新的经济增长点。文化产业的特点使得文化产业不断催生出新的产业形态，成长中的文化产业正显现出巨大的发展潜力，为现代经济的发展提供了源源不断的新的增长点。

---

① 齐骥：《文化产业促生经济增长新动力研究》，载于《山东大学学报（哲学社会科学版）》2017 年第 3 期，第 47 页。

② 王家庭、唐瑭：《新时代中国文化产业新旧动能转换的初步探索》，载于《同济大学学报（社会科学版）》2019 年第 5 期，第 38 页。

③ 闵光辉：《关于我国文化产业化发展研究》，西南交通大学硕士论文，2002 年，第 97 页。

第5章 文化产业链与文化产业发展

研究文化创意产业发展的模式与路径，归根结底离不开对文化产业价值链的分析与探索。文化创意产业的运行过程，其实也就是思想创意变为产业的动态转化过程。

5.1 产业链相关理论

5.1.1 产业链概念

关于"产业链"的研究成果相对丰富，它是产业经济学中的一个概念。按照迈克尔·波特（Michael E. Porter）的界定，产业链是建立在产业内部分工和供需关系基础上从最初始的原材料生产和销售到中间产品生产和销售，再到最终产品生产和销售全过程中各个环节所形成的一种企业群体的关联图谱。[①] 产业链分为垂直的供需链和横向的协作链。垂直关系是产业链的主要结构，通常将其划分为产业的上、中、下游关系。横向协作关系则是指产业配套。从现代工业的产业链环节来看，一个完整的产业链包括原材料加工、中间产品生产、制成品组装、销售、服务等多个环节。实际上任何产业都能形成一条产业链，现实社会中存在着形式多样的产业链，而且众多产业链会相互交织构成产业网。因此我们可以说，产业链的概念有广义和狭义之分。广义的产业链包括

---

① 迈克尔·波特：《竞争优势》，陈小悦译，华夏出版社 2005 年版，第 36 页。

满足特定需求或进行特定产品生产及提供服务的所有企业集合，涉及相关产业之间的关系。狭义的产业链则重点考虑直接满足特定需求或进行特定产品生产及提供服务的企业集合部分，主要关注产业内各环节之间的关系。

产业链是一种动态的关系，影响其变化的因素主要有两个方面。一是技术上的重大变革，如互联网技术的出现而形成的新的产业链；二是整体经济环境的重大变化引起的产业链重组，如经济全球化浪潮中产业的迁移和国际分工的变化所引起的产业链重组、互联网泡沫破灭之后引起的台湾制造业向大陆迁移等。产业链的主要特征有：

（1）构成产业链的各个组成部分是一个有机的整体，相互联动、相互制约、相互依存，它们在技术上具有高度的关联性，上游产业环节和下游产业环节之间存在着大量的信息、物质、价值方面的交换关系，且它们之间具有多样化的链接实现形式。

（2）产业链上的各个组成部分呈现出分离和集聚并存的趋势，它们存在着技术层次、增值与盈利能力的差异性，因而就有关键环节和一般环节之分，而且各个组成部分对要素条件的需求具有差异性，这就导致了产业链的战略环节存在区域差异性。

（3）产业链受产业特征及发育状况影响，存在繁简程度的差异性，同时产业链之间相互交织，往往呈现出多层次的网络结构，存在主链条、次链条的区分，而且这些链条都处于一定的外部支撑环境之下。

关于"产业链"的定义，迈克尔·波特提出了不同的见解，按照迈克尔·波特的逻辑，每个企业都处在产业链中的某一环节，一个企业要赢得和维持竞争优势，不仅取决于其内部价值链，而且还取决于在一个更大的价值系统，即产业价值链中，一个企业的价值链是其供应商、销售商以及顾客价值链之间的连接，这一理论强调的是国家（地区）资源和环境要素对产业竞争力形成的作用，从方法论角度来讲属于一种外因决定论①。具体来讲，由于产业内协作分工活动的发展，各协作企业相互间构成产业价值链的上下游关系，共同创造价值，形成了产业价值链，也就是说，价值链是指相关企业在创造价值的过程中，相关环节

---

① 王文锋、徐小立：《区域文化产业竞争力决定要素及指标体系研究》，载于《中国文化产业评论》2014 年第 1 期，第 97 页。

为实现一定的价值目标而形成的动态过程[1]。分析价值链要重视价值的作用，价值链这个动态的过程包括基本活动和辅助活动。[2] 其中，基本活动含有内部物流和外部物流、生产经营、服务等，辅助活动含有基础设施、人力、技术和采购等。某些特定的价值链环节在企业创造价值的过程中非常重要，是真正创造高附加值的经营活动，这些关键环节称为"战略环节"。产业价值链也被波特称为价值系统，包括供应商、企业、渠道和买方价值链。将创意融入产业链中，使价值链各个环节为创造价值而进行动态联系的整体，这种产业链被统称为文化产业价值链。

5.1.2　创意产业价值链的内涵

对于创意产业价值链内涵的理解是建立在对价值链、产业链以及产业价值链分析基础上的，只有深入认识和分析价值链、产业链以及产业价值链的含义才能够使创意产业价值链的定义更准确、更科学。

在波特的理论中，企业从创建到投产经营所经历的一系列环节和活动，既有各项投入同时又显示价值的增加，从而将这一系列环节连成一条活动成本链。[3] 因此，波特的价值链被看作是传统意义上的价值链，较偏重于以单个企业的观点来分析企业的价值活动、供应商及顾客之间的连接，以及企业从中获得的竞争优势。在彼得·麦格斯（Peter Maigers）的观点中，价值链被看作是一系列连续完成的活动，是原材料转换成一系列最终产品的过程。[4] 这一新的价值链观点将其看作一些群体共同工作的一系列工艺过程，以某一方式不断地创新，为顾客创造价值。这一价值链理论认为，企业的发展不只是增加价值，而是要重新创造价值。在价值链系统中，不同的经济活动单元通过协作共同创造价值。闪客（Shank）和戈文达拉扬（Govindarajan）对价值链思想发展的贡献主要在于他们对于价值链分析方法运用的发展。他们在其作品《战

---

[1] Poter M E, Competitive advantage [J]. The Free Press, 1985, 11 (1): 111–132.

[2] 范宇鹏：《价值链视角下的广东省文化创意产业的发展研究》，载于《特区经济》2014 年第 8 期。

[3] 迈克尔·波特，陈小悦译：《竞争优势》，华夏出版社 2005 年版，第 197~207 页。

[4] Peter. Maigers, Multinational firms and technology transfer [J]. *ScandinavianIournal of Economics*, 1995 (3): 495–513.

略成本管理》（*Strategic Cost Management*）中，提出价值链分析方法的运用程序如下：首先确定企业价值链，其次确定企业价值链环节的成本驱动，最后结合各价值链环节成本和价值，分析企业优缺点，进而确定可持续的竞争战略。① 此外，他们还设计出一套分析价值链各个环节的成本计算的方式，使价值链分析方法具有很大的可操作性。

　　杰弗瑞·F. 蕾鲍特（Jefferey F. Rayport）和约翰·J. 斯维奥克拉（John J. Sviokla）提出了开发虚拟价值链的观点，他们认为当今企业都在两个世界中竞争：即管理者可感知的物质世界及由信息构成的电子商务这一新的价值增长点。② 两条价值链的经济原理不同，传统价值链对规模经济和范围的理解不同于虚拟价值链。两条价值链的管理内容，增值过程也基本不同。实物价值链是由一系列线性连续活动构成，虚拟价值链是非线性的，有潜在的输入输出点，能通过各种渠道获得分布矩阵。通过对两条价值链价值创造过程的区别及其相互作用的理解，企业可以根据自己的组织、结构、战略观点和对这两个过程所进行的管理实践，提出新的观点和技术上的挑战。在波特的价值链中，信息只被看作是一系列价值增值活动中的支持元素，信息因素只是产生价值增值的辅助因素，而本身不是价值来源。虚拟价值链任意阶段创造价值包含五项活动：收集、组织、选择、合成和分配信息，通过这些活动收集的原始信息可增加价值。

　　随着电子商务的不断发展与成熟，价值链理论融入了时代化的发展。谢尔丹（Sheridan）指出虚拟价值链与实物价值链并行，后者可用于实物价值链的各个阶段，水平的使用价值产生增值，而虚拟价值链需要在互联网上操作，运用互联网就可以为企业创造价值或开辟新市场。③ 人们可以沿着价值链的每个阶段，重复同样的步骤，价值增值通过提供服务得以实现。信息时代，价值越来越多地建立在信息和知识上。电子商务对传统概念的企业价值链的影响主要有以下几方面：一是改变传统的采购、营销及售后服务活动的方式；二是改变企业的生产方

　　① Shank, Govindarajan, Strategic Cost Management［M］. *The Free Press*, 1993：256 – 280.

　　② Jefferey F, Managing in the Marketspace［J］. *Journal of Business Research*, 1998（10）：630 – 653.

　　③ Sheridan J H, Innovation and productivity across four European countries［J］. *Oxford Review of Economic Policy*, 2002（1）：483 – 498.

59

式；三是缩短价值链环节；四是价值创新。①

温科（Winker）和格鲁斯特姆（Grubbstrom）认为新价值链不是由增加价值的成员构成的链条，而是由企业构成的网络，它经常改变形状：扩大、收缩、增加、减少、变形或变换，这被称之为价值网。② 价值网观点的重要贡献，是认识到价值链不能推动它的成员，开发有利于他们以当今要求的速度创造价值和产值的统一结构设施。而价值网促进了所有成员在完全统一的基础上的联系，这可使得各成员按日程表合作、共享资产、利用彼此的互补优势和资源，一起开发、实施和完成业务。

由以上国外学者的论述，我们可以这样理解价值链：它就是通过对信息流、物流、资金流进行设计、规划、控制和优化，以满足顾客需求，提高价值链中成员效率和效益，使企业的供、产、销系统形成一条环环相扣的链条。

关于产业链的内涵，目前国内学术界说法不一。

杨公仆主编的《现代产业经济学》从价值链的角度论证了产业链，指出产业链是构成同一产业内所有具有连续追加价值关系的活动所构成的价值链关系。③ 郑胜利认为产业链主要指产业价值链。④ 蒋国俊、蒋明新从战略联盟的角度论证了产业链，提出产业链是指在一定的产业群聚区内，由在某个产业中具有较强国际竞争力或国际竞争潜力的企业，与其相关产业中的企业结成的一种战略联盟关系链。⑤ 李仕明从政府和企业的角度论证了产业链，认为企业经营要有好的"上下家"，这种经营环境中的上中下游，对企业而言通常被称为供应链，对政府而言则称为产业链。⑥ 郁义鸿认为产业链是指在一种最终产品的生产加工过程中，从最初的矿产资源或原材料一直到最终产品到达消费者手中，所包

---

① Indradgit Ray, Successufl supply chain management [J]. *Management Deeision*, 2003 (4)：25 –31.

② J. Wikner, R. W. Grubbstrom, Integrated produetion/distributionsupplyhcain：an invited review [J]. *European Journal of Operational*, 2004：219 –236.

③ 杨公仆：《现代产业经济学》，上海财经大学出版社 2005 年版，第 137~141 页。

④ 郑胜利：《产业链的全球延展与我国地区产业发展分析》，载于《当代经济科学》2005 年第 1 期，第 15 页。

⑤ 蒋国俊、蒋明新：《产业链理论及其稳定机制研究》，载于《重庆大学学报（社会科学版）》2004 年第 1 期，第 37 页。

⑥ 李仕明：《产业链中间产品动态定价研究》，载于《经济师》2005 年第 3 期，第 24 页。

含的各个环节所构成的整个纵向链条。[①]

虽然目前对于产业链的概念，学术界还没有达成一个统一的认识，但大家普遍认为产业链的概念有广义和狭义之分。广义的产业链包括满足特定需求或进行特定产品生产及提供服务的所有企业集合，涉及相关产业之间的关系；狭义的产业链则重点考虑直接满足特定需求或进行特定生产及提供服务的企业集合部分，主要关注产业内部各个环节之间的关系。产业链的本质是描述了一个具有某种内在联系的企业群结构。

潘承云认为，产业价值链是以某种核心技术或工艺为基础，以提供能够满足消费者某种需要的效用系统为目标的、具有相互衔接关系的企业集合。他认为产业价值链的界定应把握两个基本点：一是产业价值链实际上是一种具有相互衔接关系的企业价值活动的集合；二是这种企业价值活动集合并不是一种随意或杂乱无章的组合，而是以某一项核心技术或工艺为基础，提供能满足消费者的某种需要，并以此效用系统为依据整合起来的。[②] 但他对产业价值链的界定，是基于强调某一项技术或工艺的核心作用，落脚于产业价值链是相互关联的企业的集合，却忽视了价值创造和价值活动的组织结构，因而具有一定的局限性。

产业价值链是产业链背后所蕴藏的价值组织及创造的结构形式，代表了产业链的价值属性，反映了产业链更深层的价值含义，决定着产业链的经营战略和竞争优势。产业价值链的形成能有效地实现整个产业链的价值，反映价值的转移和创造。如果说"产业链"描述了产业内各类企业的职能定位及其相互关系，说明产业市场的结构形态，那么，"产业价值链"的概念则更加突出了"创造价值"这一最终目标，描述了价值在产业链中的传递、转移和增值过程。产业价值链的形成正是在产业链的结构下遵循价值的发现和再创造过程，充分整合产业链中各企业的价值链，持续地对产业链价值系统进行设计和再设计。产业价值链上各个环节的活动都直接影响到整个产业的价值活动，而每个环节又包括众多类似的企业，它们的价值创造活动具有相似性。

相对于价值创造的其他组织形式，产业价值链的主要特征有：

---

① 郁义鸿：《产业链现状研究综述》，载于《工业技术经济》2006 年第 10 期，第 60 页。

② 潘承云：《解读产业价值链——兼析我国新兴产业价值链的基本特征》，载于《当代财经》2002 年第 5 期，第 7 页。

（1）构成产业价值链的各个组成部分是一个有机的整体，相互联动、相互制约、相互依存，每个环节都是由大量的同类企业构成，上游产业环节和下游产业环节之间存在着大量的信息、物质、资金方面的交换关系，是一个价值递增过程。同时产业价值链之间相互交织，往往呈现出多层次的网络结构。在新的竞争环境下，产业中的竞争不仅仅表现为单个企业之间的竞争，还表现为一条产业链同另一条产业链的竞争，一个企业集群同另一个集群之间的竞争，甚至是国与国之间的相互竞争。

（2）增值性是产业价值链的一个主要特征。后面的价值增值环节在前面价值产品的基础上，进一步面向新的客户，生产出新的价值产品。但是，这并不意味着前面环节投入的价值量在后面都能够实现，如果存在价值增值"瓶颈"，价值链上一部分投入的价值将会损失掉，无法实现增值。

（3）产业价值链具有循环性的特点。价值增值实现的过程是一个不断循环的过程。这一特点对于参与价值链的、持续经营的企业具有重要的意义，因为企业长期价值的最大实现比起短期价值的实现有更重要的意义。如果一条产业价值链无法实现有效的循环，那么这条产业价值链就濒临"死亡"的境地。产业价值链的各个环节技术关联性强，且在技术上具有层次性。产业价值链的各个环节存在着增加值与盈利水平的差异性。产业价值链的各个环节对要素条件的需求存在差异性。不同的环节，对于技术、人力、资本、规模等的要求不同，因而具有不同的区位偏好。

上文已述，以潘承云为代表的学派认为产业价值链是以某种核心技术或工艺为基础，以提供能够满足消费者某种需求的效用系统为目标的、具有相互衔接关系的企业集合。① 其在论文中强调了两个基本点：一是产业价值链实际上是一种具有相互衔接关系企业价值活动的集合；二是以某一项核心技术或工艺为基础，能够满足消费者某种需求，并以此效用系统为依据整合起来的。

陈柳钦认为产业价值链是产业链背后所蕴含的价值组织及创造的结构形式，产业价值链代表了产业链的价值属性，产业价值链反映了产业

---

① 潘承云：《解读产业价值链——兼析我国新兴产业价值链的基本特征》，载于《当代财经》2002 年第 5 期，第 7 页。

链更深层的价值含义，决定了产业链的经营战略和竞争优势。[①] 产业价值链的形成有效地实现了整个产业链的价值，反映价值的转移和创造。如果说产业链描述了产业内各类企业的职能定位及其相互关系，说明产业市场的结构形态，那么，产业价值链的概念则更加突出了创造价值这一最终目的，描述了价值在产业链中的传递、转移和增值过程。产业价值链的形成正是在产业链的结构下遵循价值的发现和再创造过程，充分整合产业链中各企业的价值链，持续地对产业链价值系统进行设计和再设计。

根据波特的价值理论，产业价值链被描述为某一行业中从最初原材料到初步加工，再从精加工到最终产品以及到达消费者手中为止的整个过程中价值的分布和关联。产业价值链实质上是产业链的价值创造、传递和增值，它反映了产业链更深层的价值含义。它存在着两维属性，即结构属性和价值属性。从结构属性上看，产业价值链是指一种产品的"生产—流通—消费"全过程中所涉及的各个环节和组织载体构成的一个网络状链式结构；从价值属性上看，产业价值链是在此产业链中大量存在着上下游关系和相互价值交换、上游环节向下游环节输送产品或服务，下游环节向上游环节反馈信息的过程。

从现代工业的产业价值链环节来看，一个完整的产业价值链包括原材料加工、中间产品生产、制成品组装、销售、服务等多个环节，不同环节上有不同的参与角色，发挥着不同的作用，并获得相应的利益。产业价值链上各个环节的活动都直接影响整个产业的价值活动，而每个环节又包括众多类似的企业，它们的价值创造活动具有相似性。产业价值链代表了产业链的价值属性，它是由产业链内各个企业的价值链有机结合而成的。产业链是一个产业成长、发展的必然产物，是随产业的形成和完善而自然形成的，不同的产业具有不同的价值链，其产业价值链的构成也存在着很大的差异性，而且处于动态变化之中。[②]

---

① 陈柳钦：《社会资本及其主要理论研究观点综述》，载于《东方论坛》2007 年第 3 期，第 85 页。

② Florida R L, *Europe in the Creative Age* [J]. Demos, 2004 (4)：14–15.

5.2　我国文化产业链的组成结构

前文提到，产业链类型是指在一个产业链中的两个上下游产业之间或两个相邻市场之间的关联方式。[①] 文化产业是一个开放性的产业，较难完全描述该产业的发展链条，根据产业链条的基本原理，可以将文化产业轮廓性地简单归纳为一个从文化产品创意制作到体验消费的概括性的核心产业链条。

张俊（2017）提出在一条产业链中，上中下游的定义通常是相对的，上游通常指产业链的开始端，主要提供原材料、资源和初产品，下游通常是深加工并涉及相关衍生产业，中游是介于两者之间的产业。同样，文化产业链的上中下游也是相对的，可以将文化产业链划分为上游的创意环节、中游的传播环节和下游的消费环节。[②] 本文结合有关研究，以文化内容的流通增值路径为核心，将文化产业链分为三大环节：上游——文化创意制作环节、中游——文化流通传播环节、下游——文化体验消费环节。根据文化产业链的各上下游环节产业及其经营主体不同，结合产业前向联系和后向联系，将文化产业链沿着纵向分工形成的基本产业环节模式如图 5-1 所示。

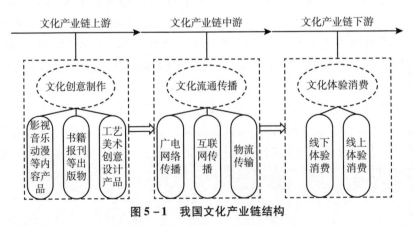

图 5-1　我国文化产业链结构

---

①　刘江鹏：《基于供应链整合的农产品物流模式研究》，载于《物流工程与管理》2010年第 12 期。

②　张俊：《IP 在文化产业链中的价值流动规律研究》，载于《科技与出版》2017 年第 1 期。

5.2.1 文化产业链上游：文化创意制作

文化创意制作环节是文化创意、制作环节的概括，该环节主要是借助文化创意人才的天赋和智慧，运用创意的科学方法和技术，通过把创意付诸实践，形成丰富多彩的文化内容产品的活动。文化创意制作是文化创意产业中的主导产业，作为核心内容创新形式的革新，不管是生产设计制作环节，还是营销推广管理环节，强调的都是内容为王。[①] 我国传统文化源远流长，丰富的文化资源为文化产品的产生提供了肥沃的土壤，同时也为我国文化产业的发展奠定了基础。这些资源作为核心生产要素，通过人的创意开发形成各种形式的内容，构成了文化产业的基础。该环节处于产业链的顶端，控制着整条产业链的有效运作，是文化产业的基础和最上游的资源，在文化产业价值链的最顶端，具有很高的附加价值。文化内容的创意属性是文化产业的价值所在，也是文化产业链的核心。文化产业需要面向消费者，满足消费者的精神文化需求，只有吸引住消费者，才有可能实现文化产业链的经济效益。

我国文化创意制作的主体主要是文化内容创意制作企业，包括新闻、报纸、广播电视、互联网、演艺、工艺美术、广告、设计等的创作企业等。通过这些单位的创意加工，形成了涵盖新闻、出版、广播影视、综艺、教育、音乐、广告、设计、工艺美术等在内的多样的文化创意产品。这些门类不同的内容不断拓展，构成了文化创意制作环节的横向要素单元。同时，每一个内容又可以细分为较多不同的细分环节，以影视剧为例，整个影视剧制作环节又是一个复杂的构成部分，包括影视剧内容的策划、编剧、拍摄、剪辑、合成制作、出品发行等环节，如图 5-2 所示。

图 5-2　我国影视制作产业链结构

① 杜德斌、盛垒：《创意产业：现代服务业新的增长点》，载于《经济导刊》2005 年第 8 期，第 80 页。

5.2.2 文化产业链中游：文化流通传播

文化流通传播环节是文化产品从产业链上游进入产业链下游的中间环节，也是其传播的路径。在此过程中，授权商、被授权商、代理商、传媒中介人和制作人等通过对知识产权的整体开发应用和整体营销，运用各种营销模式将其价值和实用价值销售让渡给消费者，从而实现产业化价值的创新。没有销售或发行通路，再好的产品也变不成产业。① 文化产品分为有形产品和无形产品，相对而言中间环节分为两类：一是对于如广播影视节目等各类文化内容进入传播环节，以广播电视、网络、卫星、院线等平台作为传播与发行的载体，以电视机、手机、IPAD 终端、荧幕、卫星接收站等作为文化内容接收的载体，实现文化内容在空间里的有线传播和无线传播；二是对于书籍、期刊、工艺美术品、文化用品等有形产品制作完成后，进入文化产品的流通环节，通过商品物流储存渠道进入实体消费环节。

这些不同的传输和播放路径构成了文化内容传播链的横向要素。文化流通传播环节是文化产品得以传播的重要一环，也是其实现经济和社会效益的必由之路。

5.2.3 文化产业链下游：文化体验消费

文化体验消费是文化产业链条的下游环节，也是文化产业经济效益和社会效益实现的核心环节，指的是人们购买各类以文化内容为主要消费对象的文化产品或服务来满足其精神需求的一种消费，比如影视节目、书籍、游戏、演艺娱乐、主题公园、文化旅游、工艺美术等在内的直接消费，也包括为了实现文化产品和服务的消费而购买的摄影器材、影视终端、计算机等各类文化设备，也需要图书馆、科技馆、展览馆、影剧院等文化设施。随着大众休闲时间和可支配收入的不断增加，大众对文化商品的消费提出了更高要求。消费者不仅注重其交换价值和使用

---

① 顾江：《全球价值链视角下文化产业升级的路径选择》，载于《艺术评论》2009 年第9 期，第 81 页。

价值，更强调文化商品的情感诉求和审美诉求。[1] 在此过程中，文化企业充分利用文化消费具有路径依赖和锁定效应这一特征，以消费者的个性化需求为出发点，将不同的行业联系在一起，实现二次文化衍生品的生产和销售，实现文化产业跨行业多元化的价值创新，变消费经济为体验经济。

5.2.4　我国文化产业链的特征

文化产业链既有产业链的一般特征，同时又有文化产业自身的特点，文化产业链输出的是文化产品和服务，传递的是无形的知识创新，实现的是价值的增值，因此，文化产业链具有产品链、知识链和价值链的一般特征，是一条增值链，同时又具有文化产业自身的特点。通过产品链满足文化产品的供需关系，通过知识链完成知识的创意创新，通过价值链实现资源的集聚和不断增值。

1. 文化产业链是文化产品创作过程中形成的以文化内容为核心的文化产品链

文化产业链上流通的是文化产品，这些文化产品是由文化产业链各节点企业集合各种要素资源打造的，因此文化产业链的核心首先是文化产品的传输链，文化产品和服务在这里产生并实现流通。文化产业链上的节点文化企业通过要素资源的协同实现上游、中游和下游的相互关联，在关联中实现文化产品的投入和产出，文化产品也由上游企业流通到下游企业，实现文化产业链的循环流通。

文化产业链起始于文化内容的创意制作，主要包括电影、电视剧、综艺、体育、音乐、动漫、出版、演艺等内容的创作，是智力密集型的原创产业，也是知识的生产和创造过程；文化内容制作完成后，依托各自的传播渠道进行传播，传播渠道主要包括广电、网络、卫星、影院等，内容广泛传播后，依托优势内容产品的消费品消费和体验开始兴起，文化内容形象附着在普通商品产品上进入消费流通环节，或通过公园、游乐场、体验馆、游戏厅等体验场所继续消费体验之旅，形成了文

---

① 郭新茹、顾江：《基于价值链视角的文化产业赢利模式探析》，载于《现代经济探讨》2009 年第 10 期，第 39 页。

67

化产品投入与产出的链条。文化内容创意制作企业通过文化产品的创意制作形成合格的可以传播的内容产品，供给内容传播单位。内容传播单位包括广播、电视等事业单位，也包括爱奇艺、优酷等互联网播放平台，还包括卫视等卫星传播渠道以及电影院等播出渠道以及图书等传播介质，传播企业虽然不直接产出产品，但是作为产品的输送和播出单位，对产品的传播起到重要的支撑作用。通过传输单位的传输环节，进入文化产品的体验消费环节。文化产品流由文化产业链的上游向中游和下游传输，进入消费环节，消费环节回收现金流和消费市场反馈的信息流，逆向传输给中游和上游，形成整个文化产品链的闭环，如图 5 - 3 所示。

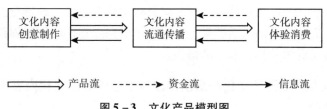

图 5 - 3 文化产品模型图

当前我国文化产品链过于重视上游对中游和下游环节的正向资源传导，而忽视了需求对供应的逆向传导，使得供需之间的脱节时有发生，为实现资源合理分配，扩大有效市场，文化产品链需要加强与下游的总体协调，接收消费端反馈的市场需求信息，进行文化创作的调整，生产适销对路的文化产品，引导有效消费，实现文化产业链上下游环节的紧密互动和协调发展。

2. 文化产业链是文化产品传递过程中形成的以文化内容为核心的知识链

文化产业与其他产业不同，它是知识密集型、智力密集型产业，它的创造性内容集聚了人类大量脑力劳动成果，蕴藏着大量的知识，以知识为符号存在，是物质和精神财富的集合。知识在文化产业中发挥着核心作用，文化产业链的形成本身就是知识的形成和集聚创新的过程。知识的融通使产业链上各环节之间的联系更密切，文化产品在流通过程中通过知识的获取、筛选、创造、内部化和外部化，促进了知识产权等无形资产的延伸。同时，进一步将上下游各个链环之间的孤立知识链接到文化产品上来，并不断丰富和延伸文化知识链。再者，文化产品在流通过程中，随着知识的集聚和更新，也在不断发生新的变化，最后实现整个文化产业链的知识协同效应。

3. 文化产业链是文化产品流动过程中形成的价值链

实现文化产业中相关主体的价值和利益是文化产业链发展的根本动力。文化产业的价值流通和实现是通过产业链上主体的一系列活动来实现的，这些活动可分为主要活动和辅助活动等，主要活动包括创意设计、制作、传输、消费等；而辅助活动则包括采购、人力资源管理等。这些相互关联的生产经营活动，共同构成了一个文化产业链整个价值动态实现的过程。文化产业链通过流通活动实现资源要素的集聚和价值增值，并在价值增值中形成一个动态的价值链。随着资源和要素不断集聚和附着在文化产品上，文化产业的价值也沿着产业链上下游的方向不断增值，这种增值既体现在文化产品上，也体现在文化产业链每一个链环的节点企业上，最终实现的是价值创造过程。我国的文化产业价值链盈利环节较少，附加值低，文化产业价值链在发展中应依托衍生品开发实现价值链的纵向延伸，提高产品附加值；通过丰富文化内容创意制作等核心价值创造环节的主体数量，拓宽产业链宽度，实现产业链的横向拉伸。文化产业价值链整合主要可以通过以下路径实现：一是通过产业链横向拓展，增加文化内容创意等文化产业链关键环节的主体数量，使得各价值创造环节在原有链条的基础上不断延伸和拓展，节点数增多，实现各环节潜在能力的扩大。内容创意决定内容产品的知识含量和精神内涵，是文化产品价值生成的核心环节，能满足消费者需求的文化产品，可以有效提升消费的积极性，具有较强的价值创造能力。同时，通过内容创意在下游文化产业链环上采取不同的传播方式，实现一次投入多次增值的循环效应，由点上的盈利到线上和面上的盈利过渡，促进盈利模式的多元化，形成协同效应。如电影可以在影院播放，同样可以在电视台和网络播放，满足不同细分市场需求，分摊成本，实现价值增值。二是通过产业链纵向延伸，用丰富的文化产品进一步带动文化衍生品的开发和消费，提高产业附加值。继续深入挖掘新的增值点，提高文化产品的知名度和美誉度，深度进入消费环节，抢占盈利的制高点，通过文化品牌的前期宣传，继续延续到玩具、学习用品、服装等消费品和主题公园等衍生领域，实现品牌的乘数辐射效应，带动价值不断扩张，驱动价值链右端曲线不断上升，如图 5 - 4 所示。

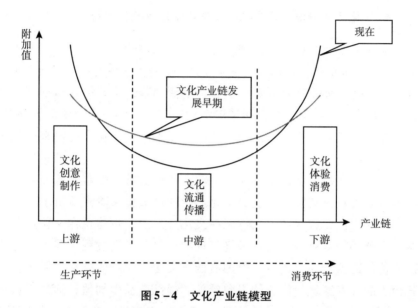

图 5 - 4　文化产业链模型

　　由于产业链各环节所处的地位和分工不同，其价值创造能力也会不同。根据微笑曲线理论，文化产业价值链两头的企业利润率较高，中间的企业利润率较低。我国文化产业经过近几十年的快速发展，已经由早期的上、中、下游相对均衡的产业链，逐步发展为文化创意制作和文化体验消费蓬勃发展的两头高中间低的模式，微笑曲线弧度不断扩大。但是，我国文化产业链仍然处于两头较弱的状态，新的文化内容产品在国内外的传播力和迪士尼等文化巨头差距较大，在我国影响力较大的动漫、电影等内容创意也是以欧美和日韩为主。同时，我国优秀的文化资源没有得到有效开发，美国推出的《功夫熊猫》等获得了较好口碑，而我国缺少同类的精品内容。从而使得我国的文化产业陷入有资源没创意、有产品没价值的循环。

5.3　文化产业链与相关产业的关联机制

　　文化创意产业有着自身的价值结构，文化创意产业价值结构主要体现为产业价值链的构成。产业价值链是价值链在产业层面上的延伸，是多个企业价值链的整合，是产业中一个不断转移、创造价值的通道。文化创意产业价值链是由一组相互联系的过程和阶段组成，它以文化创意源为起点，以消费者（生产者）需求被满足为终点，其间经历多个价值转化环节，包括创意产品生成、开发、传播、消费等，它的存在状态也从作品演化为产品、商品和消费品，并伴随着创意价值的生成、转化、增值、再转化、再增值的过程。可见，文化创意产业的价值创造以创意产品的流转为主线。因此，按照一定的界面规则，可以进一步将文化创意产业价值链分解为创意生成、创意加工、创意传播、创意消费和创意产权开发的五个价值模块。

　　创意的生成来源于创意者的创造活动，是一个复杂的精神生产过程，可以是个体创作，也可以是集体创作；创意的开发是把创意作品转化为创意产品的过程，它以企业的形式，通过有效的组织运作，将各种相关智力资源整合在一起，而产出更为复杂的产品；创意的传播指创意产品从生产者到最终消费者的渠道，创意是一种无形产品，它的传递必然借助相应的传播媒介，消费型创意则以作品形式借助各种传播媒介如影院、广播电视、网络媒体、移动媒体、展览等进行传播，而生产型创意大多以中间产品投入的形式进入新的行业，也被称为创新或创意扩散；文化创意产品与其他物质产品的不同之处在于消费环节，一般物品的消费是个价值逐渐消耗的过程，而创意的价值不但不会消失而且还可以带来价值的增值，因为，文化创意产品在消费后可以转化为观念价值、文化价值等，使消费者获取消费体验的同时获得美感或知识，从而提高了创意产品的品牌声誉和无形资产价值，而且文化创意产品还可以重复利用；创意的产权开发是通过产权运作对文化创意产品的再次利用，以产权授权或品牌授权的形式将创意融入相关的产品或行业，使创意的价值进一步延伸、扩展。在文化创意产品产权开发的基础上存在大量与文化创意产业相关的依附性产业，例如印刷业、通信业、文化用品制造业、建筑业、服装业、纺织业、视听设备制造业等。

文化创意产业的五个价值环节既相互独立又相互影响和制约，它们以"柔性契约"组合起松散性组织，并构成有独立功能的半自律性子系统。文化创意产业的创造是一个开放的系统，它除了在系统内部创造价值外，还与系统外部的其他产业发生价值连接关系。在文化创意产业的产业价值链当中，创意生成、创意加工、创意传播三个价值模块是文化创意产品价值形成的依托，在这个过程中还会接受其他产业价值的输入；创意消费、产权开发两个价值模块是文化创意产品价值的扩散过程。这五个模块之间的结构特征表现了文化创意产业的价值连接关系。同时，它们之间的互动与整合加快了文化知识的生产及传播的速度，从而扩大了文化知识的社会影响力。

5.3.1 文化创意产业与相关产业的价值关联

从精神产品的存在状态和价值创造功能可知，文化创意产业是横跨第一、二、三产业的产业实体，即作为精神产品的文化创意会融入到传统的三次产业之中。其中，文化创意产业最核心的部分为纯精神产品，即以观念形态存在的精神产品，它是一切价值生成的源泉，在产业的发展中起着决定性作用。

纯精神产品向泛精神产品扩散后，就转化为物质产品中的精神内容，这部分内容主要表现为物质产品中含有的知识、技术、品牌、设计等"软"因素，文化创意产业正是通过这些"软"因素打破了传统产业的边界，将自身的影响扩展到了生产物质产品的行业。如果从价值增值效应来看，这些"软"因素是制造业等产业价值链中最具价值增值效应的环节。从这个角度看，文化创意产业占据传统产业价值链的高端部分。纯精神产品的扩散使精神内容不仅存在于精神产品之内，而且广泛存在于物质产品之中。物质产品中的精神内容主要表现为人们对物质的功能、结构、造型、品牌、设计等方面的认识和思考，人们在生产过程中不断将这些精神因素注入物质产品之中，从而使精神因素在物质产品的价值构成中发挥着重要作用。由以上分析可知，文化创意产业最为显著的两个特征如下：

1. 位于产业价值链的高端，价值增值效应显著

文化创意产业的这种特征首先表现为新技术特别是信息技术条件下，对传统产业的产业链的分解重组；其次，从传统产业的内部结构看，传统产业的组织形态是一条完整的从生产到消费的产业链，而文化创意产业与传统产业的联系不是由产业链来决定的，而是由价值链定律来完成。文化创意产业的发展促进文化理念渗透到传统产业的设计、生产、营销、品牌和经营管理等环节，从而改变传统产业的价值链，创造新的增值空间而形成新的价值分配链条。在价值链的连接中，文化创意产业始终处于传统产业价值链的上游。由于文化创意产业位于价值链高端地位，文化创意产业对于文化产业具有通过分配利润，而不是通过生产来获取更多利润的特权。

文化创意产业的非物质化和虚拟性集中地体现了物质经济向精神经济的转变，即决定产业实力的不是物质产品的加工制造，而是管理技术、咨询服务、品牌、设计、制造工艺、生产标准、营销模式，以及各种各样的文化内涵等高附加值的精神产品的生产和应用。随着产业内分工的进一步深化，产业内部逐渐分解出众多的价值创造主体，在不同主体的相互协作下完成最终产品的生产。一个明显的特征是在产业内部精神生产与物质生产的逐渐分离，精神生产主要为物质生产提供智力支持和知识服务，如提供物质生产所需要的管理技术、品牌、设计、制造工艺、生产标准、营销模式等精神因素。它们的分离造就了文化创意产业的形成，以创新为特征的文化创意产业是产业内部价值创造的主体，它因此占据了大部分的利润空间，显示出文化创意产业在传统产业发展中的价值增值效应。

随着社会的进步和经济发展水平的提高，产业经济发展表现为两个极为明显的趋势：一是在传统产业当中，知识、技术、文化的含量逐渐增加，最终起到决定产业竞争力和产业安全的关键作用，传统产业的发展对文化创意产业的依赖日益加深。二是物质消费不断被满足后，精神文化消费表现为巨大的增长潜力，文化创意产业在产业结构体系中的地位得到提高。

2. 文化创意产业横跨三次产业，有较强的产业关联效应

在产业结构方面，文化创意产业以新知识、高技术生产和应用为特征，以高效便捷的金融服务体系和全球贸易市场为支撑，占据着从第一产业到第三产业的所有产业生产的关键环节，而一举成为以创新形成及应用作为产业核心基础的产业形态。可以认为，文化创意产业是精神经济时代最具代表性的产业，是精神经济时代的第一产业，是基础性产业，创意的产生、扩散和传播不断影响着产业结构的演进方向，而且对推动传统产业的升级有着特别的意义。创意是一种新的想法、新的构思或概念，是无形的。创意必须借助相应的载体才能向外界传递信息或实现自身的功能。人是创意的主体，人们能发挥想象力、创造力的地方就会有创意的存在，创意会渗透于人类所作用的各种对象。

创意自身具备的高渗透性使文化创意产业有着广泛的产业关联效应，文化创意产业是新时代下产业内部分工和不同产业间相互融合的产物，它的出现使得产业之间的界限变得模糊，产业之间的关联性进一步增强。与其他产业不同的是，文化创意产业不提供最终的产品，而是其他产业生产过程的中间环节，向其他产业提供中间投入品。由于文化创意产业主要提供精神产品，它与其他产业的关联以知识产权交易、技术产权交易、咨询服务等形式出现。文化创意产业的存在状态决定了它与传统产业有着紧密的联系，通过知识、文化、信息向传统产业的转移、扩散影响原有产业价值链延伸、扩展与增值，促使文化创意产业成为带动其他产业发展的新动力，其产业关联效应也更加明显。

5.3.2　基于产业链的文化创意产业关联结构

产业链是指在一种最终产品的加工过程中从最初的矿产资源或原材料一直到最终产品到达消费者手中所包含的各个环节构成的整个纵向的链条。在分工日益深化的今天，任何一件最终产品或服务的生产和价值的实现，都不可能全部由一个企业完成，而要受到其所在的产业链上下游企业的制约。产业链是基于分工经济的一种产业组织形式，涵盖的产业范围较广，包括从供应商到制造商再到分销商和零售商等所有加盟的节点企业，强调相关产业或企业之间的分工合作关系。产业链中的上下游企业会产生大量纵向关系。相关成果从多个角度对纵向关系进行了研究，其中涉及较多的是纵向一体化和纵向约束，维持产业链系统的开放。

产业链是资源在流动中创造价值的连续体，是企业相互合作，通过信息交流与共享，各种资源要素彼此配套形成的一个动态系统。文化创意产业的产业链延伸较长，从纵向一体化的角度来看，它的产业关联度大，具有很强的外溢效应，能够带动一系列相关产业的发展。从产业链角度，文化创意产业的产业关联结构分为前向关联、后向关联和旁侧关联三个类型。

1. 前向关联

前向关联是指某个产业的产品在其他产业中的利用而形成的产业关联，即一个产业的产品成为其他产业的投入物，这样该产业就有前向关联作用。一般而言，一个产业通过生产、产值和技术等方面的变化来引起它的前向关联部门在这些方面的变化，或导致新技术的出现、新产业部门的创建等。文化创意产业与其他产业的前向关联机制主要体现为生产型文化创意产业对其他产业的影响。比如研发创意产业是通过知识研发活动为下游产业提供产品、技术和服务的组织和企业集合，这决定了它对各种产业都具有很强的前向关联效应。如基因再造、新品种培育等研发产业会给第一产业带来新技术新品种，诱发第一产业产生新的产业部门。

2. 后向关联

后向关联是指某个产业在其生产过程中需要从其他产业获得投入品所形成的依赖关系。一个产业在生产、产值、技术等方面的变化能够引起它后向关联部门在这些方面的变化，例如由于该产业自身对投入品的需求增加或要求提高而引起提供这些投入品的供应部门扩大投资、提高产品质量、完善管理、加快技术进步等变化。在一些技术应用非常广泛的文化创意产业领域，对制作硬件设施要求较高，制作成本投资很大、回报也相对丰厚。如世界级的电影与影视制作、网络传输、出版传媒、高级印刷设备、大型节庆活动等，主要以高技术设备为支撑。如果没有现代机器制造业和现代化学感光工业，现代电影产业的发展就缺乏它在电影产品生产过程中所必不可少的材料和技术装备的支持，而这种对材料和技术装备的依赖和要求，又进一步为现代机器制造业提供更大的需求。

3. 旁侧关联

旁侧关联是指某一产业在生产过程中，有许多产业为其提供相关的服务而产生的部门关联效应。如主导产业部门的成长会引起它周围地区在经济和社会方面的一系列变化等。文化创意产业与其他产业的旁侧关联机制主要体现在咨询策划创意产业和文化艺术创意产业对其他产业的影响，它们为其他产业提供咨询、营销、策划、包装等服务，或者为其他产业改善管理、树立品牌、扩大市场、注入文化元素并提高了这些产业的附加值。通过咨询策划创意产业与其他产业的波及效果指标，可以判断前者对后者的旁侧关联程度。产业波及效果越大说明其旁侧关联程度越高，反之亦然。

5.4　文化产业链的运行机制

5.4.1　文化产业链的形成

文化产业链的产生首先是由社会分工引起的，并在市场交易中逐步形成，通过交易程度加深不断完善，产业链不断发展，最终生产出适应市场需求的产品，完成信息流、资金流和产品流的循环，本节借助吴金明提出的产业链形成模型——蛛网模型来阐述文化产业链在社会分工、市场交易、产业链发展等几个角度下的文化产业链形成。

图 5-5 中，A1，A2，A3 表示社会分工程度，A1＜A2＜A3 表示社会分工程度的不断深化；B1，B2，B3 表示市场交易程度，B1＜B2＜B3 表示产业链市场交易程度的不断提升；C1，C2，C3 表示产业链发展的程度，C1＜C2＜C3 表示产业链不断延伸和发展，坐标轴原点 O 表示既无社会分工也无市场交易尚未形成文化产业链的初始状态，也是文化产业链孕育和形成的原点。

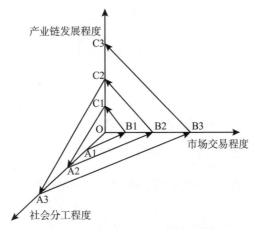

图5-5 我国文化产业链形成模型

资料来源：吴金明：《产业链形成机制研究——"4+4+4"模型》，载于《中国工业经济》2006年第4期。

随着社会分工的不断深化，文化产业链开始孕育，社会分工促进了市场交易B1的产生，对文化产业链产生需求，从而出现文化产业链的初始状态C1，又进一步加剧了社会分工，社会分工发展到A1，促进整个发展循环的实现，使得文化产业链不断形成发展。[①]

文化产业链形成的动因在于文化产业价值的实现需求，文化产业链是产业价值实现的根本途径。任何文化产品只有通过文化产业链才能实现价值的增值。随着产业链的发展，产业价值分布在文化产业链的不同节点，各节点及节点企业通过实现协同，高效互动，形成乘数效应，实现整个文化产业链的价值倍增，从而促进文化产业链上每一个合作单元的价值实现。

5.4.2 文化产业链整合机制

文化产业链涉及的主体类型多、范围广、链接错综复杂，成功的文化产业链整合需要研究设计出科学的整合运行机制。但是从文化产业链利益最大化的目标出发，能否在低风险或者无风险的情况卜取得高利益

---

① 吴金明：《产业链形成机制研究——"4+4+4"模型》，载于《中国工业经济》2006年第4期，第37页。

是整条文化产业链及其主体企业整合运行的核心。蒋国俊和蒋明新（2004）研究提出竞争定价机制、利益调节机制、沟通信任机制推动产业链稳定运行①。本书结合文化产业链的基本特点将其整合运行机制划分为利益分配机制、风险防范机制、竞争选择机制。其中，利益分配机制是整条产业链稳定运行的核心，风险防范机制是整条产业链稳定运行的保障，竞争选择机制是整条产业链运行的关键。

1. 文化产业链整合运行的利益分配机制

文化产业链形成的一个原因在于通过产业链协同降低交易费用实现整体利益最大化。作为一个系统，文化产业链有着整体的利益追求，产业链中的节点企业都是独立的主体，又有着各自独立的利益追求。每一个主体既要通过加入产业链，通过产业链协同实现自身利益最大化，又要避免为了其他主体的利益而牺牲自身的利益，由于文化产业链主体的复杂性，利益在产业链中的流动以及每个主体的利益分配尤为重要。因此，必须建立起公平合理的利益分配机制，解决这一文化产业链长期稳定运行的核心问题。文化产业链利益分配的基本原则如下：

（1）利益增长原则。企业是经济主体，追求利益最大化必然是企业的经营目标，因此，企业加入文化产业链必然追求通过产业链的协同实现企业自身利益的不断增加，不然企业就没有动力加入文化产业链，即便加入了也会退出。

（2）要素投入与产出相匹配原则。在文化产业链的诸多节点企业中，一般而言，追求要素投入与产出相匹配的原则，谁投入的资源越多，谁获得的产出越多，才能调动文化企业的活力和积极性，否则影响文化产业链的稳定。

（3）风险与收益相匹配原则。文化产业链中，企业存在各种各样的风险，不同的企业分工不同，面对的风险也不同，一般而言，风险越大，对收益的预期也越高，即收益与风险成正比，因此在文化产业链利益分配中要考虑风险因素，调动承担大风险企业的积极性。

（4）综合优化原则。即要采取合理的方法，选取合理的权重体现文化产业链各节点企业的利益协调，确定最优的收益分配方案，实现整

---

① 蒋国俊、蒋明新：《产业链理论及其稳定机制研究》，载于《重庆大学学报（社会科学版）》2004年第10期，第31页。

个产业链利益的最优化。

2. 文化产业链整合运行的风险防范机制

无论是从产业角度还是企业经营都面临着各种风险，包括政策风险、市场风险、财务风险、经营风险、技术风险、人才风险等，特别是在社会分工日益深化的今天，文化产业链上的节点企业都存在自身的经营和财务等各种风险，同时，企业生产经营本身就是一个动态的过程，受外界环境影响比较大，这些外界环境的不确定性时刻可以转换成风险，风险的存在传导到产业链及其节点企业都会产生负向的影响，[①] 产业链的抗风险能力遵循最小阻力定律和短板理论，即产业链的抗风险能力取决于它最薄弱的环节，也就是它的短板。[②] 现实经营中各种风险时有发生，由于文化产业链上的各节点企业业务耦合，具有信息流、资金流、产品流的循环效应，因此这种风险就会在循环中在节点企业内聚集，也会传导到其他节点企业，形成"牛鞭效应"，从而影响到整个产业链的发展，可能导致整个产业链无法正常运作，使产业链断裂，对产业链的整合带来不可避免的影响。

根据文化产业链的特征，本书认为文化产业链风险从来源上看可以概括为两种：一是外部风险，主要是政策风险、市场风险等；二是内部风险，主要是质量风险、现金流风险、技术风险、人才风险、决策风险等。从风险在文化产业链上作用的位置看，分为链条风险和节点风险。其中，链条风险又分为产品流风险、信息流风险和资金流风险，节点风险分为上游节点风险、中游节点风险和下游节点风险。[③]

（1）产品流风险。该风险是指上下游企业在产品流通传播联系中产生的风险，包括产品流成本风险、产品流及时风险、产品流导向风险。文化产业最终形成的是文化精神产品，这种产品的生产成本过高，不能及时满足阶段性的精神文化需求，不符合意识形态价值导向，都会对该条产业链产生较大影响。

---

① Kritzman M, Yuanzhen L. *Principal components as a measure of systemic risk* [J]. Journal of Portfolio Management, 2011, 37 (4)：112 – 126.

② 陈一舟：《雅戈尔能成"龙"吗?》，载于《21世纪商业评论》2004年第5期，第123页。

③ 王玲俊、陈健：《中国装备制造业产业链风险评价体系构建》，载于《价值工程》2017年第5期，第81页。

（2）信息流风险。该风险是指文化产业链上、下游节点企业在信息的发送、反馈等传递过程中产生的风险。文化产业是直接面向市场、面向消费者的行业，市场和消费者对文化产品信息的反馈、各类信息的传播是否通畅，决定了能否及时提供契合市场需求的产品，也对整个产业的运行产生较大影响。

（3）资金流风险。该风险是指文化产业链上、下游企业在资金的循环过程中发生的资金筹措、资金断裂等风险。文化产业在发展过程中需要筹措大量的资金，能否及时筹措到发展的资金，资金成本过高，资金链断裂风险将会向两端蔓延，迅速扩展和转嫁到整个产业链，导致产业链断裂，最终对文化产业产生较大的不利影响。

（4）产业链上游风险。文化产业链上游风险主要包括文化要素资源、制度以及人才风险等。文化产业是精神创意产业，中华文化宝库里五千年的文化资源和各类已经积累的文化意识形态创新成果是各类创意形成的源头，文化资源的缺失是行业面临的较大风险。制度风险是指国家和各级政府针对文化产业的组织管理方式、政府运作、政策法规的制定以及市场监管等因素对文化产业的不利影响带来的风险。人才风险是指文化产业缺乏或流失具备创意创新能力的人才导致的风险。

（5）产业链中游风险。文化产业中游节点风险主要包括渠道风险、质量风险、竞争风险等。渠道风险主要是文化产品在中游的传输播放环节不能顺利实现播出，将使文化产品无法实现大众效益。质量风险是指文化产品质量较差，满足不了需求，从而形不成影响力和收视率的风险。竞争风险源于相互竞争或存在潜在竞争关系的企业对本产业的影响。

（6）产业链下游风险。文化产业下游节点风险主要包括市场、价格和品牌风险等。市场风险是指市场实际消费需求与产出差别较大造成的风险。价格风险是指文化产品和服务定价偏离实际消费能力产生的风险。品牌风险是指文化产品的影响力未达预期，口碑和热度不高，无法形成消费群体集聚效应而产生的风险。

3. 文化产业链整合运行的竞争选择机制

根据微观经济学的基本理论，市场通过价格机制来调整资源要素的配置，而价格机制发挥作用的前提就是有着完善的竞争机制。文化产业链本身就是一条动态链，其中的节点企业也是动态变化的，每个节点企业以追求自身利益为目标，不断调整和优化自身的资源和要素配置，通过参与竞争来促进自身价值的顺利实现。一是同一产品存在众多的提供者，这些提供者必然存在激烈的市场竞争；二是不同产品提供者，随着产业发展和科技进步，功能和服务领域逐渐延伸，出现功能集聚效应，逐渐代替了其他产品，导致出现产业链替代竞争；三是新进入者加入产业链，与原有的提供者出现直接的业务竞争。竞争的存在，使得文化产业链一直处在动态变化中，好的企业竞争力较强，得到生存和壮大，落后的企业逐步在竞争中处于下风并被淘汰出局，新的企业依托优势补充进入产业链，实现产业链发展的动态变化和调整，这种竞争机制，使得文化产业链上有竞争力的节点企业留下来，没有竞争力的被淘汰，实现了文化产业链的选择机制，通过竞争选择机制提高了文化产业链的效率，降低了成本，增强了核心竞争力，实现了整条文化产业链的发展壮大。

4. 文化产业链整合运行机制模型

文化产业链整合运行的利益分配机制、风险防范机制、竞争选择机制共同构成了文化产业链整合运行的整体，它们通过共同作用，不断提高整条产业链的竞争力，如图 5 - 6 所示。

81

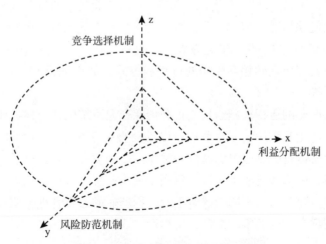

图 5 - 6 文化产业链整合运行机制模型

图 5 – 6 中，x 轴代表文化产业链的利益分配机制，y 轴代表风险防范机制，z 轴代表竞争选择机制，文化产业链通过相互作用和资金、产品、信息等要素的流通促进产业链稳步运行。其中，利益分配机制实现了文化产业链上节点企业的公平合理的分配，使得各企业具有较强的合作动力，激励节点企业发挥各自优势，创造更大价值，获取更高利益，从而为产业链的稳定运行奠定了基础。风险防范机制通过对各类风险进行识别、预防和完善，有效预防和克服各类影响文化产业链稳定运行的风险，确保文化产业链稳步健康发展。竞争选择机制通过优胜劣汰的竞争，实现文化产业链不断淘汰落后产能，吸收新兴产能，为产业链的发展注入新鲜血液，提高整条产业链的竞争力。

三种核心机制相互作用，使得文化产业链及节点企业实现了利益的公平分配、风险的科学防范和竞争力的逐步构建和强化。

5.4.3　文化创意产业化运行机制的构建

文化创意产业的运行不同于人们时常认为的文化创意的传播，文化创意产业的运行大体上经过"创意的提供与生成→创意的投资开发与生产→创意的推广交易与传播→创意的服务与营销→创意的消费与体验→衍生品开发生产与经营"几个过程，创意的传播只是运行过程中的某一环节。研究创意产业的运行不但能够揭示出产业运行的特殊性和最终目的，而且能够构建合理的产业运行机制，推动产业竞争优势的形成。

"机制"指的是有机体的构造、功能和相互关系，泛指一个工作系统的组织或部分之间相互作用的过程和方式，如市场机制、竞争机制、用人机制等。

创意产业的运行机制是指文化和创意产业系统的各个构成要素之间相互联系、相互作用、相互制约，以推动整个系统运转的形式和功能。创意产业的运行机制以组织系统为载体，以利益和竞争为推动力，通过市场价格、供求和竞争等手段实现优化资源配置，调整文化创意产业结构。同时，政府通过不同的政策手段实行产业的宏观管理与调控，以推动文化创意产业的健康、协调、持续运行。[①]

---

① 欧阳友权：《文化产业通论》，湖南人民出版社 2007 年版，第 76 页。

　　本书认为，创意产业化运行机制是创意产业运动规律和内在工作方式及其相互关系的空间存在方式，是驱动创意产业发展和演化的力量结构体系及其运行规律，具有一定的稳定性和规律性。也就是说，创意产业的生命运动是以怎样的一种方式和形态存在着并且发展着，是什么样的力量制约着和影响着创意产业运行和发展的轨迹。创意产业正是在一系列比较稳定的具有相对固定的协调关系和有明显作用规律的驱动力的作用下得以发展并显示出强劲的竞争优势。创意产业化的运行机制是创意产业发展的核心问题和关键所在之处，完善创意产业化运行机制是创意产业得以持续、健康发展的有力保证。

1. 创意产业化运行机制的含义

　　创意产业化运行机制是由四个相对独立的运行体系，即创意产业化市场主体运行体系、创意产业化主要任务运行体系、创意产业化主要投入运行体系以及创意产业的两种运行过程相互作用、相互融合而成的。

　　创意产业化运行机制就是包括创意者、生产商、经纪人、运营商、消费者、策划人在内的创意产业化主体，通过创意产业化的价值实现的各个发展阶段，即创意的提供与生成→创意的投资开发与生产→创意的推广交易与传播→创意的服务与营销→创意的消费与体验→衍生品开发生产与经营，分别投入创意、作品、产品、商品、消费品与衍生品在内的创意产业化要素，在创意→生产→市场和消费→研发→生产的两种运行过程下，形成创意产业化与产业创意化两条价值实现路径，以一种稳定的运行规律和工作方式，驱动创意产业发展和演化。

　　创意产业化运行机制是整合各项资源、推动创意产业发展的系统工程。具体来讲，一方面是创意者提供生成创意，生产商的研发创造及生产创意作品，通过新媒介人阶层的推广和运营商的一系列服务营销，到达消费者，在市场交换中实现价值，实现创意产业化；另一方面通过消费者对创意商品消费与体验的反馈，策划人进行衍生品的开发，生产商通过生产经营衍生品的形式，实现产业创意化。其中，创意人才的智慧和技能以及文化创意和各项社会资源可以通过资源转化机制变为创意资本，与产业资本即资金和技术一起构成资本的生产要素，投入到创意产业化运行的各个环节，推动创意产业化运行机制的形成。

2. 创意产业化运行机制的基本特征

（1）创意贯穿于创意产业化运行机制的全过程，在创意产业化运行机制的各个环节里都存在创新性思维的踪影。创意产业化运行机制是创意运作的整个过程，从第一个环节创意的提供与生成到最后一个环节衍生品的开发、生产与经营，每一个创意运作环节都充满了创造性思维。在创意产业化运行机制中，虽然说创意贯穿于创意产业化运行机制运作的整个过程，但是不代表说创意在整个运作流程每个环节中的作用是相同的。一般认为创意在推广交易传播和服务营销环节中的作用最为突出，这两个环节是创意产业化运行机制成败的关键。如果把创意产业化运行机制运作流程中各个环节的创意划分层次的话，最初的提供生成创意和推广交易传播、服务营销是最高的层次，其他的环节是从属于这两个环节的。

（2）任何一个产业的运行，归根结底都是一个资本运作的问题，各个产业的运作资本是不同的。创意产业的运作资本是创意资本和创意资本人，因而创意产业的竞争也就是不同的创意资本市场和创意资本人市场相互间的竞争。创意产业不仅是一个经济概念，更是一个以人为本的新经济发展模式。因为创意产业的精华是人的创造力，而创造力源自创意人才，所以，创意产业是一种人本化的现代知识服务业，其中创意人才是创意产业化运行机制顺利运行的关键。创意人才利用创新思维提供创造性的创新成果，这种创新成果形成了独特的知识产权，并且需要法律政策来保护。创意主体通过知识产权交易，使知识、信息等新要素创意资本与财务资本、物质设备等传统生产要素融为一体，向消费者提供个性的、吸引人的创意商品或者创意服务，在成功销售商品或者服务后实现其价值，而且创意价值的实现成功推动了创意产业的有效运行。创意价值实现后，消费者对创意商品进行消费与体验，并把消费与体验过程中的信息通过各种媒介反馈到创意生产者这个环节，生产者可以根据消费者反馈的信息对创意商品再次进行完善修补，或者进行衍生品的开发生产与经营，延伸创意产业链。创意产业化运行机制中创意的产生、创意的实现、创意信息的反馈、创意的激发这种动态循环过程是创意产业化运行机制与其他产业化运行机制的本质区别。

（3）虽然说创意产业是以人为本的产业形态，但只有在人力资源要素与政治要素、经济要素、文化要素、社会要素等结合起来，创意主体才能产生创造性的创意思维。在创意主体产生创造性思维之后，需要通过创意的商品化和产业化发展才能保证创意产业的顺利运行，这时就要为创意产业寻找新的保护机制。

知识产权的形成为创意的商品化和产业化发展提供了有力的保护，知识产权及知识产权交易的核心问题是对特殊的生产要素，即创意进行合理定价和交易。因此，知识产权的占有和交易也是创意产业化运行机制的特征。通过对知识产权的占有和交易，使创意这种新资本要素流转于创意产业化各个运行阶段中，并与传统生产要素之间融合发展，从而完成思想创意到作品，再到产品，最终转化为商品的飞跃。也正是因为创意构想物化后转为物质的产品或精神的服务，从而使得创意实现了"投资开发与生产→推广交易与传播→服务与营销→消费与体验→衍生品开发生产与经营"的动态循环过程。

（4）创意产业化运行机制内各个环节之间存在着紧密的关联机制。创意产业化过程中众多分工细致的创意模块聚集在一起，其中很多创意主体提供的仅仅是一种中间产品。这些中间产品绝大部分被运行机制内的下游模块所收入，成为进一步加工的"原材料"，并且各个创意主体为下一个环节的创意主体生产出来的中间产品具有极高的资产专用性，很难被运用到其他产业当中去。由于创意产业的这种特殊性，创意产业化运行机制内各个环节之间存在着前向关联和后向关联。

（5）从运作模式上看，动态化是创意产业化运行机制发展的特色。创意产业化运行机制的主线是围绕创意产品的产业链条，此链条将所有的创意产业主体和创意产业要素紧密地联系起来，形成了相互分工与合作的动态关系。在经济全球化的背景下，创意产业的发展模式与传统产业的发展模式有着本质的区别。传统产业的生产、营销、消费等环节是一种相对固化的稳态工业发展模式，创意产业的发展模式在投资开发生产、推广交易传播、服务营销、消费体验等环节的发展更加动态化。创意产业在这种动态循环过程中，寻找一切可以利用的热点和机会，以一种动态的平衡模式替代或提升过去稳态工业发展模式。[①]

85

---

① 　金元浦：《文化创意产业与北京的发展》，载于《前线》2006 年第 3 期，第 23 页。

3. 创意产业化运行机制构建的原则

（1）客观性原则。

任何运行机制的构建都必须从实际出发，根据不同的客观条件构建不同的运行机制，创意产业也不例外。创意产业应该根据不同的环境、产品性能等客观因素构建不同的运行机制。首先，运行机制的构建必须服从外在的客观环境。区域经济发展水平、民族文化心理、消费习惯等，都构成了一定的客观环境，运行机制的构建必须从所处区域、时间等客观环境出发。其次，运行机制的构建必须从产品、活动本身的实际情况出发。再次，活动步骤安排、内容设置等方面也必须遵循客观性原则。

（2）针对性原则。

创意产业化各个阶段的主要任务和对象不同决定了运行机制构建的具体内容也有所不同。针对性是运行机制构建的一个重要原则。任何运行机制的构建都必须针对不同的任务和对象，明确目标，有的放矢。唯此才能在竞争日益激烈、信息日渐庞杂的市场上立足。如果一味求全，就会丧失运行机制的风格与个性，也会脱离创意产业化任务和对象的实际。

（3）效益原则。

创意产业化运行机制的构建必须兼顾社会效益和经济效益。首先，运行机制的构建必须以社会效益为前提，起码不能具有危害社会效益的负面内容存在。要通过其产品或活动对于社会物质文明建设和精神文明建设都能产生积极的推动作用。其次，运行机制的构建还必须讲求经济效益。在社会主义市场经济条件下，很多运行机制的构建都是以经济效益为目标。因此在运行机制的构建中，必须追求效益原则，通过周密策划与构建，尽量减少成本支出，获得经济效益最大化。

（4）遵从法律和道德原则。

创意产业化的运行机制充满鲜活的创意，但这种运行机制也不能哗众取宠，甚至违背道德观念和法律准则。首先，运行机制的构建必须遵循法律原则，以法律为准绳，在合法化的基础上展开各种构建活动。重视社会公共利益，维护民族尊严。其次，运行机制的构建必须遵循伦理道德，不能违背所处国家、地区的价值观念、宗教信仰、风俗习惯等，兼顾追求商业利益与维护公众利益之间的平衡，否则就很难在社会道德伦理公信面前和市场竞争中站稳脚跟。因此，运行机制的构建只有在充分了解所在国家、地区的价值观念、道德准则的基础上，才能获得较好的市场回报。[①]

（5）重视政府规制原则。

创意产业化运行机制中各主体要十分重视政府对创意产业的各项规制，这是因为政府规制是政府利用国家强制权对经济活动进行的干预、调节和控制。创意产业中涉及许多元素，政府对创意产业的规制是不可忽略的一个重要元素。由于文化经济活动的外部性、文化市场的失灵和文化市场的失态，政府必须对文化经济活动，特别是创意产业的创意活动进行必不可少的有限干预，从而实现社会福利最大化。通常情况下，创意产业化运行机制的构建要遵守服从政府规制，但政府规制也有失灵的时候，在市场经济条件下，创意产业化各主体有决定自己事务的完全自主权。

4. 创意产业化运行机制构建的步骤

（1）构建创意产业化各阶段的运行过程。

创意产业是以产业化手段来开发创意资源，提供创意产品和服务。围绕着对创意资源的加工生产，创意产业形成了一条产业链，即创意的提供与生成，创意的投资、开发与生产，创意的推广、交易与传播，创意的服务与营销，创意的消费与体验，衍生品开发、生产与经营，见图 5 - 7。创意产业化各阶段的运行过程是构建创意产业化运行机制的基础与主线，讲述创意产业以怎样的方式由思想创意转化为创意商品以及消费品，表明创意产业的发展轨迹。

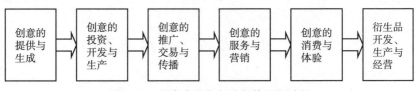

图 5 - 7　创意产业化各阶段的运行过程

---

① 丁俊杰、李怀亮、闫玉刚：《创意学概论》，首都经济贸易大学出版社 2011 年版，第 71 ~ 73 页。

（2）确立创意产业化各阶段的市场主体。

创意产业化的市场主体是驱动创意产业发展的内在动力，是介入创意产业化运行的主体。确立创意产业化各阶段的市场主体即确立创意者、生产商、经纪人、运营商、消费者、策划人等主体的市场地位，见图 5-8。

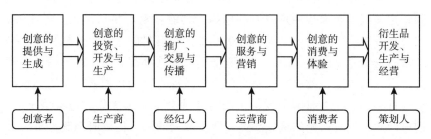

图 5-8　创意产业化各阶段的市场主体

（3）确定创意产业化各阶段的主要投入。

创意产业化各阶段的主要投入即确定创意、作品、产品、商品、消费品与衍生品等投入。这个阶段是创意演化的结构体系，创意产业的生命运动是以怎样的一种方式和形态存在着并且发展着。

（4）明确创意产业化的两条路径。

创意产业化运行机制的构建需要明确"创意产业化"和"产业创意化"两条路径，即"创意→生产→市场"和"消费→研发→生产"两条路径。在构建创意产业化各阶段的运行过程、确立创意产业化各阶段的市场主体、确定创意产业化各阶段的主要投入之后，可以找出从创意到市场和从消费到生产两条发展轨迹，也就是创意产业化和产业创意化。

5.5　文化内容价值实现的路径

关于文化内容的实现，国内学者学习国外先进理论经验，并且依据中国特点对中国文化产业的文化内容实现进行一系列研究。

厉无畏在《创意改变中国》提出创意产业价值的实现路径有六个方面：

（1）价值创造 VS 内容创意。

（2）价值开发 VS 生产制造。

（3）价值捕捉 VS 营销推广。

（4）价值挖掘 VS 传播分销。

（5）价值实现 VS 消费交换。

（6）价值最大化 VS 一意多用。[①]

在文化资源产业转化与开发路径方面，方宝璋认为，"我国文化产业对文化历史资源的开发和利用路径可以包括文化旅游、艺术表演、音像影视和图书报刊出版、工艺品等四个方面"。[②] 吕挺琳则指出"文化资源具有集群性特征，产业集群是文化产业化的路径选择"这一观点。[③] 丁永刚对西安历史文化资源产业化进行了分析，提出"创意、高新技术、资金和人才是实现文化资源产业化的四条路径"。[④] 王志标对传统文化资源产业开发路径进行分析，提出同心圆扩散、链式扩散和融合扩散三种方式。李培英和潘海岚对西南民族地区文化资源产业化进行了研究，提出"资源共享、技术融合、功能互补和市场共生四种发展路径"。[⑤] 郑欢（2011）在总结我国创意产业四种产业化发展模式基础上提出"应通过品牌化和资本化路径实现文化创意商品产业化延展"。[⑥]

5.5.1　中国创意产业发展模式及其实现形式

1. 中国文化创意产业发展模式的类型

中国文化创意产业发展模式也大体可以分为市场演化型创意产业发

---

①　厉无畏：《创意改变中国》，新华出版社 2009 年版。

②　方宝璋：《我国文化产业对文化历史资源的开发和利用》，载于《山西财经大学学报》2004 年第 6 期，第 11 页。

③　吕挺琳：《文化资源的集群特征与文化产业化路径选择》，载于《中州学刊》2007 年第 6 期，第 50 页。

④　丁永刚：《西安历史文化资源转化为文化产业的路径分析》，载于《唐都学刊》2007 年第 5 期，第 98 页。

⑤　李培英、潘海岚：《西南民族地区文化资源产业化路径》，载于《开放导报》2015 年第 5 期，第 78 页。

⑥　郑欢：《文化创意的产业化路径论》，载于《上海师范大学学报（哲学社会科学版）》2011 年第 4 期，第 86 页。

展模式与政府驱动型创意产业发展模式。市场演化型创意产业发展模式一般是创意人才在低廉租金、宽敞的创意氛围的吸引下集聚于一定具有浓厚历史文化氛围的旧厂房之内，可以说是厂房历史文化价值的再开发与再利用，北京以先锋艺术为主题的艺术区，以古玩为主题的琉璃厂都是这一发展模式的典型代表。由于这些地方浓厚的历史氛围，可以激发创意人员极大的创作热情，而创意人员所带来的新思想和创作思维对原有城市的发展格局形成新的冲击，渐渐成为城市发展过程中一道亮丽的风景线。也许在这一模式发展的初级阶段，人们只是将其视为废弃的旧厂房，但随着创意人员的增多集聚于此，这也使得旧厂房重新焕发光彩，人们也开始重新关注这一旧厂房。随着旧厂房价值的重新唤醒，许多的中间组织也开始集聚于此，集聚区内，各种配套措施也逐渐愈发齐全，集聚区的品牌效应逐渐增强。政府驱动型创意产业发展模式是服务于一定的经济社会功能，服从政府对经济的宏观调控与产业规划目标的，各地频繁兴建的创意产业园区便是这一模式的典型代表。这一产业园区的建设也是地方政府为了追逐一定的经济社会效应而设立的。由于近年来能源、环境、就业压力日趋增强，发展文化创意产业也自然受到各地方政府的追捧。一般而言，由于政府掌握一定的土地、金融资源，一般采取在地方政府划定一定的区域，然后开始招商引资，吸引创意企业与创意人才前来进驻。由于这样的发展模式下，创意园区兴建前已经做足了先期的调研准备工作和产业规划，因而产业的配套条件较好，但产业园区的发展是完全按照政府之前的规划进行的，政府对于其发展的调控力度大。

2. 中国文化创意产业不同发展模式的实现形式

中国文化创意产业根据地区文化经济传统的不同，有着不同的发展模式，而文化创意产业的文化内容实现也伴随着不同发展模式的实现而实现其价值，本书主要介绍以下文化创意产业发展模式的实现形式。

（1）市场演化型创意产业发展模式的实现形式。

①文化创意企业聚集区。

文化创意企业聚集区完全是在市场需求与价格机制作用下自发形成的原生态的文化创意经济形态。文化创意型艺术家由于看中了低廉的租金、宽敞的创作空间以及相对方便的都市生活，将城市中废弃的工厂或仓库区作为自己的创作基地。起初，艺术家独来独往，并没有太多的同行之间的交流，处于相对封闭的状态之下，文化艺术的繁荣吸引了特色餐饮、酒吧、画廊、书店纷至沓来，这既方便了艺术家们的生活，又为艺术家们展示作品、交流技艺及出售自己的作品提供了平台。文化创意企业原创性的创作产品与艺术家独特的生活方式，将废弃许久的旧厂房转变为生机盎然的艺术家街区，成为城市一道亮丽的风景线。近几年在北京出现的大山子艺术区、上海的田子坊等，都是这一模式的典型代表。

②传统文化保护区。

我国有众多的世界文化遗产与非物质文化遗产，有着丰富的文化艺术创造空间与素材，这些地方所蕴含的传统文化、建筑、工艺与人文资源为艺术创造提供了创作的源泉，如云南丽江以其纳西文化、古城建筑与雪山净土吸引数以万计的国内外游客，同时也成为各地艺术家前来定居、创作与经营的目的地。

（2）政府驱动型创意产业发展模式的实现形式。

文化创意产业园区成为政府驱动型创意产业发展模式的主要实现形式。由于在建成之前已经做好了相应的调研与规划，因而产业链以及相关的配套设备也较为齐全，主要由相关的文化创意企业、提供技术支持的企业、执行策划推广和信息咨询等功能的中介机构、生产文化创意产品和运营创意企业方面富有经验的经纪公司等组成。应该说，目前各区域之间数目繁多的创意产业园区相互补充、相得益彰。而目前依靠行政力量建设的创意产业园区由于受到行政力量的干预，资源配置效率尚无法充分发挥，创意产业集群对于生产力和创新能力的提高作用有限。

以上两种文化创意产业发展模式由于其发展的动因以及演化过程有所不同，因此从形成的主导力量、创意的来源、发展目的、效果范围及速率等方面都有所不同，体现着文化创意产业发展过程中的不同模式，详见表 5 - 1。

表 5 - 1　　　　　不同类型创意产业模式发展比较

创意产业发展模式	市场演化型	政府驱动型
形成的主导力量	市场需求，价格机制	地方政府
创意来源	区域内创意人才	政府首脑或咨询机构

91

续表

创意产业发展模式	市场演化型	政府驱动型
发展目的	提升自我	创造经济、社会效应
效果范围及速率	见效慢，网络内成员可享受其外溢性好处	见效快，但仅仅惠泽行政区域内成员

首先，从形成的主导力量来看，市场演化型创意产业发展模式主要依靠市场的力量与价格机制的调节。无论是文化创意产业集聚区，还是传统文化保护区，都是在经济水平提高、传统产品消费日趋饱和且人们对于创意产品的需求日益强烈的大背景下出现的。也正是在这一市场需求的引领下，大量的文化艺术家齐集需求集中的地带，在这些地方寻求创意。由于创意刚开始的阶段只是独立创作，只能称得上是创意人才的物理性集聚，实际的交流并不多，因此，创意人才并没有享受到产业集聚的外部性好处。随着文化市场的繁荣，吸引了许多中间组织和政府的注意，文化创意市场开始日益热闹，产业链开始逐步建立，配套措施也相应完善，画廊、餐厅、咖啡屋等生活设施也一应俱全，这也为艺术家创作提供了交流的平台，产业集聚的外部性开始体现，从而吸引了更多的艺术家和中介机构的到来，创意产业集聚区的规模日益扩大。由于文化创意产业的发展前景与收益具有不确定性，因此在发展的初期，政府不会给予创意集聚区任何的政策倾斜，只有当创意产业区发展到一定规模之后，产生了一定的经济社会影响之后，政府才会给予一定的政策扶持。在此之前，凡是未能提供符合市场需要的产品，便会被市场无情地淘汰。政府驱动型创意产业发展模式则不同，政府"有形之手"的干预在创意产业区发展的各个环节、各个阶段都无处不在。首先，借鉴国外发展的成功经验，对比自己本区域的情况，通过大量的调研之后决定要建设创意产业园区。然后，从本地区中有潜力的地区开设创意园区，之后设定园区的产业类别，有针对性地招商引资，吸引创意人才前来创业。由于之前已经有了较为详细的准备，所以这类型的创意产业园区往往设施较为齐全，产业链条较为完整。园区从建成到发展都是按照原先的规划方案进行的，因此政府的干预对于园区的发展影响较大、自主性较低，不利于创新、自由空气的塑造。

其次，从创意的来源来看。创意产业较之其他产业的最大不同就在于其对创意的依赖强于其他产业，如何获取源源不竭的创意灵感成为创意产业可持续发展的关键。只有那些能够吸引创意人才，使得创意人才能够长期扎根的地方，才能掌握创意源，促进创意产业的快速发展。由于创意对于创意产业发展至关重要，因此具有创意人才比较优势的地方就具有培育创意产业的先决条件。创意人才是一个比较特殊的社会阶层，其桀骜不驯的风格与特立独行的生活方式，以及对良好生活氛围的追求，使得一些文化宽松、经济发达的地区在吸引创意人才方面比较具有优势。这些地区富有历史底蕴的旧仓库受到了大多数创意人的追捧。这些旧仓库虽已废弃，但这些地方都是一个时代的印迹，传达着时代的气息。这里廉价的租金、宽敞的创造环境有利于创造的开展，吸引了一批又一批的文化艺术家，这里就不仅仅是创意人才的栖息地，更是不同思想的交流场所，最终形成了源源不断的创意源。在政府驱动创意产业发展模式下，创意的来源一般来自某些政府的某些部门或咨询机构的建议，是为解决某一问题而提出的。例如，北京东北的密云区为了保护密云水库水源而无法发展工业，经济发展短期内难以寻求其他突破口，水库这一独特的地理优势无法体现。因此当地政府在实地考察之后以鱼为主题，打造了当地的生态鱼王品牌。

再次，不同发展模式下的创意经济活动目的不同。由于在不同的模式下，主体不同，不同的主体站的角度不同，各种创意人会出于不同目的发挥自身聪明才智发展创意产业。市场自发形成的文化集聚区在早期多是由一些具有一技之长的创意人才形成的。由于受困于经济条件，因此由志同道合的人集聚于旧厂房、旧仓库之中而形成的。也许当时他们并不是出于巨大经济利益的考虑，只是觉得在这样一个资讯发达、设施完备的地区能够有助于创作工作的开展，也能从与同行的交往中获得知识外溢，从而进一步完善和提高自己。也正是这样的想法，在旧厂房之内集聚了大量的同类人，也正是在这样的交流与合作之中，繁荣其中的文化创意市场，也逐渐得到了政府和社会广大人民群众的认可。政府驱动型创意发展模式下，由于创意的主导力量来自政府，政府不仅仅从个人的角度考虑，而是从整个社会大众的发展问题考虑。很多时候创意园区的兴建更是出于社会经济增长点的匮乏与就业的压力。正是由于全球范围的经济增长乏力与能源环境问题，文化创意产业由于满足了新时期人们的需要，因而得到了政界的肯定与青睐。另外，创意产业的发展有助于改善目前我国自主创新薄弱的问题，因此，各级政府大力发展创意产业。

最后，效果的范围及见效的快慢。从大量的案例中，我们可以发现，世界上任何一个国际大都市都有一个发达的创意产业集聚区，以此为龙头带动了相关产业的发展，其营造出的良好创意氛围，使得许多产业深深享受着外部经济带来的好处。以上描述出一幅创意城市的美景，正是出于对此的憧憬，许多地区和政府都将创意产业作为主导产业加以发展。

市场演化型发展模式下，政府在创意产业发展的初期对创意产业采取不闻不问的态度，不阻止不支持，因此创意产业的成长完全依靠自身的企业网络规模来支撑。由于外界对于创意产业秉持着怀疑的态度，在初期创意企业创业的成本是巨大的，只有达到一定规模之后，政府意识到这一产业的重要性时，才会对其加以扶持，从而促进产业的发展。因此，可以看出，创意产业由于内外的条件较为艰巨，因而在起初的发展速度也较慢。在发展初期由于法律以及知识产权保护等措施的不得力，发展易局限于与血缘、亲缘、业缘相关的"小世界"之内，难以扩展，惠及的也仅仅是网络之内的成员。

在政府驱动型创意发展模式下，创意产业的发展从一开始就得到政府财力、物力、人力等方面的支持，因此从一开始企业网络规模较大。由于政府的各项配套措施较为完善，企业也能从园区享受到较多的外部性好处。但是，这些园区的假设多是以行政区划为界，无视产业发展现状与发展效率。因此，产业发展的初衷也是出于自身经济社会利益，惠及的也仅仅是本区域的成员。

5.5.2 文化产业内容实现价值的三种方式

1. 产业融合

（1）基于产业融合的文化创意产业关联结构。

产业融合是未来产业发展的新趋势，它能够加快产业结构的优化和升级。在一些新兴产业中，产业融合表现得更为突出。最早对产业融合问题的讨论是从技术角度进行的。1963 年美国学者罗森伯格（Rosenberger）在《机械工具产业技术进步》一文中，对美国机械工具产业技术的演变进行了研究。他认为，在 19 世纪中期，相似的技术应用于不同的产业时，一个独立的、专业化的机械工具产业就出现了。他将这一过程称为技术融合，即不同产业在生产过程中逐渐依赖于相同的一套生产技术，原先分立的产业变得联系紧密。① 从经济学角度研究产业融合则是近几十年才开始的。

植草益（2001）认为产业融合是通过技术革新和放宽限制来降低行业间的壁垒，加强行业企业之间的竞争合作关系。②

周振华（2003）认为产业融合并不是在原有框架下对原本各自分离部门的简单整合，而是在相互渗透中形成一个可将不同部门容纳其中的新的框架。③

厉无畏（2006）认为，产业融合是指不同产业或同一产业内的不同门类相互渗透、相互交叉，最终融为一体，逐步形成新产业的动态发展过程。④ 产业融合是产业现代化进程中发生的一种经济现象，它改变了原有的相互独立的产业机构，使产业之间的关联形式变得多样化。

文化创意产业与传统三次产业的融合是产业发展的一个重要趋势。文化创意产业可以理解为文化、科技和知识的融合的产物，创意元素广泛应用于各个产业形态之中，使文化创意产业对一、二、三产业实现了越界重组，体现了产业融合的产业发展新趋势。因此，它不隶属于传统产业的任何一个，而是在对传统产业的融合、渗透中提升产业结构的能级，促使新的三大产业分工。⑤

文化创意产业的发展可以为第一产业的发展注入新的元素，特别是高新技术、文化创意在农业生产中的运用，使得农业生产由原来的以自然条件为依赖，转向了对自然条件和创造能力的双重依赖，高科技农业、休闲农业、观光农业等新型农业形态的不断出现，极大地提高了农业的附加值。可以说，第一产业与文化创意产业的融合大大提升了第一

---

① 罗森伯格：《机械工具产业技术进步》，中信出版社 2003 年版。

② ［日］植草益：《信息通信业的产业融合》，载于《中国工业经济》2001 年第 2 期，第 26～27 页。

③ 周振华：《信息化与产业融合》，上海人民出版社 2003 年版，第 74～86 页。

④ 厉无畏：《创意产业导论》，学林出版社 2006 年版，第 54 页。

⑤ 郝渊晓、张洁：《文化创意产业对城市竞争力的作用机理研究》，载于《西安邮电学院学报》2009 年第 7 期。

产业的可持续发展能力。文化创意产业与第二产业的关联主要表现在生产型文化创意产业与第二产业中各行业的一体化融合。文化创意产业本身是提供创造性成果的产业，有着典型的创新特征，又具有较强的关联效应和波及效果，它的发展可能引发新一轮的产业变革甚至工业革命。如研发设计型创意产业的大力发展可以增加大量的科学技术研究及成果，这是第二产业技术水平和产品质量不断提高的源泉，同时是第二产业内部不断向知识技术密集型产业方向演进的重要推动力。由此可知，文化创意产业对工业活动的渗透和改造，促使各种高新技术（如生物工程、信息技术、超导技术）应用到传统工业，使文化创意产业与传统工业之间相互融合，产业边界发生交叉，甚至消失。如今，"文化引领科技""文化创意带动创新"已经成为一种共识，发展文化创意产业对于走新型工业化道路有重大意义。文化创意产业既为第一产业、第二产业服务，也为第三产业服务，在许多国家和地区，文化创意产业并没有独立为一个产业体系，而是将其归入第三产业的范畴。从这个意义上，文化创意产业与第三产业的融合更加彻底，许多第三产业的行业部门本身就属于文化创意产业的一部分。但是文化创意产业同传统第三产业还是有区别的。这种区别突出表现在文化创意产业是提供精神产品的行业，有着显著的创新性，这种创新性具体体现在文化创意产业相比传统第三产业，其服务理念更加突出审美和精神享受的功能，其服务手段更加突出人工技巧和高新技术手段的结合。所以，文化创意产业即使作为服务业的一部分，也不是通常意义上的服务业，而是知识、创意和服务相融合的知识密集型服务业（如咨询策划行业），或者说是第三产业发展的高级化阶段的产业。总之，随着精神经济阶段的到来，文化经济一体化、文化创意产业化作为时代发展的潮流已为世人关注，文化创意产业将会成为这个时代的主导性产业，并且与传统产业发生融合。这种融合的结果就是使各产业的知识、技术集约化程度和趋势加强，产业界限趋于模糊，特别是某些产业如高科技产业的渗透性和扩散性把原来的传统产业高级化了，注入了文化创意要素的新经济形态不断迸发，各产业向价值链高端不断迈进，从而促进了产业之间和产业内部的更迭和转换。

信息技术广泛应用以后，文化创意产业与信息产业的融合引起了人们的注意。1978 年，麻省理工学院教授尼古庞特用 3 个重叠的圆圈来描述计算机、印刷和广播三者的技术边界，认为 3 个圆圈的交叉处将成为成长最快、创新最多的领域。[①] 20 世纪 90 年代以来，电信、报业、出版、广播电视、动漫、网络游戏、手机短信越来越成为经济发展和文化发展的热点，数字技术的发展进一步将通信产品、信息产品和文化产品有机地融合在一起，不同形式的媒体之间的互联性和互通性得到加强。产业融合改变了原有产业的运作模式，改变了传统的文化产业的发展方式。在产业融合的过程中，文化创意产业与其他产业之间以及文化创意产业内部各产业之间的边界逐渐模糊。随着 20 世纪 90 年代以来的计算机、电视技术、电信及其相互结合为代表的现代信息技术的飞速发展，以计算机网、有线电视网和电信网为基础的"三网融合"已经成为网络发展的必然趋势，宽带多媒体平台正在逐步形成，并承载现有的和将来的可能有的种种业务。可见，在数字化信息技术普遍发展条件下，文化创意产业与信息产业愈发相互依赖、相互融合。信息产业是现代高科技行业的最具代表性行业，文化创意产业与信息产业的关联是在互动中走向融合的。科学技术是文化创意产业发展的助推器，科技的进步不断拓展着文化创意产业的领域，改变着文化创意生产、传播和消费的方式、文化的传播力和影响力因此而大大提升。同样，科技也需要文化，文化创意产业植入高科技行业充分体现了高科技的人文价值和人文关怀。

目前，新的数字平台与服务模式的出现，如 5G 移动技术、数字电视和数字广播等，以及快速发展的消费模式的运用，为文化创意产业的发展带来了各种机会，催生出具有传统文化底蕴和以信息网络为载体的文化创意产品和服务，如网络游戏、数字出版、动漫等。它们是将图像、文字、声音、影像等内容运用数字化技术进行整合和运用的产品或服务，是新经济时代信息技术与文化创意产业相互融合、相互支持的一体化产物。各种文化资源与最新信息技术相结合，融会重铸，在创意动力的推动下，搭建起了新的生产和消费方式，培育出新的消费人群，创造出更多的经济与社会价值。

总之，从产业融合的角度分析，传统产业（传统的第一、第二和第三产业）、信息产业和文化创意产业构成了"三位一体"的产业划分格局，它们的融合催生出许多新兴的交叉产业，构成了三大产业的中间环

---

① ［日］植草益：《信息通信业的产业融合》，载于《中国工业经济》2001 年第 2 期。

节，而文化创意产业则处于众多交融产业的核心地带，成为三大产业持续创新发展的起点和动力源。这就是说，产业中文化的、知识的、信息的、科技的乃至心理的因素将越来越具有重要的、主导的甚至某种决定性的作用。

（2）文化创意产业对关联产业的价值增值效应角度分析。

文化创意产业的特殊性不在于它与其他产业部门之间的投入产出关系，而是在于它是产业高附加值的来源，对其他产业价值增值效应明显，从而使其对传统产业的升级有重要的意义。

（3）文化创意产业的价值创造。

在精神经济发展阶段，精神产品的应用范围大大扩大，功能不断加强。这使得以提供精神产品为主的文化创意产业与其他产业的联系更加紧密，其价值创造功能逐渐凸显出来。与传统产业所提供的物质产品相比，精神产品生产具有以下鲜明的特点：首先，精神产品生产具有独创性。一般来说精神产品的生产是一种创新性的劳动，创新性是精神产品生产的最本质特征。其次，精神产品是一种物化的观念性的东西，其载体虽然是物化形态的东西，但其内容则属于精神性、观念性的东西。人们对精神产品的消费是消化、吸收附着在物质载体上的观念成果，即精神价值，以满足精神需要，这也是消费者精神的再创造、再生产过程。最后，精神产品生产具有共享性和扩散性。一般来说，精神是无形的，所以精神产品的思想内容也是无形的。但是，为了传播和积累，就要借助于物质载体，利用语言、文字、图画、符号、表格和图式等信息形式，表达或记录下来。因此，精神产品具有信息性。产品价值系统的基本组成部分包括功能价值、体验价值、信息价值和文化价值四个部分。其中，功能价值是消费者为满足自己基本需要时愿意给商品物理属性支付的价格部分。体验价值指在同样物理属性的前提下，人们因外观形象等方面的差异而愿意多支付的部分，它主要取决于个人偏好。信息价值是指人们在消费商品物理属性的同时，因其具有给他人传递信号的能力而使商品增值的部分。以购买服装为例，其基本功能（御寒或遮体）和款式（体验价值）完全相同，但某些消费者却通过选择高价位同类产品显示自己的富有，这里多支付的价位就构成了信息价值。文化价值则表示人们消费商品的物理属性只是次要的，信号的传递也不是主要的，重要的在于商品内在的文化属性以及个人因消费商品所带来的归属感。从这个角度看，精神产品的特征决定了文化创意产业价值创造功能的综合性，它可以从不同的角度、不同的方式增加自身产品或相关产品的功能价值、体验价值、信息价值以及文化价值。一方面，文化产品能够为消费者提供审美情趣，满足消费者多元化的精神需求；另一方面，它们能为生产服务，以提高生产效率、创造更大财富为目标，将技术创意转化为产品的功能价值。在现实当中，精神产品可以渗透到物质生产过程的一切要素中，由知识形态物化为现实商品形态，变成直接的生产力，从而推动了社会的发展和物质文明的进步。在精神经济发展阶段，这种功能更加突出。文化对经济的广泛渗透，使产品的文化内容价值比重迅速增大，而产品的物质形式价值比重相应下降。在新增的社会财富中，文化性的软产品所占的比重迅速增加，不仅新兴产品大部分是知识密集的产品，而且传统制造业产品的文化内涵也越来越高。一般消费品的生产，通过其品牌、设计将一定的文化形态、审美情趣，甚至价值观念附加于消费品之上，使之成为一定意义上的文化产品。以广告业为例，其发展已经使广告本身不再仅仅是纯粹的商品信息，而是成为精心设计、刻意迎合或推广某种精神价值的文化产品。在产品性质和功能方面，各种产品的差异往往取决于各类产品内部精神内容价值的差异。对于一般的物质产品，它所包含的精神内容越大，越能借助物质实体的特性更好地满足人的各种需求，其附加值也就越高，如图 5-9 所示，根据精神内容含量的多少，附加值高低的顺序依次为精神产品、高技术产品、物质产品和资源。

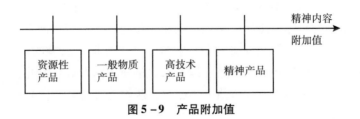

图 5-9 产品附加值

（4）文化创意产业促进传统产业升级的方式。

广义来说，大部分产业都有创意成分，然而文化创意产业所关心的是如何将创意转化为经济活动，包括形成产品和服务，以及这些产品和服务的制造、商品化、分销以及消费等过程。所以，发展文化创意产业，不仅仅在于一个新兴产业的启动，更重要的是它推动了其他产业领域的创新，如更新产品和服务的设计与策划，开辟新的蓝海战略，品牌战略和营销战略等。正因为如此，发展文化创意产业对传统产业升级有着重要的影响。那么，文化创意产业是怎样影响传统产业升级的呢？这取决于创意在生产过程中存在的状态以及它的性质，不同状态和性质的创意促进传统产业升级的机制也不相同。现实当中，任何创意都是以精神产品的形式存在的，精神产品是指人类在改造自然和社会的实践活动中，为满足社会的需要，通过付出脑力劳动，依靠知识、信念、智慧等要素进行创造性活动的结果。总体上看，精神产品分为自然科学（科学、技术知识）、社会科学（管理、经济及社会学知识）和文化艺术（如美术作品等）三个类别。与此相对应，创意可以分为工艺创意、商业创意和文化艺术创意。它们对传统产业的影响取决于精神产品的流动性，由于技能、科学知识、艺术、甚至宗教方面的东西（讲道、祈祷、献物祝福）以及发明等，都可以成为契约的对象，其买卖方式可与物同视。当知识产权制度实施以后，为精神产品在生产活动中自由流通、扩散提供了制度保障，精神因素因而变得更加活跃，其作用也更为突出。总体上，不同类别的创意在生产过程中的作用机理不同。

①文化艺术能够提高产品的精神文化价值。

人们有两种需要，一种是物质需要，另一种是精神需要。现实中，精神产品主要满足人们的精神需要，物质产品主要满足人们的物质需要。但这并不意味着物质产品和精神产品价值属性的单一性。事实上，精神产品的传播离不开物质，物质产品的形成离不开精神，它们都是精神和物质的统一体。比如一个流行歌曲的光盘，它是含有物质成分的精神产品；一个做工精细的彩陶器，它是一个含有精神成分的物质产品，除了满足人的使用功能外，还能满足人的精神文化需求。因此，物质产品的功能价值和精神文化价值并不相悖，两种价值越高，产品的使用价值也就越高。

产品的多元化属性为文化艺术与物质产品的结合提供了条件，文化艺术作为观念性精神产品，需要借助相应的物质载体传播它的价值理念或美感，如果这个物质载体是一般的物质产品，那么，物质产品就充当了精神内容所赖以附着在其上的信号系统。同时，物质产品自身具备了人文关怀精神，从而易于使消费者对产品产生情感共鸣和使用依赖。所以，文化艺术创新了传统产业物质产品的服务内容，提高了物质产品的精神文化价值。这个过程的实现离不开艺术授权，艺术授权是艺术生产和物质生产两个完全不同的领域结合起来的有效途径，传统产业通过给予艺术生产者一定的费用来获取艺术品的使用权。艺术授权不但增加了物质产品的吸引力和竞争力，而且增加了艺术品的传播空间和使用功能。以艺术为标识物的产权授权对象多见于居家用品、衣物布料等与人们日常生活息息相关的日用品，它们是负载艺术家创造的艺术符号的良好载体。比如迪士尼集团将公司创作的动漫人物形象用于各种儿童玩具和儿童服装后，深受儿童的喜爱，大大提升了产品的竞争力。特别是在物质产品极大丰富的今天，物质产品中精神内容的作用逐渐升高，它是企业提供差异化产品的有效手段。

②商业创意能够创造商业机会，降低生产成本。

文化创意产业强调的是文化和创新，从广义上说它是以创意为核心增长要素的产业，它的本质就是把文化思想、知识技能、创造力综合起来，形成的新的产品、新的市场，提供新的服务、创造新的就业机会。比尔·盖茨如此解释创意："创意具有裂变效应，一盎司创意能够带来无以数计的商业利益、商业奇迹"。① 更具体地说，传统产业通过与创意融合，可以开辟蓝海战略，开辟新的市场，实行新的商业模式等，或者塑造有特色的品牌，来提升竞争力。这突出的表现在创意能够改进生产的投资和收益。一个好的创意能够使给定的一组投入得到更多或更好的回报。福特公司早期取得的成就是个很好的例证，在同样的技术条件下，率先采用流水线进行批量生产，使公司获得了巨大的竞争优势。商业创意更多是对生产过程的关注，这与创意的广泛存在性和较强的渗透性不无关系，创意会参与到企业运营的各个环节，促成产品价值增值。从企业原始创业到企业扩张的内部创业，完美的创意（投资计划）与风险资本一起见证了企业的形成及扩大再生产。经历创意发现财富阶段后转入创意实现财富阶段，创意开始在生产运营中发挥作用，完美的工作计划、合理的生产流程、尖端的生产工艺、出色的自主创新、灵活的管理方式以及不断调整而满足消费者需求的产品设计都与创意密不可分。同样，市场营销中出色的创意有助于形成鲜明的企业形象及知名的

① 约翰·霍金斯，洪庆福、孙薇薇：《创意经济》，刘茂玲译，上海三联书店 2007 年版。

公司品牌，提高企业的无形资产价值。生产过程中的创意不仅有助于留住客户资源，争取更大利润，而且能够降低生产成本和交易成本，提高生产效率，与其他生产要素结合在一起构成企业最难以被模仿的竞争优势。管理咨询公司就是以提供商业创意为服务对象的企业，它运用先进的管理方法和理论，针对不同的生产环境向各种不同的企业制定有效的商业模式和管理模式。

③工艺创意是产品功能价值形成的基础，是传统产业升级的关键。

工艺创意主要包括工业设计、工艺设计和技术研发设计三个部分，在知识产权制度方面它们分别指外观专利、实用专利和发明专利。工艺创意是产品功能价值实现的基础，没有工艺创新就不会有产品生产的技术支持和功能价值的实现，是消费者购买产品时最终追求的目标，即产品的品质、功能、效用和利益等方面。工艺创新是以市场为导向，以提高经济效益为目标，从新产品、新工艺或新服务的产生，经过技术的获取（研究、开发和引进技术）、工程化、商业化生产到市场应用过程的一系列活动的总和。技术创新可以分为突破性创新和增量性创新。前者利用崭新的技术推出全新的产品、工艺和服务；后者则着重于改进，推出质量更高、性能更好、功能更多的产品，或者使工艺效率更高。技术创新会改变各种生产要素，特别是劳动和资本的相对边际生产率，从而改变它们收益率的平衡。工艺创意通过自主创新极大地推动了自主品牌战略实施，因此，工艺创意是传统产业升级的一大引擎，是未来传统产业升级的根本保障和主要导向。

技术创新能够改变产品和服务的功能结构，提高产品的使用价值，甚至是提供全新的产品；另外，设计则给产品和服务注入创意元素，为消费者提供与众不同的体验，从而提高产品和服务的精神价值。通过发展文化创意产业能够比较全面的把握技术、知识、设计、品牌等精神因素的应用，有助于传统产业从价值链的低附加值环节向高附加值环节升级。在经济学上如何解释创意等精神产品对传统产业价值的提升呢？创造就是不断地产生新的观念，通过新的观念替代已有的旧观念来制造差异。经济学家保罗·罗默这样认为，创意使产品的差异化程度加大，差异化的存在带来垄断，垄断带来高利润，高利润使产品生产的边际报酬递增，最终导致市场的不完全竞争结构。[①] 简而言之，差异化创造了利润。对消费者来说，不完全竞争带来的市场效率损失换取的是多样化和多功能消费体验。

2. 扩散及溢出机制

文化创意产业所涉及的产业部门非常广泛，除了直接从事精神产品生产的部门外，还包括精神产品的传播和服务部门，比如图书出版、图书馆、广播电视、互联网传播等。所以，文化创意产业的发展一方面有利于更多新知识的产生，另一方面还加快了知识产品的流转速度，大大扩大了文化知识的影响力。文化创意产业的核心要素是信息、知识、文化资源等无形的生产要素，精神产品的价值并不是来源于稀缺，而是来源于普及，精神产品的普及程度越大，其价值也就越大。由于科技知识的表达、传播、学习大多以精神产品的形式进行，从而大大丰富了精神产品传播的内容。因此，大众媒体（报纸、杂志、书籍、广播、电视、网络）完成的工作以及学校和其他教育机构完成的工作，是从"已有该知识的头脑"传送到"还没有该知识的头脑"。传播是为人类活动服务的，因而传媒也是为经济发展服务。同时，知识的扩散与传播必然会带来知识的溢出效应。

文化创意产业的创造成果可以看作为内生经济增长要素的对象，它的流通、扩散、溢出与内生经济增长的收益递增机制息息相关。从人类历史来看，知识扩散在社会进步过程中起着至关重要的作用。一项技术创新，除非得到广泛的应用和推广，否则它将不会以任何物质形式影响经济。舒尔茨（Schultz）曾经指出，没有扩散创新就不可能有经济影响。[②] 从一般意义上来说，知识扩散能促使创新在更大范围内产生经济效益和社会效益，推进一个国家产业技术进步和产业结构的优化，促进国民经济的发展。知识扩散是知识的复制，而知识溢出则是知识的再造。知识溢出过程具有连锁效应、模仿效应、交流效应、竞争效应、带动效应、激励效应。知识溢出产生外部性指知识接受者将获得的知识与自有知识相融合开发出新的知识，却没有给予知识的提供者以补偿，因

---

① 周绍森、胡德龙：《保罗·罗默的新增长理论及其在分析中国经济增长因素中的应用》，载于《南昌大学学报（人文社会科学版）》，第 43 页。

② 西奥多·W. 舒尔茨：《论人力资本投资》，北京经济学院出版社 1990 年版，第 3 ~ 4 页。

而提供者没有享受全部收益；或者出现给予的补偿小于知识创造的成本，接受者自觉或不自觉地没有承担全部成本的现象，这一外部性和产生这一外部性的过程统称为知识溢出，即知识溢出不仅是一种结果，而且是一种过程。

文化创意产业的发展是知识扩散及溢出的重要途径。在已有的有关知识溢出或技术扩散的研究中，许多都忽略了出版、网络等媒体的助推作用。在当今信息时代，各种传播网络非常发达，社会成员之间已经构成了一个虚拟的交流空间，而这也正是许多创意人员获取新知识、新思想的重要来源。各种媒体在知识交流、技术扩散、知识溢出等方面发挥着越来越重要的作用。文化创意产业属于创新密集型和知识密集型产业，具有内生的收益递增发展机制。在内生经济增长理论的架构下，已然确立了文化创意产业间接影响经济增长的内在机制。内生经济增长理论和新贸易理论都认为，知识溢出和经济增长有着密切的联系。罗默的知识溢出理论认为，知识是追逐利润的厂商进行投资决策的产物，知识不同于普通商品之处是知识有溢出效应。罗默最早用外部性解释了溢出效应对经济增长的作用，他认为新投资具有溢出效应，不仅进行投资的厂商可以通过积累生产经验提高生产率，其他厂商也可以通过学习提高生产率。[①] 溢出效应带来了规模报酬递增，导致企业产出效率提高和财富增加，从而引起经济增长。

3. 转化机制

当文化创意产业所创造出来的精神产品除了在满足人的精神需求之外，由于其知识溢出及扩散效应而使其成为影响经济增长要素的重要原因时，这些精神产品就不再是单纯意义上的产品了，它具有显著的价值增值效应，这时候它就转化成一种新的资本形式，我们称之为精神资本。根据精神资本的存在状态，可以把精神资本分为内在精神资本和外在精神资本两个类别，二者相互影响、相互转化，都与文化创意产业的产业结构体系有着紧密的联系。

外在精神资本是人类精神活动或精神生产的产物，即精神产品。它是人类对客观世界的反映，经过信息获取、加工、处理而形成的精神创

---

① 周绍森、胡德龙：《保罗·罗默的新增长理论及其在分析中国经济增长因素中的应用》，南昌大学学报（人文社会科学版），第41页。

造物。按照人们一般的理解，精神产品分为两个类别，一类是生产性的精神产品，即人们在生产实践中的认识、发现与创造，以实用性为主，它们包括科学、技术、知识、语言、文字等，是技术创新成果的代表；另一类是满足人类精神需求的精神产品，它们是更多的主观性创造，带有明显的意识倾向，能够维系社会稳定运行及塑造人们价值观的创造成果，包括宗教、哲学、伦理规范、文学作品、艺术作品等，成为文化创意产业的精神资源。两类精神产品的社会功能是有差别的，前者提高人们的科学文化素质，后者提高人们的思想道德素质。当前，精神产品的商品化已成为时代的潮流，这是文化创意产业快速发展的重要动力。同时，这也是促进当代知识、精神财富迅速增长的重要经济杠杆。

如果说精神产品是人们精神的外化后的产物，受精神产品扩散、传播影响而形成，人们自身的价值观、心智水平及个人能力则属于内在精神资本。内在精神资本的形成可能是主动的也可能是被动的。比如，在教育手段的帮助下，通过学习、消化、吸收精神产品的内容，内化为个人的认识水平和价值取向。与外在精神资本类别划分相对应，内在精神资本同样包含两层含义，一是对文化类精神产品的吸收内化为精神力量，即个人和集体的价值观念，是文化意义上的精神资本，可以称为文化资本；二是对科学知识类精神产品的吸收内化为社会个体的能力和知识水平，从这个层面上讲，更接近人力资本的概念。其中，外在精神资本与内在精神资本的转化关系同显性知识及隐性知识的关系非常相近。内生经济增长理论认为技术创新是经济增长的源泉，而劳动分工程度和专业化人力资本的积累水平是决定技术创新水平高低的最主要因素。这个转化过程分为两个阶段，一是外在精神资本向内在精神资本的转化，二是内在精神资本在经济发展过程中的价值转化。文化创意产业的发展加速了这两个阶段的转化进程，使精神产品数量不断增加，人力资本和文化资本的不断积累，间接地加快了经济增长的速度。精神资本是一个关联性、自组织性非常强的体系，外在精神资本与内在精神资本相互促进、相互影响、相互制约。这是一个开放的内循环系统，是不断的从实践到精神资本，再从精神资本到实践的过程，它们之间的相互转化，不但带来了经济增长，同时促进了社会的进步。增长分析的传统是总量分析，所以，产业结构因素一般不被考虑，从而具体产业的增长效应自然不会进入增长理论的范畴。① 然而，以罗斯托为代表的增长部门分析法，则强调增长过程的不均衡性，因为经济增长来自技术进步，它对增长的作用一定体现在应用中，即技术进步必然体现为某一部门的产品创新、流程创新或工艺、组织创新，所以，增长必然是由这些技术应用部门的增长拉动，并通过这类部门与其他部门的联系，带动更多部门的增长，进而形成增长过程。这类最先应用技术的部门就是某个时期的主导部门，现实的增长就是在主导部门的形成和替换中实现的，从而形成一个不断由创新推进的演化观点的经济增长分析思路。

文化创意产业的发展非常符合上述产业推进经济增长的演化思路，它通过创新机制、扩散机制和转化机制深化了对经济增长的影响路径和过程。同时，这三种机制是相互联系的，它们之间存在递进的价值转移关系，这三种机制的存在使文化创意产业发展的外部效应非常明显。它的发展除自身对经济增长的作用外，还能够影响其他生产要素的形成和转化效率，使相同劳动力和资本的要素组合状况下，最大生产能力不断得到提升。

5.5.3　产业化路径

创意产业的产业化路径主要有两条：第一条路径是把文化创意变成创意商品，从而做成产业，即创意产业的产业化；第二条路径是把普通商品做成一种文化，就是通过向传统产业的产品融入创意，使商品附加更多文化内涵，即产业的创意化。如玩具、食品、儿童用品等。

创意衍生品的开发、生产与经营也属于休闲体验产业的一部分。虽然按照理论，我们可以通过向传统产业的产品融入创意，使商品附加更多文化内涵，有效增加商品的附加价值，但需要注意的是，只有那些能够作为商品或提供有偿服务的文化产品和文化服务才是产业形态的文化，才可以作为产业经营运作，② 例如图书、电影、书画作品、艺术演出等文化商品和文化服务。因此，要促进创意产业的发展，不但需要本着三大产业皆有文化的原则，通过向传统产业进行融合渗透，注重赋予传统产业文化内涵，推动传统产业文化的发展；而且需要加强创意产业

---

① 陈宪：《文化产业成为未来经济增长的重要因素》，载于《文汇报》2008 年 9 月 21 日。
② 厉无畏：《创意产业导论》，学林出版社 2006 年版，第 5~10 页。

链的整合与延伸，进行文化创意的深度开发，利用创意的产业化发展，加快创意成果转化。

1. 创意的产业化

创意的产业化是把文化创意变成创意商品，从而做成产业。它是以创意价值链为基础，通过创意的提供与生成→创意的投资开发与生产→创意的推广交易与传播→创意的服务与营销等环节，在此过程中产生价值增值，并创造可观的直接经济价值。

我们把某项具体的创意产业描述为创意的萌发，继而借助资本等要素的帮助进入产业化运作，衍生出产业链或产业丛，最终形成一项上下游完备的产业，在此过程中它具备了自己的从业群体、营销渠道、消费终端、利润分配方式等完备的产业组织形态。① 显然，创意的产业化是以创意价值链为基础的产业自我拓展，是将内容作为最终消费产品加以产业化的产业。创意产业运营者借助资本等要素的帮助进入产业化运作，衍生出产业链，最终形成一项上下游完备成体系的创意产业。② 从创意产业的缘起来看，创意产业脱胎于传统产业。将创意元素植入传统产业，以实现产品的价值创新，促进创意产业与传统产业相互融合，利用创意产业的思想观念来改造传统产业的发展模式，实现传统产业优化升级为创意产业。因此，创意产业化过程是创意产品从功能价值向观念价值展开的过程，是价值增值的过程。商品价值由功能价值和观念价值两个部分组成。功能价值由科技创造而成，是商品的物质基础；观念价值因创意渗透而生，是附加的文化观念。随着经济发展和收入水平的不断提高，促进商品价值增值的基本趋势是沿着功能价值到观念价值的路径展开，从而推进创意的产业化过程。而且创意产业化过程也是价值增值的过程，即价值创造、价值开发、价值捕捉、价值挖掘、价值实现的过程。③ 创意产业产品之间往往有着紧密的关联关系。例如，老的杂技表演是没有主题的，但上海时空之旅杂技表演项目的主题为"秀一个上

---

① 张京成、刘光宇：《创意产业的特点及两种存在方式》，载于《北京社会科学》2007年第 4 期。

② 胡晓鹏：《基于资本属性的文化创意产业研究》，载于《中国工业经济》2006 年第 12期，第 7 页。

③ 厉无畏：《创意产业导论》，学林出版社 2006 年版，第 28 页。

海给世界看"。上海时空之旅杂技表演通过不断地编排节目，充实表演的内容，把现代音乐、舞蹈、多媒体音像元素注入到杂技表演中去。杂技、音乐、旅游这些原来看上去隔行如隔山的艺术形式和行业，在上海时空之旅的表演场内外融为一体。

平遥国际摄影大展是把现代摄影艺术元素和东方古城文化元素结合得很完美、很有品位的一个创意项目，是创意产业化的一个典型案例。该项目不仅吸引了世界各地的摄影家参与，也吸引了众多观众的目光，成功地走向了世界，并进入联合国总部展览。平遥古城位于中国内地晋中地区，该城较为完整地保留了 1368~1911 年明清时期的建筑风貌和格局，向世人展示了 14 世纪以来中国北方黄土高原上的一种传统建筑风格，折射出中国的古代文明。策划者们以敏锐的创意思维，把平遥古城作为创意元素，成功的打造了平遥国际摄影大展。迄今为止，平遥国际摄影大展已成功的举办了 13 届，每届都有充满新意的主题，每届都有鲜明的创意特征，创意内容不断充实。每年的平遥国际摄影大展都会吸引国内外数以万计的游人，而这些人的到来不仅有效地提高了古城平遥的知名度，更拉动了古城的经济社会发展。

有资料显示，平遥国际摄影大展期间，随着中外数千万摄影爱好者和旅游者的到来，平遥及其周边的旅游景点的门票收入和旅游综合收入每年以 60%~80% 的速度增加。[①] 平遥国际摄影大展之所以成功，主要得益于下列六个方面：一是创意元素选择的好，把古城文化与现代摄影艺术嫁接，反映了创意的巧妙构思；二是内容策划思路开阔，立意高远，具有国际眼光和时代精神；三是坚守民族的就是世界的理念，充分挖掘发挥了晋中古城文化价值，着力于把国内外游客引来平遥，把平遥推向世界；四是重视打造每届大展的主题，使每年大展的主题富有新意；五是强调文化创新与经济创新的有机结合，逐渐加大市场机制的基础性作用，不断提高经济效益；六是注重项目策划，创造性的建构起策展人学院制度，以不断提高项目策划和实施水平。[②]

---

① 郭玉兰：《山西文化品牌的成功案例. 见：高建民.2008 年山西文化产业发展报告》，山西人民出版社 2008 年版，第 314 页。

② 江奔东：《文化产业创意学》，泰山出版社 2009 年版，第 272 页。

2. 文化内容产业的创意化

产业创意化具有三种不同的含义：第一种将产业创意化作为生产非内容产品的方法，并加以专业化；第二种将产业创意化作为物质产品的高端附加值部分的产业延伸方式；第三种是指利用广告、营销等创意环节带动其他经营环节的商业方式。本文所指的产业创意化是第二种意义上的产业创意化。

创意产业一个重要来源就是"产业的创意化"，即在传统产业内融入创意元素，并提高创意在传统产业中的贡献率，把传统产业升级为创意产业，[①] 从而提升各企业的附加价值。产业创意化过程也是产业集聚的过程，即利用创意产业高渗透性、高融合性、高附加值性，以核心创意产品或服务作为投入要素向其他产业延伸，特别是在传统产业的产品和服务中融入创意元素，使创意产业成为各种企业附加值的一环，从而达到一次投入、多次产出的价值最大化的盈利目标。[②]

近年来，我国出现了诸多文化＋旅游的案例，便是文化的价值链向旅游延伸，从而实现了旅游产业的文化趋势，例如博物馆旅游、遗产旅游等。我国有大量非物质文化遗产。随着社会的发展，部分非物质文化遗产可能因环境的变化而消失或被遗忘。通过注入文化意涵，可以使旅游业发展与实现非遗的传承与发展的目的同时实现。[③] 云南大理剑川木雕的旅游文化过程便是典型的融合模式。剑川木雕的起源可追溯至唐代。传统的剑川木雕主要以嵌石木雕家具、古建筑装饰、室内装饰产品为主。随着现代建筑格局和装饰工艺改变，传统剑川木雕面临失传的风险。进行旅游活化利用后，剑川木雕开始生产旅游工艺精品，扩大了原有产品类别和花色品种。1996 年，文化部将剑川县命名为全国木雕艺术之乡。2016 年，当地政府组织建设以木雕文化为基础的产业园区，打造旅游特色小镇。剑川木雕的知名度和销量也随着剑川旅游的发展而发展。

---

① 张京成、刘光宇：《创意产业的特点及两种存在方式》，载于《北京社会科学》2007 年第 4 期。

② 厉无畏：《创意产业导论》，学林出版社 2006 年版，第 149 页。

③ 王建芹、李刚：《文旅融合：逻辑、模式、路径》，载于《四川戏剧》2020 年第 10 期，第 183 ~ 184 页。

5.5.4 创意产业化运行过程分析

创意产业化有"创意产业化"和"产业创意化"两条路径,与之相对应,创意产业化运行过程也有"创造创意→生产→市场"和"市场和消费→创意研发→生产"两条路径。

1. 创造创意→生产→市场

创意产业发展的关键环节是要构建完整的创意产业化链条,使其形成规模效应。在创意产业化链条各个环节不断向传统产业延伸的基础上,围绕延伸链条进行资源深度开发,加快创新成果的转化,实现创意产业价值链的增值,并获取创意企业自身的经济利益最大化,从而更好地进行资源整合,促进经济社会发展实现良性循环。

"创意产业化"的过程也就是"创造创意→生产→市场"的过程,创意的提供与生成是创意产业化过程的核心所在。这个过程通过把创意创新成果转化为现实生产力,使创意企业实现创意作品的规模化生产,通过经纪人、运营商等创意产业化主体进行创意的推广交易与传播以及创意的服务与营销等活动,满足消费者对创意商品的特殊需求,以充分获取创意产业的经济效益。创意产业的发展不能单兵突进,它必须与营销、管理、技术、文化、人才等各种要素乃至其他产业结合,借助先进的市场营销手段并依靠大量的市场营销人才。"创造创意→生产→市场"的过程包括创意的产生、创意产品的生产、创意产品的营销、创意产品的市场推广和创意产品的交换消费五个基本环节。[1] 在"创造创意→生产→市场"这个创意产业化的过程中,创意思想的产生其实不难实现,最大的难点在于创意的产业化运作,如创意产品的营销和市场推广等环节。其原因在于创意的产业化运作一方面涉及创意人群、创意企业、高校及科研机构、中介服务机构、行业协会、政府等诸多利益主体的合作和冲突,如果处理不好各主体之间的利益关系,会给创意的产业化运作带来许多不利的影响;另一方面,创意产业化的运作需要各利益主体一次性直接支付需要的费用,成本较高。由于创意产业化各利益主

---

[1] 曹如中、高长春、曹桂红:《创意产业价值转换机理及价值实现路径研究》,载于《科技进步与对策》2010 年第 20 期。

体可以获得较乐观的预期私人收益，而且预期收益高于边际成本，所以他们对于推动创意产业化的运行具有较高的积极性。因此，利益主体可以充分利用市场机制鼓励创意产业化的发展、促进创意的生成、推动创意产业化、加快经济发展方式的转变。

2. 市场和消费→创意研发→生产

"市场和消费→创意研发→生产"首先通过消费者对创意商品进行消费与体验，然后策划人分析消费者在消费体验过程中的反馈信息，最后通过收集的反馈信息，策划人再进行创意衍生产品的开发生产与经营。"产业创意化"是通过"市场和消费→创意研发→生产"的过程实现的，这个过程是在传统产业中融入创意元素，使其文化附加值大大提升，在差异化竞争中打造品牌特色，使传统产业的改造与升级，从而成为具有竞争力的创意产业。

创意产业重视文化产品所带来的主体感受，高级人力资本、知识产权资本、技术资本和文化资本等软件性资本成为其核心驱动要素。创意产业下的消费特别注重满足人的内在感受，强调文化要素的推动力。创意产业与传统产业有着本质区别。传统产业只关注产品的功能和使用价值的提升，是生产者主导的产业；而创意产业更加关注消费者的心理需求，注重满足消费者的观念价值，是以顾客价值为导向的产业。在产业创意化的过程中，产品的研究开发、生产经营等环节都是针对顾客关注价值展开的。在这个时候，消费者完成了由产品购买者到需求满足者，最后到价值创造者的转变。因此，策划人通过了解消费者的各种需求来决定本企业产品的研究开发与生产经营活动，这样一来，消费者的情感体验、价值取向等就融入产品、购买行为以及消费方式的选择中，从而使创意产品抓住了消费者的眼球，引导消费者的情感，刺激消费者的购买欲望，促进形成新的消费热点。

与"创意产业化"一样，"市场和消费→创意研发→生产"这个"产业创意化"运行过程也包含了多个环节，它们依次是研发设计、生产制造、交易传播、营销推广、交换消费等创意化环节，其中，对于研发设计和营销推广这两个环节要尤为关注。因为，按照微笑曲线理论，在整个产业链中，高附加值环节分别集中于产业链的两端，也就是研发设计和营销推广环节，而作为中间环节的生产制造环节附加值最低。① 如图5-10所示，处于曲线左边的研发设计环节由于拥有专利技术而位于价值链的高端，处于曲线右边的销售环节因品牌服务的特殊性而具有高附加值，由于生产制造环节的利润较低，所以曲线中间的组装制造位于价值链的底端。因此，产业创意化发展的基本方向是向微笑曲线的左右两端发展，分别强化研发环节和销售环节的管理、增加专利技术与品牌服务的投入是关键。

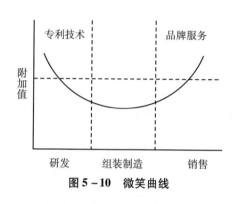

图5-10 微笑曲线

由以上可知，"市场和消费→创意研发→生产"，即"产业创意化"的过程是以传统要素为基础进行重新地排列组合，提高资源综合利用程度，推进传统产业结构升级与流程改造的过程；也是延伸创意产业价值链系统，提升传统产业技术含量和品牌附加值的过程。通过"市场和消费→创意研发→生产"的过程即"产业创意化"，一方面能够实现产业价值链各个环节创造的价值；另一方面，能够实现产业结构不断优化升级，提升产业整体竞争力。"产业创意化"的最终目标是产业链的每一个环节即研发设计、生产制造、交易传播、营销推广、交换消费等都能够实现创意化发展。只有这样，微笑曲线才能够整体提升，从而实现产业结构不断优化升级，最终推动整个经济的跨越式发展。

---

① 施振荣：《再造宏碁：开创、成长与挑战》，中信出版社2006年版，第110~112页。

第6章 文化创意人才与文化产业发展

我国文化创意产业迅速发展，在世界文化创意产业发展大国中，我国位居前列，随着文化创产业的发展，关于文化创意产业人才的研究也日益深入。人才就是关键生产力，关于文化创意人才，本文借鉴国内外先进理论，对文化创意产业发展过程中可能出现的关于文化创业人才相关问题进行研究。

6.1 文化创意人才的相关理论

6.1.1 文化创意产业人才的内涵与界定

文化创意产业是"文化""创意"和"产业"的高度融合，那么文化产业人才的主要行为便是通过"文化"创造挖掘而实现价值，从而形成"产业"的一系列活动。因此，文化创意产业人才首先是从事有关"文化"工作的人才，"文化"和"创意"是其最主要的内涵。《辞海》中给"文化"下的定义是"从广义角度来讲，是指人类社会历史实践过程中所创造的精神世界和物质世界的总和。"1952年，美国文化学家克罗伯和克拉克洪（Kroeber and Kluckhohn, 1952）在《文化概念和定义的批评考察》一书中对西方一百多年来关于文化的160多种定义做了总结：文化代表了人类群体的显著成就，文化的核心部分是传统观念，尤其是它们所带来的价值观；文化体系一方面可以看作活动的产物，另一方面则是进一步活动的决定因素。①

对于文化创意产业人才这一概念，首先做出解释的是美国学者理查德·弗洛里达。他主要从美国文化创意产业发展情况出发，将创意阶层分成"具有特别创造力的核心（super creative core）"和"创造性的专门职业人员（creative professionals）"两个组成部分。② 前者包括科学家、大学教授、诗人、小说家、艺术家、演员、设计师、建筑师、引导当代社会潮流的小说家、编辑、文化人士、咨询公司研究人员以及其他对社会舆论具有影响力的各行各业人士。后者包括高科技、金融、法律及其他各种知识密集型行业的专门职业人员，他们以创意解决问题，或运用许多复杂知识找出创新的解决方案。③

在这个观点的基础上，我国学者厉无畏结合我国的国情和现状，做了进一步的总结和发展，他将文化创意产业人才定义为具备较高的专业水平知识，拥有丰富的实际可行的可靠的创新能力，将需要传达的内容和信息利用自己的技能和手段进行转换、复制和加工，使其可以融入新的文化创意产品或服务中，推动该产品或服务的生产、流通和经营的具备多种能力、掌握产业运营多个环节的复合人才。根据行业属性，他将文化创意产业人才划分为文艺演出管理人才、出版发行和版权贸易人才、影视节目制作和交易人才、动漫和网络游戏制作人才、会展产业人才和艺术品创作及交易管理人才六类。

6.1.2 文化创意阶层理论

文化创意产业是科学技术与文化艺术高度融合的产业，人的"头脑"是创意经济基本的生产资料，技术是创意经济基本的生产工具，因此，文化创意产业对人才的知识与能力结构有着特殊要求。从职业的角度分类，文化创意产业人才既包括具有创意能力和技术能力的专业人才，又包括将创意转化为经济价值的人才，且受过多重教育、有创新精神的艺术、管理、技术"三栖"复合型高级人才。概括而言，

---

① 萧俊明：《文化专项的由来——关于当代西方文化概念、文化理论和文化研究的考察》，社会科学文献出版社 2004 年版，第 10 页。

② 理查德·弗罗里达：《创意阶层的崛起》，中信出版社 2010 年版，第 6 ~ 8 页。

③ 厉无畏：《创意产业导论》，学林出版社 2006 年版，第 221 页。

创意阶层包括所有需要创意的职业人，包括科学家、工程师、诗人、艺术家、设计师、卫生及法律从业者，高科技和知识密集型行业的从业者。

国外学者早在 21 世纪初，就对文化创意产业人才进行了相关研究。美国文化社会学者、多伦多大学理查德·弗洛里达（Richard Florida）教授提出了创意阶层的概念，并撰写了两本关于"创意阶层"的著作，一本是《创意阶层的崛起》（2002），[①] 另外一本是《创意阶层的迁徙》（2007）。[②] 他认为人才是创意经济发展的 3T 要素之一，3T 是指科技（technology），人才（talent）和宽容（tolerance）。科技是指一个国家或地区创新和高科技集聚的作用，人才是那些拥有学士及以上学位的人们，宽容是开放性、包容性，是民族、种族以及生活职业的多样性。[③] 接受过良好教育的人才是经济发展的关键动力，一个国家或地区长期的经济优势在于吸引和留住人才的能力，而不是单纯的商品、服务和资本的竞争。一个国家或地区越包容、开放，能够调度和吸引的人才就越多。越来越多的拥有创意，依靠创意彰显自己人生价值和生存价值的人正在城市中崛起，逐渐形成了创意阶层，创意阶层是现代生活方式和消费的引领阶层，极大地推动了创意经济的发展。高校是创意经济的知识中心，为其提供了其他两个发展要素：智慧和宽容。高校的教育体系应当能够反映并加强创意经济时代的价值观及其重要性，教育改革的核心思想应当是把学校变成人类创新能力生根发芽的地方。

然而，2004 年，哈佛大学经济学教授爱德华·格莱泽、路易斯维尔大学教授史蒂芬·劳施和辛西娅·内格里指出理查德·佛罗里达的创意资本理论与传统的人力资源理论别无二致。他们认为佛罗里达提到的城市开放度只是文化要素之一，而文化是经济发展研究中的常量，因此一个城市的创意人才吸引策略只是表面的方法而已，而并非要改变一个城市的文化。创意本身未必会带来经济成功。[④] 宽容度指标是弗洛里达 3T 理论中最具创新的观点，但也是遭受质疑最多的，比如他提到的同

115

① 叶朗：《（2010）中国文化产业年度发展报告》，北京大学出版社 2010 年版，第 124 页。

② 包晓光：《文化创意：大学的选择——北京市文化创意产业专业与学科建设研究报告》，中国广播电视出版社 2010 年版，第 45～55 页。

③ 理查德·弗罗里达：《创意阶层的崛起》，中信出版社 2010 年版，第 6～8 页。

④ 胡惠林：《我国文化产业发展战略理论文献研究综述》，上海人民出版社 2010 年版，第 89～98 页。

性恋指数对城市发展的影响就受到了一些学者的批评。

理查德·凯夫斯在《创意产业经济学——艺术的商业之道》中，就创意人才与其他人才的差异性做了阐述，他认为创意人才在生产过程中，并不像其他产业的雇佣者一样仅仅重视金钱，而是更加重视自己作品的艺术表现力和精神影响力。[①]

中国对文化创意产业的相关研究最早开始于 20 世纪 80 年代末，但对人才培养的研究迄今尚未真正展开，仍处在探索阶段。

跨学科、跨领域的文化创新与文化产业研究在开放有序的信息结构与复杂的文化书写中重构当代人文社会科学；自然科学核心技术体系的裂变与创新，奠定了认知科学的技术理性基础，中国文化的复兴与创新，提供了内容、资源与经验、规律。生态文明的认知科学重构与后经济学的文化重构，正在形成人文社会科学文化创新与文明创造科学融会的核心体系与应用发展的广阔前景（皇甫晓涛、熊澄宇，2006）。[②]

2008 年初，英国学者尼克·克里夫顿对弗洛里达提出的"创意阶层"的概念进行了深化，他将创意阶层细分为超级创意核心人才（super-creative core）和创意职业者（knowledge-intensive industry）两类。[③]创意核心人才包括科学家、工程师、大学教授、诗人与小说家、艺术家、演员、设计师、建筑师，还包括现代社会思想的引领者，如编辑、文化人士、咨询分析师等，他们负责文化创意产业的创意、策划或设计；创意职业者则是在知识密集产业工作的人员，如在高科技公司、金融服务界、法律界、医疗企业等知识密集型行业的专门职业人员，包括经理人、财经、法律界人士等，他们运用创新解决问题，运用复杂的知识找到创新的解决方案。[④]中国对文化创意产业的相关研究最早始于 20 世纪 80 年代末，但对中国创意人群的集聚与培养的研究仍处在探索阶段。

---

① 清华大学美术学院中国艺术设计教育发展策略研究课题组：《中国艺术设计教育发展策略研究》，清华大学出版社 2010 年版，第 47 ~ 65 页。

② 刘仲林：《中国交叉科学（第三卷）》，科学出版社 2010 年版，第 79 ~ 86 页。

③ 胡惠林、陈昕：《中国文化产业评论（第 18 卷）》，上海人民出版社 2013 年版。

④ 胡惠林、陈昕：《中国文化产业评论（第 18 卷）》，上海人民出版社 2013 年版，第 46 ~ 61 页。

6.1.3　人才分类相关理论

国内外学界对于人才分类进行了一系列探索。向勇将文化创意产业人才分为七类，其中包括：创意人才（艺术家、设计师、导演等）；技术人才（音乐制作人、录音师、摄影师等）；经营人才（社长、团长、经理人等）；营销人才（营销总监、市场推广主管等）；通路经营人才（戏剧经营者、拍卖经销商等）；管理人才（经理、总编、总监等）；研究人才（教授、研究员、咨询顾问等）。[①] 澳大利亚政府 2007 年发布的《澳大利亚创意产业报告》（Australia's Creative Economy）中提出了文化创意产业人才"三维能力指标架构"，澳大利亚研究委员会（The Australian Research Council，ARC）、澳大利亚创意产业与创新卓越中心（Excellence for Creative Industries and Innovation，CCI）将文化创意产业人才分为以下三种类型：专业型工作者，在创意产业中从事创造性职业；镶嵌型工作者，在其他产业中从事创意性职业；辅助型工作者，在创意产业中从事其他职业。联合国教科文组织（UNESCO）在《2009年文化统计框架》（2009 UNESCO Framework for Cultural Statistics）中将文化创意产业人才分为图书馆人员、档案馆人员和策展人；作家、记者和语言学家；创作及表演艺术家；艺术、文化和烹饪相关专业人员；广播、音效和视觉技术专业人员；工艺品及印刷工作者（包括所有使用黏土、金属、玻璃、木材和纺织品等媒材的工艺品工作者）。借用美国竞争力委员会《创新美国》工作报告中对 21 世纪创新劳动力的诠释，从人才维度分析，文化创意产业人才是具备深度、宽度、广度的人。所谓深度，就是要有一定的理解能力与掌握专业知识的能力；宽度是团队协作的能力，是将不同学科知识在工作中进行融会贯通的能力；广度是要具备接受各方面知识的能力。[②]

6.1.4　文化创意产业人才培养相关理论

高等教育是人才培养的重要途径，高校的角色地位决定了其对文

---

① 　向勇：《文化产业人力资源开发》，湖南文艺出版社 2006 年版，第 76～83 页。

② 　吴军：《吸引创意阶层流动与聚集：人文环境与场景——西方创意阶层理论综述》，载于《中国名城》2019 年第 5 期。

化创意产业发展的贡献。随着现代知识经济时代的到来，本着与时俱进的理念，高校应该走出象牙塔，密切加强与社会的联系，在理念探索、学科建设、研究方法、人才培养等方面对文化产业做出贡献（蒋述卓，2010）。

研究者们对目前高校文化产业人才培养中出现的问题做了分析，并给予相应建议。高校文化产业人才培养首先是基础理论研究不足，其次是师资力量的匮乏，最后是教材缺位。应进一步拓宽人才培养渠道，充分利用各种力量加大人才培养力度的措施。[1] 虽然高校在文化创意产业的发展中扮演着重要的角色，但当前高等教育的滞后却制约了文化创意产业的发展，文化创意产业的发展与高校人才培养模式机制之间存在明显的脱节现象。过度的学术专业分科、简单堆积的课程学分、孤立的校园文化、过度重视经济化效益的产学研一体化以及行政干预等造成了文化创意产业人才培养严重滞后。[2] 学校教育与市场需求不适应、理论教学与专业实践不适应、师资队伍与人才培养不适应、科学研究与人才教育不适应是高校文化产业人才培养中的主要问题，应从调节适应和主动发展机制、"复合型"和"双师型"师资队伍建设机制、实验实训基地建设机制、改善高校评价机制等四个方面进行突破。[3] 可以尝试"学校—企业—社会"三位一体的"三加工"文化创意产业人才培养模式。[4] 高校传统的人才培养方式缺少对创新能力的塑造，创意能力的培养需要创意型教育模式，以应试教育为目标的教育模式无力解决创意人才的短缺。[5] 文化产业人才主要包括管理型、创意型和市场经营型三种类型，目前高校人才资源供给难以与文化产业的发展需求有效对接，应整合高校教育资源，面向文化产业不同层次的人才需求，量身定制，构

① 张友臣：《关于我国文化产业人才培养的忧思》，载于《东岳论丛》2006年第2期，第71~74页。

② 吴予敏：《基于新媒体产业环境的创意人才培养》，载于《深圳大学学报（人文社会科学版）》2010年第5期，第99~100页。

③ 姚伟钧：《高校文化产业人才培养现状与创新的思考》，载于《福建论坛（人文社会科学版）》2011年第2期，第14~16页。

④ 陈要立：《文化创意产业发展机理框架的构建及政策建议》，载于《郑州轻工业学院学报（社会科学版）》2012年第6期，第73~76页。

⑤ 陈红玉：《创意产业与创意人才培养》，载于《南京艺术学院学报（美术与设计版）》2012年第2期，第28~31页。

建有层次的培养网络。①

利用模块化教学，动态调整、交互融入、互利共赢能够进行产学结合培养。文化创意产业孵化器为学生提供研发、生产、经营的场地，通信、网络与办公等方面的共享设施，同时辅之以商情分析、成果鉴定、企业战略、人力资源、财务管理、法律顾问等多种形式的管理咨询服务，具有创业、孵化、实验、研发、培训、展示、交易、示范、辐射等多种功能。② 高校文化创意产业孵化器是实现文化创意产业人才培养、创意成果转化和服务创意经济的平台，引导社会各界认识创意、体验创意、消费创意、享受创意，具有强大的创意资源聚合与创意辐射能力，在高校打造产学研一体平台中发挥重要作用。③

文化创意产业的发展与高校艺术教育有紧密的联系，二者在学理背景和人才基础层面上是传承相依的关系。文化创意人力资本的大量投入和文化创意阶层的崛起基础就在于艺术教育。艺术教育作为文化创意产业各类人才培养的最重要途径，从根本上承担了向文化创意产业源源不断地输送可持续发展人才基地的作用，是文化创意产业的源头和基础。艺术教育同时也是实现人类艺术化生活理想的坚实脊梁，高校艺术教育培养造就具有较高艺术素养和知觉思维能力的人，使艺术欣赏和创造活动作为一种知觉思维活动，激发唤起人之本能的创造性，从这个意义上，文化创意产业是艺术教育在知识经济时代的延伸和发展，艺术教育促进文化创意产业的规模发展和结构的进一步优化，在艺术产品及相关服务的创新、传播、应用方面发挥着不可替代的作用，文化创意产业的发展反过来推动高校艺术教育的发展。④ 钱晓芳通过分析艺术院校在文化产业中的育人作用、引领作用、服务作用和创新作用，进一步阐释了高校艺术教育在文化产业中的重要使命。⑤

---

① 马凤芹、王凌霞：《高校文化产业人才培养策略探讨》，载于《教育探索》2013 年第 6 期，第 87～88 页。

② 王志标：《文化产业人才培养的困惑与产学结合的探索》，载于《学术论坛》2012 年第 10 期，第 65～70 页。

③ 卜希霆、李伟：《创意的聚合与辐射——高校文化创意产业孵化器研究》，载于《现代传播—中国传媒大学学报》2009 年第 4 期，第 105～107 页。

④ 项仲平、刘静晨：《文化创意产业背景下高校艺术教育的发展路径探究》，载于《浙江传媒学院学报》2009 年第 3 期，第 71～74 页。

⑤ 钱晓芳：《艺术院校在文化产业发展中的担当》，载于《新美术》2010 年第 3 期，第 93～97 页。

在人才培养的核心目标与特征等方面，有学者提出高校需扭转应试教育对学生创新思维的扼杀，激发、培养学生的"创意冲动""创意快乐"，打好学生的人文底蕴，重视创新型人文教育，培养有原创意识和文化精品意识的内容创意人才，充分发挥大学的文化辐射作用，主动为地方建设服务，适应时代的需要。① 文化产业人才培养的核心目标是培养具有文化产业专业思维的创意经理人，创意经理人是富有创意领导力的人。创意领导力包括基础创意管理能力和专业创意管理能力。专业创意管理能力又包括了文化行业经验、创意价值鉴别力、审美辨别力、创意控制力、文化界人脉资源、文化市场营销力和政策运用力。② 单纯的本科教学承载不了这些能力的培养，文化产业的人才培养层次重点应在硕士阶段，重点培养具有文化产业核心思维理论和操作运营技能的硕士研究生。高校应成立以培训创意能力为目标的创意领导力学院、设置以培养创意经理人为目标的创意管理硕士专业教育。如果要开设本科专业，建议开设双学位，本科生在接受传统学科训练的同时，选修文化产业本科双学位，重点建设文化产业概论、文化产业管理学、文化产业经济学、文化资源与文化产业、文化创意研究、文化产业项目管理、文化产业版权管理、文化产业法规、文化产业案例研究和文化产业商业实践等核心课程，针对创意管理能力的核心胜任力进行训练。

靳埭强通过汕头大学长江艺术与设计学院推行的教学改革，帮助学生在学习过程中自主追求学问，引导学生终生学习，贯彻心手合一的教学理念，采用适当的方法启发创意思维，培养学生的跨界能力和设计伦理精神，关注人的培养，而不是职业训练。③

有学者从国外文化创意产业人才培养中得到了启示。范小舰认为是个人主义衍生出的独立进取的人格精神，激发了美国人的个体创新，这是美国创新人才培育的价值观基础。创意产业的内核是创新，创新人才培育是创意产业得以勃发的第一要务。④ 以游戏产业为例，微软、索

---

① 杨燕英、张相林：《我国文化产业创意人才的素质特征与开发》，载于《中国广播电视学刊》2010 年第 9 期，第 33～35 页。

② 向勇：《文化产业创意经理人胜任力素质研究》，载于《同济大学学报（社会科学版）》2009 年第 10 期，第 57～62 页。

③ 靳埭强：《浅谈创意人才培养》，载于《装饰》2011 年第 1 期，第 54～55 页。

④ 范小舰：《美国文化创意产业培育与启示》，载于《求索》2012 年第 7 期，第 84～85 页。

尼、任天堂等新游戏主机的成功，得益于美国文化创意产业专业人才的脱颖而出。为此，美国各大高校纷纷开设了与游戏开发与管理相关的专业及教学课程，宾夕法尼亚大学设置了电脑游戏技术硕士班，华盛顿大学甚至还提供游戏设计的专业认证。目前，美国设置游戏专业课程的高校已达 50 多家，为美国文化创意产业的发展提供了雄厚的人才后备力量。相比之下，中国文化创意人才培养大多脱离产业发展实际，要切实调整文化创意人才培养方案，务实培养具有创意能力和策划能力的高端人才。

6.2　文化创意产业人才的分类与特性

在不同的国家和地区，文化创意产业的分类各不相同，因此文化创意产业人才的类型也是十分多样的，针对不同的领域，人才对其的经营与管理的方式方法也相对不同，所需要的专业知识、专业技能、审美甚至是专业个性都是有一定差别的。本文主要介绍三种分类。

121

6.2.1　依据产业链环节的人才分类

1. 文化产业创意生产者

创意生产者，是从事内容创作和设计制作，以技术介入与产业化方式，制造和营销不同形态的文化产品，并提供各种文化服务的人才。创意生产者是产业发展的最核心力量，要求具有广博的文化视野和杰出的创意能力。创意生产者了解人们喜欢什么样的产品，不喜欢什么样的产品，了解人们对产品价格的期待和接受空间，在新产品的创意策划中知道如何保证产品质量和降低成本，因而能够生成创意，并加工制作出可以打入市场的新产品。

创意生产者分为个体形态的创意主体和团队形态的创意主体。个体形态的创意主体是指具有法人资格的从事创意产业的个体自由职业者，主要分为创意产业产品的策划生产者和创意产品经纪人两类。在创意产业发达的国家中，媒体撰稿人、作家、诗人、音乐家、画家、戏剧影视导演和演员、服装设计师、会展策划师、影视制片人、艺术品经纪人、咨询研究专家、体育经纪人等绝大多数是自由职业者。他们存在于创意产品生产经营的各个环节中，活跃于文化市场和创意资本市场中，为社会有偿提供文化产品或服务，从事文化产品或服务的经纪活动。这些人是创意产业创意主体的有生力量，担负着文化与经济的结合、文化创新、经济思维的创新等任务。① 团队形态的创意主体是指没有独立法人资格的文化企业中专门为企业的发展、经营和产品研发承担创意任务的员工队伍。产品创意、研究和开发为该团队的主要工作内容。在发达国家的文化企业中，大都设有产品研发部门和经营战略研究部门，汇聚了一批创意产业产品创意、研究和开发人才以及经营管理人才，同时他们也从企业外聘请了一批客座专家学者，组成一支兼职团队，为企业发展、经营，特别是对新产品新技术进行研究，向企业的最高行政执行官（总经理）或董事会提供经营战略战术思想或具体建议，为企业产品的改造完善或新产品的开发储备进行研究试验工作。②

2. 文化产业创意策划者

从事知识咨询、专业评论、活动策划、信息对接及组织承办等的人才。要求具备丰富的文化艺术素养、策划、企业经营管理等各种综合知识，熟悉市场营销、商学、社会学、教育学和传播学等学科。创意策划者顾名思义就是用大脑策划出各种创意，具有策划能力的人。创新是创意策划者的生存之本。从事知识咨询、专业评论、活动策划、信息对接及组织承办等的人才统称为创意策划者。这类人才要求具备丰富的文化艺术素养、策划、企业经营管理等各种综合知识，熟悉市场营销、商学、社会学、教育学和传播学等学科。创意策划者包括广告策划人、图书策划人、房地产营销策划人、展览策划人等。他们对现有资源进行优化整合，以最小的代价或者最低的投入达到最终的预期目的，把创意以最优的形态展现给受众。他们不仅具有专业技能和创意灵感，同时也是创意的生产者；还具有独一无二的创意和跨越式思维，是创意的引导者。创意策划者除了具有敏锐的市场洞察力和分析判断力，还要对创意活动进行及时全面的构思谋划，制定可操作性强的方案设计。

---

①② 江奔东：《文化产业创意学》，泰山出版社 2009 年版，第 26~28 页。

3. 文化产业创意经营管理者

创意经过生产者的开发制造转变为创意产品，但是生产出来的创意产品还不能实现创意价值，这就需要创意经营管理者在市场化的过程中对创意产品进行服务与营销，从而实现创意产品的价值。

经营人才是从事市场调研预测、生产、营销、售后服务等的人才，为资产运营方向负责。在一定程度上，经营人才决定着文化创意企业的成败。管理人才是能够对产业环境进行科学评估和把握，站在行业角度审视企业发展方向，制定发展战略的人才，要求具有较强的综合素质，能够将专业知识与其他领域的知识有机结合。

创意产业的经营管理人才包括公司经理、项目经理、拍卖师、评估师、经纪人、中介人、制片人、画廊经理、书商等。[1] 由于创意产业独有的特征，创意经营管理者不仅要精通创意产业的经营与管理，而且要掌握创意产业的内涵与本质，使创意经营管理者成为既掌握创意产业的品质，又精通经营管理的多面手。创意产品要想被市场接受，就需要由创意产业的经营管理人才对社会的文化需求进行预测，对创意产品的推广传播过程进行服务与营销，对创意产品进行投入产出的核算与分析，全面协调控制创意产业运行。

6.2.2　根据工作范围内容属性分类

1. 创意人才

创意人才指宏观层面的具备创意思维的高素质的综合人才，所涵盖的领域极其广泛，不仅包括实施专业技术的原创人才，还包括为文化创意产品的生产、展示、推广、交易、传播以及衍生品的开发、生产、经营服务的技术人才和经营管理人才，比如文化创意产业营销总监、市场推广主管、戏院经营者、拍卖经销商等。同时，创意人才又可以指以创意作为知识核心的，通过专业手段和技能创造出富有新意、符合市场需求的文化创意产品（包括有形产品与无形产品）的专精人才。通常他

---

[1]　厉无畏：《创意产业导论》，学林出版社 2006 年版，第 224 页。

们学习和从事该领域的时间较长，对产业有比较深刻的了解，能够结合内外部因素如国情和社会实际以及产业内部情况进行不断创新。他们能利用长期积累的专业知识和技能，结合对社会文化的较深理解来执行创意，如艺术家、设计师、导演等。

2. 技术人才

主要指掌握一定文化创意产业的专业技术，为文化创意产品提供技术支持的专业人才，如程序设计、包装印刷、影视工程技术、摄影摄像技术、出版发行等方面的人才，如摄影师、录音师等。

3. 经营管理人才

即从事产业内产品及其衍生产品的市场经营和企业内部经营管理的人才。例如，职能部门经理、项目经理、策划总监、经纪人等。

目前，在这三类当中，创意人才和经营管理人才是我国最为紧缺的，也是文化创意产业人才培养的焦点。

124

6.2.3 根据人才的层次结构分类

1. 高端人才

主要包括可以开拓新领域，提供新思路，完成符合市场需求的新作品的原创人才，掌握尖端技术，拥有较强研发能力，以及深谙市场、善于经营、精通管理的企业管理者和精通创意内容产业化、市场化运作的经营者。

2. 中端人才

主要包括常规经营管理、职能管理的经营管理人才，在这个层面，国内人才的流通跨度较为常见，比如学习工科的人才在积累数年工作经验之后会被任命到与其原本专业关联性不强的领域去做管理人员，这种人才通常具备某一方面的技术才能，同时兼具较为丰富的工作经验。

3. 低端人才

主要包括熟练掌握产业相关专业技术，不涉及技术研发工作的技术支持人才和经营管理活动中的基层人员。

本书在这里所指的高、中、低端人才并不是字面意思理解的将人才划分为高、中、低三档，而是根据产业发展过程中的不同阶段——起步、加工、发展成熟三个阶段，亦是针对不同领域和侧重进行的一种陈述，不具备主观评判色彩。

文化产业发展所需要的人才是具备综合素质的复合型人才，这种人才需要具备核心竞争力，要能打造出民族优秀品牌，能适应瞬息万变的国际、国内市场需求，不断拓展国内外市场的文化创意产业人才，是结合中国实际引领创意经济发展到制高点的高技能高素质人才。这里所指的高技能是相对于初、中级技能人才和一定历史时期而言的。随着产业结构的调整，科学技术的发展，人才的外延与内涵会逐渐发展，他并不一定是某一领域的专家，但一定是懂得结合自己所学及个人视野对这一领域的发展道路和方向有独特引领能力的人。另一方面要强调高素质，高素质是一个衡量综合能力的概念，是随着社会的发展，各地区域经济发展的不同而综合处理程序化之外事件的一种能力，能做到遇事冷静，果断处理问题。简言之，需要具备以下几种能力：有必要的理论知识；有丰富的实践经验；有较强的动手操作能力并能够解决生产实际操作难题；有创新能力以及良好的职业道德。

6.2.4　创意人才特点

产业特征不同，支撑产业发展的人才特征势必会不尽相同。文化创意产业人才的思考方式、工作方法、人生态度与行为模式都与其他产业人才不同。根据弗洛里达和克里夫顿对创意阶层的分类，超级创意核心层的人强调艺术和创作自主性与自由，是波希米亚气质型人才（bohemians），[1] 而另一类是具有能够欣赏波希米亚气质的布尔乔亚人（bourgeoisie），[2] 如管理、金融和法律服务等方面的创意职业阶层。[3]

125

---

[1]　用来形容富有"小资情调"带有轻微浪漫色彩，富有忧郁气质的人。

[2]　指资产阶级，是根据一些西方经济学思想学派，尤其是马克思主义为资本主义社会所做的阶级划分当中的富有阶级之一。

[3]　张苏秋、彭秋玲：《分工视角下创意阶层集聚的影响因素研究》，载于《江苏社会科学》2019 年第 4 期，第 115 页。

弗洛里达认为，属于创意阶层的人们虽然所从事的行业不同，但他们具有共同的特点。首先他们具有创意与创造力。他们经常会有创新的想法，发明新技术，乐于从事创造性的工作；其次，创意阶层的成员拥有共同的价值观。他们尊重个性，竞争与实力主义优先，喜欢开放与多样的城市社会环境，具有重新修改规则、发现表面离散的事物间联系的能力；最后，创意阶层具有独特的生活方式以及价值取向。他们在选择工作的时候，除了关注工资以外，还很重视工作的意义、灵活性与安定性、同事间的关系、公司软硬件以及公司所在城市等其他因素。在业余文化生活方面，他们喜欢自行车、攀岩、潜水、滑雪等参与型的体育运动。从个人生活层面，创意阶层的工作时间延长，经常会推迟结婚生育。他们的工作与生活取向将对城市、社区产生影响，并对服务行业产生影响。① 艺术家是符号的创造者，是超级创意核心层的重要组成部分，他们与只关心报酬的普通雇佣工人不一样，除了收入，他们还关注自己作品的创造性和艺术成就，这是文化创意产业人力资本与其他产业最主要的区别之一。文化创意产业劳动力市场也因此拥有大量的自由职业者和兼职者，这些人将自身整合到文化创意项目的社会网络中，在不同的项目中"漂流"，创意是其获得项目委托的资本，他们在不断地"漂流"中学习积累，养活自己的同时也扩大了作品的声誉度，奠定了艺术的成就。创意职业阶层的相关人才既然是能够欣赏波希米亚气质的人，他们的身上也多多少少带有这种气质，是文化创意项目的委托人，不仅要将创意作品转化为商品，同时也要关注创意核心群人才作品的创造性与艺术成就。他们具有全面的科技和人文素养，完整的知识结构和全新的认知与判断思维模式，能够掌握新兴技术和艺术表现形式的规律，而文化创意人才应该具备以下特征与素质。

1. 文化创意产业人才应具备的特征

（1）创新性。

这是无可厚非的前提与条件，只有具备了创新能力才能谈发展，才能谈价值，才能促进产业的可持续发展。

---

① Richard F, *The Rise of the Creative Class* [M]. Basic Books, 2002: 13-15.

（2）专业性。

专业性即掌握一定专业知识和技能，将创意变为现实，或经营推广文化创意产品的能力。由创造性和专业性做铺垫，文化创意产业人才必然具备价值性。文化创意产业是依靠创意产生经济价值的产业，那么文化创意产业人才必然要有创造和实现经济价值的能力。

2. 文化创意产业人才的素质

文化创意产业是一种结合时代而生的新型产业，最首要的特征就是高科技性和快速发展性，所以，创意产业人才也必须是符合时代发展的，跟得上时代脚步的人才，同时产业的发展需要人才来带动和引领，因此创意产业人才需要有一种专业的自信心，这种自信心既包含了对自有知识的掌握又包括了对行业的未来抱有勇敢的开拓精神。同时还要具有敬业的精神，千里之行始于足下，一个行业的开拓是艰难的，这也要求开拓者们需要本着专业执着的态度和不畏困难挫折的精神去工作和学习，要善于利用资源，利用自己的优势为产业做出贡献。

向勇（2011）通过问卷调查分析及案例验证，构建了文化创意职业人才的胜任力双素质叠合模型，并对模型中的 27 项素质做了以下两个层面的分解：创意经理人基础胜任力（20 项），包括服务意识、组织管理能力、个人影响力、主动性、遵守规则、谈判能力、责任心、注重质量、战略思维、分析性思维、公关能力、沟通、风险意识、敏感性、捕捉机遇、正直、诚信、公平性、团队精神、自我控制；创意经理人专业胜任力（7 项），包括文化行业经验、创意价值鉴别力、审美辨别力、创意控制力、文化界人脉资源、文化营销力、政策运用力。也可以从 5 个维度归纳，即品德素质（诚信、责任心、正直、公平性、自我控制、团队精神、注重质量）、经营管理（主动性、公关能力、谈判能力、文化营销力、战略思维、服务意识）、创意特质（审美辨别力、分析性思维、沟通技能、文化行业经验、创意价值鉴别力）、社会影响力（遵守规则、政策运用力、个人影响力、文化界人脉资源）和成就欲望（创意控制力、敏感性、冒险精神、捕捉机遇、组织管理能力）。[1]

文化创意产业使市场的雇佣关系发生了变化，越来越多的人倾向于

---

[1]　向勇：《创意领导力——创意经理人胜任力研究》，北京大学出版社 2011 年版，第210 页。

灵活就业，要么自主创业，要么是项目兼职。由此，人才在文化艺术和商业之间形成了一种张力，对他们而言，强调创造性、感悟、灵感和市场为导向以及终身学习的能力似乎更为重要，但是传统的正规教育和文化积累往往会压制创意，也会忽略市场的需求。从这个意义上，文化创意产业人才的培养向传统教育提出了挑战。

与其他产业人才相区分的是，文化创意产业人才应当具备以下素质：

（1）较为专业的文化个性。

专业的文化个性既包括对本国乃至世界文化的认知、了解和领悟，又包括了文化创意人才在自我个性上的培养修行和选择。

首先，要成为一个产业的引领者甚至是变革者，必须要具备深厚的文化底蕴，代表一个国家和民族的精神文化特性。文化是时代精神、人文精神和民族精神的集中体现，是一个国家先进文化前进方向的内在体现，是国家发展、民族进步的支点。人的精神世界是丰富多样的，繁杂多变的，但总体来说都必然有一个占主导思想地位的意识，这个意识在"小我"的层面决定了其社会存在，决定了其经济地位、阶级属性、政治面貌等，在"大我"的层面就是一个群体乃至一个民族的文化主流，这种民族精神是一个国家文化的基础，是一个政党执政的方针理念，是全社会的精神支柱。中国的传统文化正是我们的祖先在世世代代的社会实践中逐渐形成的民族的基本精神。如"天行健，君子以自强不息""天下兴亡，匹夫有责""己欲立而立人，己欲达而达人"等，都是中华民族走向兴旺发达的精神支柱，是东方文明"文化"意识的厚重体现。

其次，文化创意产业人才需要有足够清醒的意识，利用科学的知识和发展观不断地学习和开拓自己，了解自己的个性，扬长避短发挥对专业积极有力的个性，利用自己的个性和学识在专业领域内"做加法"。外界经常报道乔布斯性格易怒、强势、不近情理、难以相处，对同事和下属苛刻，他曾向苹果电脑操作系统工程师拉里凯尼恩抱怨苹果电脑开机时间过长，当后者向其解释原因时，乔布斯当即打断了他，他在一块白板前演示：如果有 500 万人使用 Mac，而每天开机都要多用 10秒，那么加起来每年就要浪费大约 3 亿分钟，这相当于至少 100 个人的终身寿命，这样的"苛刻"令凯尼恩震惊，也令所有听闻故事的人震惊。① 在事业的完善上，这样的苛刻就是在做加法。

（2）丰富的想象，敏锐的洞察力，专注实现想法的执行力。

乔布斯的好友，亿万富翁拉里埃里森曾经这样概括过他的天赋："他有一个工程师的头脑和一颗艺术家的心灵。"但事实上乔布斯既没有在科学和工程方面印证自己的天赋，也没有在艺术创作上展现出过人的才华。他不是一个发明家，尽管他为自己申请了 100 多项苹果专利的"合作发明人"，从 iPod 的用户界面到苹果体验店里的玻璃浮梯，乔布斯真正的才华在于发现，对人对物的细致观察和思考，独特的鉴赏力，以及非凡的管理和领导能力。纵览乔布斯的作品，不难发现质量专注和可用性的例子：iPhone 上图标的设计，细节非常到位，比如备忘录的图标上可以看到便笺纸被撕去所残留下的边缘。

（3）对未来事物的发展具有预见性。

创意人才要对未来事物发展具备一定的把握能力——远见卓识，神机妙算，超前思维。孙子思想历经千古仍可"经世致用"于人类世界，关键在于其思想的预测功能。生长在新兴地主阶级家族中，自幼受地主阶级思想熏染，加上个人的天资聪颖勤奋好学，年轻时孙子的政治才华和远见卓识就十分突显，他在《吴问》中发表了自己对于当时社会发展的见解。他认为，三家分晋以后，实行大亩制、低税率，以此鼓励地主拥有更多田地，农民多耕地，这种思想集中反映了封建制度必定取代奴隶制度的社会必然趋势，而赵氏最终取得晋国政权的历史事实也向我们证明了孙子对未来时态发展把握上的精准和到位。在《孙子兵法·始计篇》中，他提出"夫未战而庙算胜者，得算多也"的理念，主要指在开战用兵之前，将敌我双方的具体情况进行分析比较，从而得出判断，这种思维方法也就是我们现代人所说的超前思维。而在日常生活中，这种超前思维的运用范围极其广泛。古人云"未雨绸缪"，也是这个道理，作为推动和引领一个产业发展的人群，能够对行业、社会乃至国内外事物发展做出有依据的分析和判断，这也是文化创意产业人才需要具备的一项重要能力。

（4）宽阔的胸怀和视野，百折不挠的意志。

文化创意产业人才要做到引领产业的发展，除了具有前瞻性和远见

---

① 谢碧君、吕庆华：《企业创意人才胜任力及其测评研究综述》，载于《河南商业高等专科学校学报》2015 年第 3 期，第 56 页。

以外，更要具备宽广的胸怀，这种胸怀包括了在行业内宽容包容的人格个性，还有对瞬息万变的市场的包容能力，同时对正确的发展方向和决策予以坚定地实施。一个想法和决策的实现不是一朝一夕就能获得的，需要长时期的努力和坚持，科学家为了发明可以在实验室几天几夜不睡觉，甚至几个月不离开实验室，就是这种意志力最终使他们获得了成功。

6.3　文化创意产业人才现状

6.3.1　中国文化创意产业人才现状

随着文化产业的飞速发展，文化产业从业人员也呈现出连年增长的态势，2015 年，我国文化类就业人数达 1274 万，占就业人口总数的5%，创造增加值 3577 亿元，占 GDP 的 3.1%。[①] 近 5 年，随着文化产业的飞速发展，文化产业从业人员也呈现出连年增长的态势，2016～2020 年期间，中国文化产业从业人员的占比提高了 6% 左右。[②] 最近几年，中国高等教育事业蓬勃发展、高等教育水平飞速提升，一些高中文化水平、大学文化水平的劳动者也开始进入了文化产业，极大地推动了文化产业的飞速化发展，该方面人才质量也发生较大变化，但是上述情况也充分表明，中国文化从业人员的增长量非常有限，文化产业就业吸收能力相对较弱，文化产业人员增速、文化产业 GDP 增长与现实匹配能力不配套，同时也与中国文化产业人才缺口构成了相对比较鲜明的对比。另外，文化产业从业人员的结构不太合理、缺乏一些创新型人才、高端人才，现行的人才培养机制也对中国中高端文化人才涌现造成了重大影响，对文化产业的发展创造力造成了持续影响。总体来说，中国文化创意产业人才规划滞后于产业发展，缺乏先导效应，人力资本支撑环境和培养教育也存在诸多问题。内在结构优

---

① 郑煜：《文化产业管理专业人才培养模式现状及问题分析》，载于《才智》2016 年第31 期，第 195 页。

② 苏昊：《文化产业视域下人才培养机制创新路径探索》，载于《文化创新比较研究》2021 年第 5 期，第 169 页。

势不明显，大量同质同类低端人才竞争激烈，高层次人才稀缺，数量和质量存在严重偏离，媒体的高调宣传与实际情况相悖，长远发展隐含危机。

6.3.2 中国文化创意产业人才匮乏的主要原因

1. 传统文化事业体制的影响

计划经济时代，文化作为一种事业存在，长期以来实行重行政指令的非营利管理模式。这种机制导致文化体制改革之后，很多人直接从文化领域的官员变成了文化企业的领导者，这种转变仅仅是身份的转变，这些人缺乏经营管理技巧和市场运作经验是必然的。

2. 文化创意产业自身发展原因

文化创意产业是新兴产业，发展历史并不长，中国文化创意产业是自上而下由政府催生的，并非从市场中成长起来。这种情况下，人才储备跟不上产业的实际需求。

3. 对文化创意产业的认识偏颇

中国文化创意产业一直存在泛市场化和唯市场化导向，如房地产泡沫一样，中国正在制造文化的泡沫，譬如最近艺术品收藏市场的异常火爆，譬如很多地方的文化创意产业园区沦为房地产商圈地的手段。政策的制定者与执行者、业界的专家和学者、企业家等对文化创意产业有清醒认识者并不多，更多的是一哄而上，想分一杯羹的利益攫取者。短视行为的背后，是对人才培养和人力资本开发的短视。

4. 教育体制使然

中国从小学到大学的教育体制并不鼓励创新创意，培养出的人才是整齐划一的标准件，而高校也没有及时跟上产业转型的步伐。与其他产业相比，文化创意产业对人才的要求更高。目前的教育体制，势必培养不出合格的文化创意产业人才。

131

6.3.3 中国文化创意产业主要缺乏人才类型

1. 缺乏管理人才

"从某种程度上讲，懂得国际经营的管理型人才对提升中国的文化创新能力比创意人才更重要，因为企业家的创造可以促进创新的平台，为创意人才提供发挥的基础"。[①] 文化创意产业现有管理人员的开拓能力、创新精神和创新能力不够强、专业化程度不高，有战略思维、较高的专业素养、具有丰富的文化创意产业运作及经营管理经验、熟悉国际惯例和规则、擅长媒介市场运作的人才短缺。

2. 缺乏创意人才

文化创意产业的核心是"创意"，产业的基本运行方式是利用人的智慧、技能和才华，通过灵感与想象力的发挥，借助高科技对文化资源进行创造与提升，进而与制造业结合，生产出符合市场需要的产品。创意人才是具有原创能力和技术能力的内容人才，包括策划人、漫画家、高级动画制作员、游戏研发员、设计师等。目前我国对游戏动漫及周边产业链行业人才需求持续增长，但每年的高校毕业生中，真正的创意人才却是显有。创意人才的缺乏直接导致了结构性失业，一方面是高校大量扩招后毕业生难找工作，另一方面是市场需要的人才奇缺。人才的缺乏造成产业创新能力不足，产业转型步履艰难。

3. 缺乏复合型人才

复合型人才就是"通才"，即以某专业为主又兼通其他相关领域知识的人才。文化创意产业复合型人才是能将创意与管理经营融为一体的人，是既懂文化艺术又懂经营的人，这种人才的成长期比较长，数量也相对较少。中国文化创意产业发展还在初级阶段，高校人才培养还在探索之中，复合型人才的大量出现还需假以时日，当然，因为复合型人才是稀缺资源，这个"大量"也是相对的。

---

① 陈少峰：《走向文化产业强国的对策思考》，载于《福建论坛（人文社会科学版）》2011 年第 4 期。

6.4　创意文化产业人才的培养

创意文化产业的发展需要相关人才的支撑，而人才的培养问题是重中之重，广义而言人才的培养包括社会培养和高校培养，而中国创意产业人才的人才培养主要是通过高校完成，因此本文主要针对高校对文化创意产业人才的培养展开研究。

6.4.1　高校在创意文化产业人才培养中存在的问题

1. 学科建设定位混乱

专业培养体系不健全。2012 年之前，文化产业管理专业长期没有明确的学科归属，只在本科目录外专业中占有一席之地，虽然被划分在管理类学科下，但是在学科门类、一级学科、二级学科目录中，并没有"文化产业"或者"文化产业管理"专业。缺乏宏观统筹，分类模糊，学科没有明确的界定和区分，找不到"婆家"的情况严重影响了学科建设的定位，各高校在学科建设思路、课程设置、教材选择等方面存在较大差异，没有统一的标准，既缺乏重点，也缺少个性。由于长期属于目录外专业，文化产业管理专业在各高校归属的门类不一，有归属经济的、历史的、文学的，也有归属新闻的、传播的、艺术的，专业方向设置更是五花八门。因为本科培养学制规定，这种专业归属混乱的现象直到现在仍未得到根本性改善。

同时，由于高校没有及时跟上国家政策调整和产业迅猛发展的步伐，对人才需求状况了解不充分、目标不清晰，还未建立起与文化创意产业市场发展相适应的人才培养体系，存在与其他专业趋同化的问题，导致培养的人才和市场需求脱节，没有根本上解决文化创意产业管理人才缺少的现实。在专业设置方面，要么传统型学科和基础性学科比重过大，课程体系简单叠加原有的文学、管理、经济等专业内容，培养的学生往往有文化而没有市场意识；要么重视市场营销、工商管理、广告制作、信息传播、商品包装等新兴专业的设置，忽视基础专业和人文素

133

养，培养的学生有市场意识，却又缺乏深厚的文化底蕴。此外，由于受到经济利益的驱动，有的高校在确定专业设置与招生数量时，不顾自身办学条件，在未经充分论证的情况下盲目上马，没有真正根据学校实力和特色招生，随意扩大招生规模，出现了类似于"抢占山头""跑马圈地"的现象。① 培养出来的学生，有一部分毕业即失业，还有很多毕业后即转行，并没有在文化创意产业领域内就业。

2. 理论教学与专业实践脱节

二十年来，文化产业管理专业并未完全脱离传统应试教育和学科本位的窠臼，很多高校在人才培养中强调理论的学习，重点传授学科前沿的宏观理论知识。人才培养模式基本上都是从理论到理论，以理论取代实践环节，重理论、轻实践，重书本知识积累、轻动手操作。教学只顾纸上谈兵，缺乏实践环节。即便有专业实习课程，大多也是走马观花式的观摩，学生实际参与的专业技能训练较少。

3. 师资队伍与人才培养脱节

文化产业管理专业是新兴专业，加上学科归属问题长期未得到解决，缺乏高学历师资储备，因此尚未形成拥有文化产业管理专业系统知识结构的师资队伍。现有师资队伍中有很多都是从哲学、文艺学、历史学、经济学、管理学等专业转过来的，或是半路出家，个别学校甚至将平时课时不足的"闲置"师资拉进来。这些教师的学科背景可能与文化产业管理专业相关，但由于学科转向，容易受到原有专业定式思维的影响，也没有系统的知识积累。很多教师对文化创意产业的现状缺乏了解，在高校重科研轻教学、重学术轻应用的大背景下，实践经验更是无从谈起，技术应用能力和实际动手能力都比较弱。

4. 理论研究与人才培养脱节

伴随着多元化的产业实践，中国文化创意产业研究 20 世纪 80 年代末才真正开始，整体上处于起步阶段，更多直接引入国外研究成果，适合本国国情的理论体系还在建立当中，没有系统的理论支持，实践中出

---

① 姚伟钧：《高校文化产业人才培养现状与创新的思考》，载于《福建论坛（人文社会科学版）》2011 年第 2 期。

现的问题在理论层面上无从应对，亟须深入探索。此外，理论研究领域还存在学究化与应景跟风的问题。短短十几年内，数量不菲的成果相继诞生，以各种方式阐释"文化产业学科体系"的专著层出不穷，几乎每个领域的学者都在发言，但从哲学本体论的高度理解文化对人的重要性、理解文化创意产业崛起的必然性与合理性的成果却并不多见，真正思考元问题和元理论，从更高更深刻层次上关注文化创意产业发展的论文以及联系专业建设实际的教学、课程研究的文章更是寥寥无几，有价值的人才培养研究成果甚为缺乏。

6.4.2 高校在文化创意产业发展中的作用

人力资本在国民经济发展中起着重要作用，民众的受教育水平决定着国家的发展走向。在人才市场上，教育程度是人力资本价值的传递信号，受教育的时间越长，人力资本的价值越高。教育程度越高的人，劳动生产率越高，越能产生人力资本的溢出效应。

创意人才的崛起需要深厚的社会和教育基础，处于城市中心的高校是目前拥有最适合人才成长土壤的机构。高校聚集了科技、文化的精英，承担着人才培养、文化创新、技术创新、社会服务四大任务，是文化消费和时尚的传播中心，是创新文化的诞生地和载体，直接影响着产业人力资本的质量，决定着一个国家的国际竞争力、影响力乃至认同度。哈佛、耶鲁、牛津、剑桥等高校对美国、英国文化和经济的推动就是很好的例证。

目前中国高校培养的人才是成长于信息时代的新生代，他们既是文化创意产业的生力军，又是文化产品的消费者，中国文化创意阶层是否能够崛起，中国能否赶上新兴产业革命的末班车，与他们息息相关。要实现中国文化创意产业对发达国家的追赶和"逆袭"，高等教育要先行。

以韩国为例，"韩流"如今横扫世界，并不是偶然现象。早在确定文化立国战略之前，韩国就积极调动社会各方面力量，增加全社会的教育投入，国家教育经费增长率从 20 世纪 60 年代起就持续超过 GNP 增长率，目前韩国已经是亚洲高等教育发展最快的国家，这也使韩国在非常薄弱的基础上于较短时间内实现经济快速赶超西方发达国家，创意经济得以顺利发展，文化立国战略初见成效的重要原因。

135

中国并不缺乏文化资源，但是我们一直处于已经下滑的制造业产业链末端，凭借辛苦的重复性和模仿性劳动为发达国家"卖苦力"，赚取有限的利润。究其根源，是人才体系出了问题，只有改变了人才教育环境，才可能在第三次工业革命的浪潮中实现制造业升级，与实行"再工业化"的发达国家进行公平竞争。虽然在校大学生数量世界第一，但中国远不是高等教育的强国。纵观中国高校历史，从教育思想、教育制度到培养模式，先是模仿欧美，后又效仿苏联，改革开放以后又向西方回归，一直没有探索出一条既符合教育发展规律又适应中国国情的道路。文化创意产业的不断发展，对目前高校的人才培养体系已经造成了冲击。

中国文化产业是在许多方面都还没有准备好的情况下，被推入社会主义体制改革大潮的；是在一个自身主体尚未发育成熟就面临一个谁是文化产业发展主体的战略选择问题；在市场化体制和机制都还未完全建立起来，便遭遇到文化产业发展的"中国式经济自由主义"和"中国式重商主义"的"文化产业发展陷阱"。如何克服文化产业的泛市场化和唯市场化导向，转向以文化为导向和价值观建设为导向；如何在进一步深化文化体制改革的进程中不断提升文化产业的文明价值，在实现文化产业发展方式转变的同时，实现文化产业发展的文明转型，这是今天中国文化产业发展面临的一次深刻挑战。在文化日渐高度发达与物质需求倍增的时代，人才的教育与培养是文化创意产业发展的前提。帮助学生获得正确的世界观和理论思维的方法，从文化的层面激发他们的原创力和智慧，引导他们追求人生的意义与价值，不断提升文化品格和思想境界，成为拥有独立思考能力的、有文化教养、有独立人格的人，从根本上改变文化创意产业的运动式建设和圈地现象，为产业的虚热降温，打破产业发展的"中国式经济自由主义"和"中国式重商主义"的发展陷阱，引导文化艺术发展的正确方向，这是高校的使命。

此外，在人才集中的高校周边，容易集聚各种创意工作室、创意群落乃至产生创意阶层，进而演变为先进文化的创新基地和重要辐射源，最终推动文化创意产业的形成与发展。特别是艺术类院校，更是在其中起着重要的作用。高校基地园区是文化创意企业发展的组织形式之一，依托自然科学和人文社科领域的资源以及学校的品牌和平台优势，通过产学研合作，将高校的新技术、新思想及时移植到企业中，结合生产要素，能够保持企业的核心竞争力。高校将学科建设、研究成果、人才培养与产业实践相结合，两者共同促进发展，引领文化创意产业的发展。

需坚持学科建设、课程设置与市场需求、产业发展相结合，同时坚持学术研究，将人文知识与科研创作成果转化为文化产品，继承传播优秀的民族文化，培养出合格的人才，这是高校推动文化创意产业发展的根本作用所在。面对文化创意产业中出现的问题，英国提出了"创意产能"的概念，认为文化创意消费具有个性化、时尚化特征，产品周期短、变化快，要适应市场需求，就要不断输出"创意产能"。这个产能的动力源就是人才，特别是高层次人才，而目前高校就是培养高层次人才的基地。文化创意产业的发展与第三次工业革命密切相连，第三次工业革命对教育的挑战从未像今天这般激烈，不能再按照传统老模式培养人才。要提倡合作式、扁平化学习，学生既要做知识的接受者，也要做思考者、加工者，要提高知识加工的能力，从单一的学科向跨学科、跨文化转变，要着重培养那些有一定的知识储备、能够在产业发展过程中主动调整创新，从而获得竞争优势的人。

6.4.3　高校文化创意产业人才培养类型

人才培养落实到高校，即涉及专业学科和专业设置。目前中国高校对文化创意产业人才培养的专业设置途径主要有两种：一种是文化产业管理专业，另外一种是艺术类专业，两种途径的培养目标和就业领域有很大的重合性。根据教育部《普通高等学校本科专业目录（2012 年）》，文化产业管理专业虽然设在管理学门类工商管理类一级学科门下，但是为可授管理学或艺术学两种门类的交叉专业。[①] 通过课程设置主要培养管理人才和创意人才。

1. 管理经营类人才

通过文化产业管理专业途径培养的主要是产业链上的管理人才，即策划管理经营类人才，在美国称为"创意专业群"人才，也就是弗洛里达创意阶层理论中的创意职业阶层。1993 年 7 月，原国家教委在文

---

① 中华人民共和国教育部：《教育部关于印发〈普通高等学校本科专业目录（2012年）〉〈普通高等学校本科专业设置管理规定〉等文件的通知》，教高［2012］9 号。

学门类艺术类下设立了文化艺术事业管理专业；1998 年，教育部在管理学门类公共管理类下设立公共事业管理专业；2004 年，教育部批准中央财经大学等五所高校试点以"文化产业管理"冠名，设在管理学门类工商管理类一级学科门下专业目录外；2012 年 9 月，文化产业管理专业成为可授管理学或艺术学两种门类的交叉专业，归属于管理学门类工商管理类一级学科门类，学科归属得以解决。[①] 由于各高校对学科性质、定位等存在不同程度的理解，加之学科背景、基础和资源有差异，形成了文化产业管理学科建设和教学体系多元化态势。很多高校在学科建设定位中强化自身特色，譬如上海交通大学是在传统的理工科基础上强化媒介、设计、创意专业建设，中央财经大学文化产业类硕士研究生主要有应用经济学的媒体经济方向，另一个方向是文艺学的文化创意产业方向。

文化创意产业管理人才为创意人才提供技术管理、金融操作、法律咨询、市场运作等服务，并与他们共同构成文化创意产业链。

文化创意产业管理人才为创意人才提供技术管理、金融操作、法律咨询、市场运作等服务，并与他们共同构成文化创意产业链。综合来看，高校文化产业管理现有的教学体系大致分为两类：一是独立开办文化产业管理院系，下设有关专业方向，突出专业性和技术性较强的子行业方面的设置，如影视、传媒、会展、游戏、动漫等，深化知识和技能培养。另外一种是在原有院系和专业中增设文化产业管理专业，在强化专业教育的基础上，专业方向设经济管理类和科学技术类，课程安排着重于信息技术、数字化技术和网络技术，目标是培养既懂文化艺术创作又懂专业技术和经营管理知识的复合型人才。相关高校注意到了文化创意产业综合交叉的特点及其对人才培养的特殊要求，在课程设置上体现跨学科、模块制原则，既设有培养文化底蕴和艺术素质的课程，如人文历史、艺术设计、艺术表演、音乐、舞蹈、体育等课程，又开设经济管理类课程，如经济学、金融学、项目管理、投资学、财务管理、资本运营、商业策划与管理、市场营销及国际商务管理等课程。

经过 20 年的探索，高校通过文化产业管理专业途径培养创意管理人才的实践取得了一定的成绩。有学者采取对用人单位和高校同时调研

---

① 中华人民共和国教育部：《教育部关于印发〈普通高等学校本科专业目录（2012年）〉〈普通高等学校本科专业设置管理规定〉等文件的通知》。

的方法，从需求和供给两个角度，对文化产业管理专业本科生的就业质量和能力评价数据进行综合评价比较，发现就业状况和市场评价总体较好，毕业生综合能力尚可。[①]

2. 创意人才

此类人才在美国被称为"创意核心群"人才，是弗洛里达创意阶层理论中的超级创意核心层。主要集中在高校艺术学门类各专业下，包括艺术学理论、音乐与舞蹈学、戏剧与影视学、美术学、设计学专业人才。中央财经大学文化产业类硕士研究生主要有应用经济学的媒体经济方向，另一个方向是文艺学的文化创意产业方向。

创意人才是文化创意产业人力资本链的关键，文化创意产业使艺术教育实现了文、理、工的全面融合，艺术类高校以及高校艺术院系是创意核心人才培养的主要阵地。从广义上来讲，艺术人才的培养不仅通过学校教育来实现，还可以通过家庭和社会美育来完善，乃至成为终身教育。目前中国的艺术人才培养，主要是通过学校教育。

中国高校艺术教育，分为"专业艺术教育"与"普通艺术教育"，专业艺术教育培养艺术专门人才，普通艺术教育通过美育途径培养公民艺术素养。在此主要探讨作为文化创意产业人力资本的艺术专门人才的培养。中国高等艺术人才培养院校目前主要分为六类：第一类是中央美术学院、中国美术学院、中央音乐学院、上海音乐学院、北京电影学院等单科型专业院校，第二类是南京艺术学院、山东艺术学院、云南艺术学院、解放军艺术学院等全科型艺术院校，第三类是北京师范大学、华东师范大学、首都师范大学等师范类院校，第四类是北京大学、复旦大学、上海大学等综合型大学，第五类是华南理工大学、湖南理工大学等理工科院校，第六类是国家级研究机构，主要是中国艺术研究院。在近代美术和音乐教育基础上发展的高校专业艺术教育，作为特殊的智性组织方式，是高等教育体系重要的组成部分，担当着创意教育、艺术技能培训、传承和塑造民族文化精神的重任。面对不断发展的文化创意产业，中国高校艺术教育急需汲取国际先进的教学理念与方式，不仅仅是教给学生"技艺"，同时须尽快打破学科的界限，认清新技术、新领域

① 吴承忠、牟阳：《全国文化管理本科毕业生市场需求与就业调研报告》，胡惠林、陈昕：《中国文化产业评论》（第16卷），2012年9月版，第381页。

的融合，从思维方式上训练培养学生，尊重学生的独立思考和想象力，容许怀疑精神，建立人才预测机制，及时跟上文化创意产业的需求。

6.4.4　高校培养创意人才的方式

十几年来，伴随着文化创意产业的发展，中国高校在相关人才培养方面一直在同步推进。尽管由于产业界定的不清晰，学科建设定位也不是很明确，但是由于创意类人才的培养主要落实在高校艺术类人才培养上，加之对管理类人才培养的探索，目前高校文化创意产业人才培养的方式虽然尚未形成清晰的模式与策略，但已经初具规模。目前采取的培养方式主要以实践教学为主。

1. 项目引导教学

项目引导教学主要是根据文化创意产业的特点，以参与项目的方式进行模拟教学与实践。项目引导式教学不仅仅是培养学生的创新精神和意识，更重要的是摒弃了传统理论教学模式的缺陷，帮助学生了解项目的工作流程，体验工作的氛围。这种传统教学方式的转变，强调教师与学生的共同学习。在班级人数较少的情况下，教师是项目负责人，学生是项目组成员。或者一个班被分为几个项目组，按照学生的能力与期许来进行分工，有的做项目负责人，有的做项目组成员，教师做几个项目组的总顾问。项目引导式教学是帮助学生与社会需求接轨的桥梁，学生在这样的教学过程中既了解了社会的需求，也认识到了自己的能力，丰富的实践活动也有利于学生将来的就业，更容易培养学生的独立能力，激发学生的创业意识。

2. 工作室教学

工作室教学是项目引导教学的基础，有利于学生对自身专业能力、就业市场和产业发展前景进行思考与评估。工作室的管理运行体制与企业相仿，学生在工作室中通过项目分工与合作，能够真切感受到专业实践的氛围，提高学习的主动性，最重要的是能够培养与他人合作竞争的能力。工作室教学嫁接项目引导，能够帮助学生认识文化创意产业链的样态，并在毕业后尽快适应，及时定位，做出相应调整。

140

3. 订单式培养

订单式培养就是协议式培养，其前提是高校要对文化创意产业发展现状与前景有清醒的认识，与相关企业共同制定人才培养计划，确定联合培养方案，并共同调配师资。合作企业或单位通过为学生提供实习和就业机会的方式，参与到培养方案中的实践教学，安排有经验、有技术，又有一定理论修养的员工对学生进行指导。在这个过程中，高校与相关企业、行业协会合作，为学生寻找实习基地与实践平台，有利于学生尽早熟悉工作流程，了解产业动向。

第7章 文化创意产业的生态机制

7.1 文化创意产业人才主体

创意产业化的主体构成是结合创意产业性质形成的。创意产业化主体构成系统包括创意人群、创意企业、大学和研究机构、传媒网络、行业协会、社会团体、中介服务机构和政府。这些主体处于创意产业化的不同环节，并联合作用于创意产业运行，使创意产业化运行过程变为有机统一的系统。

7.1.1 创意人群

如前所述，创意产业是一门新兴产业，利用创意人群的智力资本从事创意产品的生产与服务。理查德·弗洛里达提出了"创意阶层"的概念，认为："创意阶层的核心成员是科技、建筑和设计、教育、艺术、音乐以及娱乐等领域的工作者，他们的经济职能是创造新理念、新技术和新的创意内容。围绕这个核心，创意阶层还包括一个更为广阔的'创造性专业人员'群体，分布在商业和金融、法律、卫生保健等相关领域。"[1]

从广义上来讲，所有产生新观念、新技术和创意内容的人才都可以看作是创意人群。创意人群能够推动创意成果向经营资源转化，实现创意的市场化和产业化，充分获取创意产业的效益，进而整合与延伸创意

---

[1] 理查德·佛罗里达：《创意阶层的崛起》，司徒爱勤译，中信出版社2010年版，第98～123页。

产业的产业链，提升创意产品附加值，增强创意企业的核心竞争力。

创意人群从精神层面和物质层面共同推动创意产业的发展。在现代社会中，创意人群形成和发展有其必然因素。首先，按照马斯洛的需求层次理论，创造性是人自我实现内在需求的具体表现之一。创意产业的发展不仅激发了创意人群的创意思维与创新能力，而且提供了有利于创意人群创意活力发挥创造的良好环境氛围。其次，知识价值可以通过创意产业转化为财富价值。随着知识产权保护体系的建立与完善，创意人才更倾向于加入创意产业的队伍以实现创意向财富的转化。

7.1.2 创意企业

在现代市场经济时代，建立和完善现代企业制度，是适应创意经济时代产业需求的保障，也是满足创意企业自身发展的要求。

创意企业是以知识、创意和人力资本等无形资源为主要投入要素，提供创意产品和服务，并运用这些无形资源获取商业利益的企业。我们这里所说的创意企业，已经不仅仅提供一般意义上的创意产品和服务，它们还从事以创意内容为要素的衍生产品的生产和销售。比如，迪士尼不但提供主题公园和动画片的娱乐产品，而且通过形象特许，进行玩具、文具及其他制造品的特许经营活动。[①]

创意企业包括原材料生产商或半成品供应商、零配件分包商、成品制造商、产品销售商以及设备维修、维护等服务型企业。这些企业在创意产业的发展中起着举足轻重的作用。一方面，利益最大化是市场经济主体的核心目标，是企业的普遍追求。由于创意产业具有高附加值的特性，这使得创意企业具有很大积极性推动创意产品的研发，增加创意服务的种类，提高创意服务的质量，完成收益的最大化，并最终推动创意产业的发展。另一方面，发展创意产业是转变经济发展方式的关键之举，也是推动经济转型升级的治本之策。一些低附加值、低层次技术的传统产业正面临着严峻挑战，这些传统产业通过与创意产业结合，企业在自身获得发展的过程中推动了创意产业的发展，顺利摆脱了结构转型和产业升级的困境。

---

① 李向民、王晨：《文化产业管理概论》，山西人民出版社 2006 年版，第 71 页。

7.1.3　高校和科研机构

在创意产业化中，高校和科研机构发挥着重要的作用。高校具有突出的品牌学科与重点专业优势，是优秀文化和进步思想的重要摇篮，既为创意产业源源不断地培养输送一流的创意人才，也为创意产业的发展传播提供了创意源头和交流学习平台。科研机构具有一定数量、一定水平的研究人员，有明确的研究方向和任务，能够对所从事的创意活动进行目的性、计划性的系统研究，能够为创意产业的发展培养大批高层次的专业创意人才。创意产业的发展迎合了全球经济、科技、文化一体化的趋势，而且在创意产业发展过程中，科技与文化主导的现象日趋明显。在经济实力、科学技术、文化创意相互融合的背景下，为了满足创意产业日益增长的发展需求，各国纷纷支持高校和创意企业成立创意人才培养基地，鼓励高校和科研院所建立创意产业研究机构，设置专门培养创意才能的专业，为创意产业培养受过系统专业教育的人才。各国也利用科研机构的研究资源和人力资源，为创意产业健康快速的发展提供人才保障和智力支持。例如，我国的一些高校成立了创意产业研究机构，如中国社会科学院文化产业研究中心、中国传媒大学文化创意产业发展研究中心、中国海洋大学国家文化产业研究中心等。这类创意产业研究机构吸引并整合了专业化研究团队，通过学术期刊和创意产业网站发布目前最新的研究成果，并积极开展创意产业会议会展、高层论坛、产业峰会等活动，推动了创意产业化的发展。

7.1.4　传播媒介

在 20 世纪 60 年代，加拿大著名的传播学家麦克卢汉在《理解媒介》一书中以全新的视角阐述了"媒介"的概念。他提出了"媒介即是讯息"[①] 的观点。

随着高科技传播技术的出现以及新的传播媒介的融合，新的传播媒介不断涌现，传播媒介的范围不断扩展，电视媒体、广播媒体、网络媒

---

① 马歇尔·麦克卢汉：《理解媒介》，何道宽译，商务印书馆 2001 年版，第 33 页。

体、纸质媒体（报纸和杂志等）以及新兴的移动媒体等都是创意产业可利用的传播媒介。传播媒介作为信息传播的平台，为创意及创意产品传播提供了技术动力支撑和传播渠道。

创意产业化的运行过程需要传播媒介进行推广策划。报纸、杂志、广播、电视、互联网等传媒作为创意产业的传播载体，在创意产业化推介活动中具有至关重要的作用。例如，个性化的创意产品需要传播媒介的推广活动，才能将小众化的产品向大众传播推广，进而成为大众化的创意产品，促进创意产业的进一步发展。

传播媒介是创意产业化的一个主要平台，其参与创意产业化发展的形式也日趋多样化。第一，传播媒介处于创意产业的核心层，作为创意产业的主体构成之一，其规模越来越大的同时也促使创意产业获得长足发展。第二，传播媒介已经渗透至创意产业推广策划的每一个环节，并且会更好地发挥协会信息交流中枢载体的作用。第三，传播媒介具有造势的功能。创意产业可以利用传播媒介的这一功能延伸与扩张产业链条，推动创意产业化发展。

7.1.5 行业协会

不同的国家地区对行业协会（trade promotion association）的理解和定义仍然存在一定的差别。我国学者通常认为，行业协会是指介于政府、企业之间，商品生产企业与经营者之间，并为其服务、咨询、沟通、监督、公正、自律、协调的社会中介组织。行业协会是一种民间性组织，它不属于政府的管理机构系列，而是政府与企业的桥梁和纽带。[①] 行业协会既能够减少由于市场组织外部性带来的交易成本，又能够减少由于政府内部性而带来的交易成本，从而得到较低的总交易成本。[②] 随着我国市场经济的建立和完善，行业协会在经济生活中的作用日益增强。在创意产业化运行过程中，行业协会在信息咨询、商贸合作、招商引资、拓展市场、人才培训、科技创新、法律援助等方面发挥着不可或缺的作用。

首先，竞争最激烈的焦点企业是同类创意企业，为了避免企业之间

---

① 邱法宗、薛岩松：《公共管理学理论与案例》，中国铁道出版社 2011 年版，第 202 页。
② 宋胜洲：《产业经济学原理》，清华大学出版社 2012 年版，第 306 页。

恶性竞争，需要行业协会制定完善的竞争准则。虽然竞争能够促进产业融合，显著提升产业的整体水平，但是如果行业里存在过当竞争或破坏性竞争，不仅会给消费者带来伤害，使竞争双方的利益受损，也会不利于创意产业价值的实现，扰乱创意产业的良好环境和氛围。行业协会通过制定规章制度规范创意主体的生产经营和管理，协调主体间的行为，促进创意产业生产经营的和谐发展。

其次，通过发挥行业协会功能，可以协调创意企业间以及创意企业与其他主体间的行为，推进创意产业化发展。

7.1.6 社会团体

社会团体是指公民自愿组成，为实现会员共同意愿，按照其章程开展活动的非营利性社会组织。国家机关以外的组织可以作为单位会员加入社会团体。[①] 随着我国经济体制和政治体制改革的不断深化，经济社会的全面发展，社会团体得到较快发展。社会团体已经成为我国社会组织中的一个重要组成部分，在社会主义现代化建设事业中发挥着越来越广泛的积极作用。

作为创意产业主体构成之一的社会团体，主要通过主办或者协办创意产业会议、会展的形式向公众推介创意项目。例如，2013 年在北京国际饭店举行的"京港文化创意产业项目推介洽谈会"发布了创意企业融资类项目，为京港两地政府、知名企业、投资者搭建了精诚合作的平台，促进了京港两地创意产业的合作与发展。[②] 除了开展推介活动外，社会团体还进入创意产业内部进行深入调查，为政府及创意企业制定发展规划、政策依据和战略选择；为创意企业提供有价值的商业资讯和产品动态行情；为创意消费者提供有价值的信息咨询服务。

学术性社团和专业性社团是社会团体的进行进一步细分。学术性社团一般是由科技工作者自愿组成的公益性、非营利性社团，学术性社团对推动自主创新、推进创意产业的发展有着积极的意义。专业性社会团体一般是非经济类的，是以专业技术、专门资金，为从事某项事业而成

---

① 《社会团体登记管理条例》第二条。

② 于小薇：《2013 年京港文化创意产业项目推介洽谈会今在京举行》，中国经济网，2013 年 10 月 24 日。

立的团体。这类社团重视创意产业的实践和应用，往往以创意产业专业实践作为重点方向。专业性社会团体具有较强的创新能力，是创意产业化发展的智库。

7.1.7　中介服务机构

在市场经济中，中介服务机构是指受当事人的委托，向当事人提供有偿服务，以代理人的身份，为委托方与第三方进行某种活动的社会组织。中介服务机构的类型多样，各种行业协会、商会、创业服务中心等组织机构，律师事务所、会计师事务所等各种形式的组织，银行、保险等金融服务部门等都属于中介服务机构。

虽然中介服务机构一般情况下不会直接参与创意产业的创新活动，但是它们也是创意产业化主体构成系统中不可或缺的组成部分。中介服务机构设立企业技术创新资金，为创意企业提供专业化的高技术服务。例如，中介服务机构可以为创意企业提供金融、信息、技术、财税会计、人力资源开发、生产协作、产品销售、经营管理、政策法律、产品出口等服务，覆盖了创意企业创立与成长的方方面面。

7.1.8　政府

创意产业化的有效运行离不开政府这只"有形的手"的引导。在创意产业化的运行过程中，政府要积极参与协调创意产业化各主体间的行为，完善创意产业发展体制，制定创意产业发展的优惠政策，努力营造良好的社会环境和创意氛围，使创意人才更好的发挥创意，推进创意产业化有效运行。具体而言：首先，政府需要改革与创意产业发展不相适应的体制机制，消除阻碍创意产业结构调整的制度性障碍，制定促进创意产业发展的战略规划和有针对性的产业政策，引导创意产业实现协调健康发展。其次，充分发挥政府的引导作用，运用政府的政策力量。加大在财税政策方面的优惠力度，吸引更多创意企业投身创意产业的发展，形成具有特色的创意产业集群。打造完整的创意产业链条，充分释放创意产业链一体化的规模效应与协同效应，推进创意产业发展。再次，政府需要建立有利于创意产业运行的信息服务系统，从法律和制度方面营造有利于创意产业发展和创意企业公平竞争的外部环境。最后，政府要采取各种措施加强与创意产业发展较好的国家进行创意人才的交流与合作，让创意人才在相互借鉴中开阔眼界、展开创意，从而为创意产业化的发展提供人才保障，推进创意产业化的发展。

7.2 文化创意产业中人才主体的 作用及其相互之间的关系

7.2.1 创意产业化各主体的作用

创意产业化的发展是创意产业化各个主体共同参与的结果，其中政府是创意产业化的基础，企业是创意产业化的推动者，创意研究机构是创意产业化的智力库，社会团体是创意产业化的服务提供者，创意人群是创意产业化的积极参与者，传媒网络是各主体间信息交流互动的载体，创意产业化各主体发挥各自作用，从而对其他产业产生联动与辐射效应。

1. 政府是创意产业化的引导者

政府在创意产业化发展道路上扮演着十分重要的角色。政府不仅是创意产业化发展的公共服务者，也是创意产业化发展的引导者和保护者。政府的作用贯穿创意产业化的整个过程。首先，政府为创意产业提供了一个资源整合新平台，并利用这个平台及其他方式作为创意产业化发展的媒介，从而保障创意产业化健康有效地运行。例如，政府通过提供土地、资金、基础设施等各类硬件要素支持创意产业的发展。其次，政府出台各类优惠政策大力扶持创意产业发展，吸引有技术的创意人才和有经验的创意企业来本地发展。政府以公平竞争为原则，向创意企业提供透明的政策环境，有针对性地对各类创意企业提供资助和扶持，减少企业在寻找合作伙伴和贸易伙伴的时间花费。最后，政府加强创意人才创意成果的价值评估工作与创意产品的知识产权保护工作，从而为创意产业化发展创造良好的社会氛围。

2. 创意企业是创意产业化的推动者

创意企业是生产、销售创意产品或提供创意服务的企业，它是创意产业化的推动者。首先，在市场竞争中，创意企业可以对社会上庞大的供求信息进行搜索，监测最新实时信息，获取推动创意产业发展的资讯。其次，创意企业利用政府的优惠政策，以较低的成本推动有新意的创意转化为创意项目或创意产品，而创意成果的转化过程也是创意产业化的发展过程。最后，创意企业的集群效应能够节约交易成本，交流并获取创意商机，从而低成本生产出适应市场消费需求的创意产品，推动创意产业化的发展。

3. 传媒网络是创意产业化的载体

传媒网络是信息化社会的主要载体，必然也是创意产业化的载体。随着信息化迅速发展和新媒介的不断涌现，创意产业化的发展平台日趋广阔。传媒网络在创意产业发展中具有重要的作用，首先，创意企业通过传媒网络的宣传作用和导向功能，营造出宽松健康的产业环境，树立以市场消费需求为导向的创意产业发展新理念。其次，传媒网络能够夯实文化基础设施建设，降低创意企业信息化成本。再次，传播媒介通过网络资源向社会发布创意产业化相关信息，可以打造注重知识产权保护的社会氛围，维护创意人才的合法权益。最后，传媒网络能够促进创意产业化各个资源的整合、开发与利用，理顺创意产业化的各个环节之间的关系，促进创意产业化各主体之间的合作与协调，促进创意产业健康快速的发展。

4. 创意研究机构是创意产业化的智力库

创意研究机构是创意产业化的高级人才库。首先，创意研究机构培养与储备了大批创意人才，为创意产业的发展提供了智力支持。其次，创意研究机构通过传媒网络向社会展示、推介创意产业化的最新理论和观点，促进创意产业产、学、研相结合，推动创意研究成果转化为现实生产力。最后，在创意产业的发展过程中，创意研究机构提供创意理论支持与政策咨询服务，推动了创意产业的发展。

5. 社会团体是创意产业化的服务提供者

为了优化资源配置，市场产生了为创意产业化运行提供服务的社会团体。这些社会团体在信息咨询、商贸合作、招商引资、拓展市场、科技创新、人才援助等方面为创意企业提供服务，保障了创意产业化的有效运行。

6. 创意人才是创意产业化的参与者

创意人才是富有创意思维，投身到创意产业的运行过程中并提供创意的人。创意人才参与创意的提供与生成，参与创意的投资开发与生产，参与创意的推广交易与传播，参与创意的服务与营销，参与衍生品的开发与生产，从而推动创意的产业化运行。

7.2.2 创意产业化主体之间的关系

1. 创意产业化以传媒网络为载体

产业化生态系统为创意主体提供了一种新型的、开放的信息交流场所，加强了创意主体之间的交流和沟通。创意产业化创意主体之间不仅存在由组织内部规章制度所规定的正式沟通，如正式的会议等，也存在以社会关系为基础，与组织内部的规章制度无关的非正式沟通，如人们之间的闲聊。

这两种沟通方式都为创意的传播提供了途径，为创意的迸发提供了场所。传媒网络还增加了创意人才的敏感程度，促使创意产业化的主体在产业化的任何环节都能够有效进行创意。

2. 创意产业化使创意生产主体与前向后向关联主体产生紧密联系

增强了创意创新的协调性，保证了产品技术的可持续性。创意产业化为创意生产主体提供了良好的工作和沟通环境，构建了各个创意主体面对面交流的平台。在创意产业化的过程中，创意生产主体了解创意提供主体的创新设想，创作出具有创新性的创意产品，保证创意产品顺利进入消费者市场。

创意生产主体还能与创意消费主体进行接触，根据市场需求进行技术创新，减少信息传输的间接性和时滞性，在第一时间获取准确的市场数据，提高创意生产主体的市场反应能力，增强创意企业的国际竞争力。

3. 创意产业化各主体以市场为导向，与关联企业构建和形成产业技术战略联盟

产业技术创新战略联盟是指"由企业、大学、科研机构或其他组织机构，以企业的发展需求和各方的共同利益为基础，以提升产业技术创新能力为目标，以具有法律约束力的契约为保障，形成的联合开发、优势互补、利益共享、风险共担的技术创新合作组织。"[①] 产业技术战略联盟通过建立公共技术平台，与创意企业、大学、创意科研机构或其他创意主体开展技术合作，实现创意人才的交流与互动，在保护创意知识产权的前提下实现创新技术共享，从而加快创意科技成果转化为现实生产力及创意产业的产业化发展。

7.3　文化创意产业相关人才生态系统分析

创意产业链每一环节都是由创意企业这样的基本单位组成，而每一个创意企业又是由创意产业相关人才组成，因此本书将每一个创意企业作为相对独立又相互联系的生态系统进行研究。

创意过程往往伴随着能够提高人类独立思考能力的各种复杂情绪，只有在一定的条件下才能够被准确定义。本研究以自然生态、创意生态、组织生态以及人力资源生态等理论为支撑，从企业组织层面，对企业创意人才生态系统进行研究。

7.3.1　企业创意人才生态系统基本原理

1. 企业创意人才生态系统的概念

自从霍金斯（Howkins，2009）提出"创意生态"（creative ecolo-

---

① 《关于推动产业技术创新战略联盟构建的指导意见》第二条。

gies）之后，有部分学者对其进行了不同的解释，但大都侧重在创意产业、创意经济、创意社会等宏观的视角来分析该问题，较少立足于企业内部来探讨创意资源与人力资源以及组织管理之间的关系。因此，学界目前对企业创意人才生态系统这个概念还没有进行界定。而事实上，对企业创意人才生态系统的内涵进行诠释，不仅是深入研究创意企业生态系统的逻辑起点，而且是实现创意人才生态系统健康管理目标的基本前提和重要保障。

根据霍金斯（2009）的理论依据，创意人才生态系统主要是基于生态系统的内在构成与演化规律来研究创意人才的生存和发展与环境系统之间的互动机理，并试图在生态系统中寻找出能够发挥创意人才功能的"生态位"或"小生境"。因此，本书将企业创意人才生态系统（Enterprise Creative Talent Ecosystem，ECTE）界定为：创意企业为了在复杂动态的环境中维持自身的生存与健康发展，以生态学的原理和方法为基础，构建出一个由创意人才彼此之间以及创意人才与组织、环境之间，基于创意资源所不断进行的物质循环、能量流动以及信息传递而形成的具有相互影响、相互依存的动态稳定网络系统。

2. 企业创意人才生态系统的含义解释

（1）企业创意人才生态系统是基于自然生态系统的隐喻而提出的概念。企业和自然界的生物类似，是一个具有复杂特性的生命有机体。在脱离其他主体或者环境的情况下，企业将无法独自生存与发展。因此，企业创意人才生态系统在内部构成、系统特性和演化规律等方面与自然生态学有密切的关联。[1]

（2）创意企业是创意人才生态系统的基础结构和组织承载者。从创意的本源来看，创意企业是源于个人创造能力和专业技能，以文化资源为基础来源，以高新技术为应用工具，以为顾客创造和提供附加价值为生存目标，具有高创新性、高渗透性和高增长性特征的新型商业性组织。[2] 在创意企业的运行中，利用现代管理手段来挖掘和利用创意资源、激发创意人才的潜能成为创意企业竞争力的核心要素。因此，把创

---

① 文祯中：《生态学概论》，南京大学出版社 2011 年版，第 165～187 页。

② 徐蕾、魏江：《创意性服务业作用于价值网络升级的机理研究》，载于《科技进步与对策》2010 年第 24 期，第 76 页。

意企业作为创意人才生态系统的组织结构，既是创意企业本质特征的表现形式，更是创意系统有序运转的组织保障。

（3）企业创意人才生态系统是对组织适应性研究内容的一种延伸。现代管理理论的发展历程证明，组织就如同一个生命有机体，始终处在与外界动态复杂的环境不断进行博弈中。创意是对人类本性的回归，创意人才是现代企业组织中最活跃和最主要的生态种群，组织的一切活动都始终围绕着如何创造和满足人的需求而展开。因此，创意企业成功的关键在于如何构建一种适合创意人才成长和成才的管理机制以及生态氛围，以实现组织人力资源与环境的匹配和契合。① 本研究以生态系统理论作为研究视角来诠释创意人才与组织环境之间的紧密关系，正是希望能够以一种更系统、更全面的战略思维来研究企业生命体对环境的适应机理，为继续深化对组织适应性的研究提供理论支撑和现实依据。

（4）企业创意人才生态系统是一个价值创造生态网络（value-creating ecologies）。② 随着网络和信息技术的快速发展和广泛普及，企业价值创造的方式已经开始由传统的价值链模式向价值生态网络发生转变。价值生态以员工、顾客、竞争者、合作伙伴等利益相关者为节点，强调了网络成员之间的匹配，更为注重网络整体功能的发挥，尤其是突出了协作共生机制在价值创造中的主导地位。更为重要的是，这种思维从生态系统的内在演化视角对系统成员和环境的协同交互以及共同进化做了全面阐释。与此同时，知识、文化、技术等创意资源在价值网络中的核心地位也得到了彰显。因此，追求生态系统网络群体成员的价值共享便成为企业创意人才生态系统运行的一个主要目标。

7.3.2　企业创意人才生态系统的结构

完整的自然生态系统一般包含三个必要的组成部分：首先要有两个以上的要素作为系统的组成部分（component）；其次是各个要素与环境（environment）相联系组成的系统；最后是各个成分之间由于相互作用、

---

① 吕鸿江、刘洪、程明：《多重理论视角下的组织适应性分析》，载于《外国经济与管理》2007 年第 12 期，第 58 页。

② Greg H, Cassandra P. Value-creating ecologies: understanding next generation business systems [J]. *Foresight*, 2006: 11 – 12.

相互影响而形成的结构（structure）。① 基于此原理，本研究构建了以创意人才为主体（component）、创意组织为结构（structure）、利益相关群体互动为环境（environment）的三位一体生态模型。三个要素共同构成一个完整的生态系统，用数学公式表示为：ECTE = f(C，S，E)。

在整个系统中，创意人才是最基本的组成单位，具体指在创意企业内部拥有创意胜任力的一系列人员，这些人员之间的协作共生，为企业构建出一张联系紧密的复杂生命网，决定着创意团队、创意组织和整个系统的稳定。创意组织是创意人才生存与发展的空间，企业通过系统的战略规划、参与式的领导模式、灵活多变的组织设计以及自我激励的控制等方式来实施对创意人才的有效管理；同时，创意管理机制与创意人才之间直接或间接的互动又将形成一种新的环境组合，为系统功能的实现提供基础和保障。

创意环境是一个能够对创意企业绩效产生影响的外部机构和社会物质条件的总和。具体指对创意企业的管理决策和行为产生影响并与组织绩效密切相关的利益相关者，如政府、学校、供应商、合作伙伴、竞争者等，以及对创意企业产生广泛影响的一般环境，如政治环境、地域环境、文化环境和技术环境。需要说明的是，目前世界创意强国在对创意企业发展的引导上主要是立足于创意产业集聚区的大量投入与建设，因此，对创意环境的分析也主要聚焦于产业集聚区的政策支持、区位优势、基础设施、服务手段等方面。

毕尔顿（Bilton，2010）指出，创意体现了不同类型的人群以及组织之间一种复杂而多面的相互作用过程，它既不可能仅由极少数天才所独占，更不是凭借突发奇想就可以取得的一种潜能。相反，如果要使个人的点子源源不断，就需要将创意人才嵌入创意网络矩阵。因此，本研究认为创意人才生态系统内部的个体、种群以及群落同外部环境之间的进化更替和动态联系将会形成具有一定稳定结构的创意网络整体。企业创意人才生态系统镶嵌在整个创意网络矩阵当中，该矩阵是开放且不具有边界的组合空间。多样化的创意人才个体、种群、群落在组织管理机制和外界环境的影响下，通过模仿、共生、竞争与合作等类生物演化的方式进行创意的生产、转化与消费，从而促使创意物质、能量和信息在

---

① 颜爱民：《人力资源生态系统导论》，经济管理出版社 2011 年版，第 147 ~ 158 页。

不断循环升级。

在系统中，创意人才占据核心位置。

首先，创意人才是创意价值实现的关键节点。创意人才种群的多样化积聚会促使系统容量不断膨胀，并向网络边缘四周扩散，最终发挥人才辐射效应。该系统中横向与纵向虚线连接的网络连接点代表通过创意协作而实现的创意价值。创意人才生态系统内部各个组成部分相互联系、相互影响、相互依赖，形成具有自适应、自调节和自组织功能的复杂适应网络。

其次，创意人才在生态系统中扮演不同的角色。创意人才充当创意生产者的角色，在生物群落中发挥基础作用，为生态系统能量或物质的原始输入者；创意人才也扮演分解者的角色，能够将创意能量进行有效转化，对资源的配置起中介桥梁作用；同时，创意人才也是创意产品或者服务的主要消费者，对创意产品的消费能够加速系统能量循环流动与升级转化，以确保创意价值的可持续性。

7.3.3　企业创意人才生态系统健康的基本内涵

从本质上看，生态系统仅仅是人类依据一定的目标或准则对自然界客观现象所进行的一种主观和概念性的表达和描述，生态系统的边界、范围、结构等问题主要取决于人们所关注的研究对象、研究视角和研究目标。在全球人口激增、生存压力骤增的大背景下，追求生态系统最理想的健康状态就自然成为目前生态管理的核心和重点。一般认为，如果自然生态系统的生物群落及其环境在结构、功能、调节和演变过程都试图与理论描述的近似或者一样，即系统是健康的。具体而言，生态系统健康应该是包含以下六个方面的综合表现：第一，健康是一种生态系统的内稳定，即在受到外界环境的干扰下能够保持系统平衡的内部状态；第二，健康是没有疾病的；第三，健康是具有多样性或复杂性的；第四，健康是具有稳定性或者可恢复性的；第五，健康是有活力或者增长空间的；第六，健康是系统要素之间的平衡。[①]

企业创意人才生态系统是基于生态系统理论而对创意人才以及创意

---

① 蔡晓明、蔡博峰：《生态系统的理论和实践》，化学工业出版社 2012 年版，第 59 ~ 61 页。

管理的隐喻，既蕴含生态学的语义，又融合了组织管理的基本属性，具有双元特质。

国内学者胡斌（2006）[1] 指出，企业生态系统是带有主观色彩的人工智能系统，系统的健康强调了外部环境（如经济形势、政治环境、科技状况、文化基础等）、系统成员、运行机制等要素之间在互动匹配的过程中给企业自身以及相关利益群体带来价值的一种持续和稳定状态或过程。李玉琼（2007）[2] 认为企业和自然界的生物类似，是一个具有复杂自适应的生命有机体，并主张通过企业生态系统的结构、功能、适应能力和社会价值四个方面来判断企业生态系统的健康状态。颜爱民（2011）[3] 在此基础上，提出人力资源生态系统健康的概念。他认为，一个健康的人力资源生态系统应当是持续、稳定且有活力的，并且能够随着时间的推移保持自身的组织能力，尤其是在受到外界干扰和胁迫下，能够快速反应并迅速恢复到平稳状态。同时，该研究还进一步指出，应当从企业的内生态环境（企业文化因素、人力资源因素、用人机制因素等）以及外生态环境（自然环境、社会环境、经济环境等）两个方面来对系统健康进行评价。

在综合相关学者对生态系统健康概念的理解以及对企业管理能力认知的基础上，本研究认为企业创意人才生态系统健康一方面强调了主体生命力、组织适应力以及环境动态性三者之间的耦合关系，同时也突出了内生态环境（创意人才与创意企业）与外生态环境（创意氛围）之间的统一。基于此原理，本书将企业创意人才生态系统健康定义为：在宽容的创意氛围、适度多样的胜任主体和高效运转管理机制的共同作用下，创意企业能够通过人力资源管理实践、组织学习、技术创新、战略调整等管理机制来快速适应嬗变的企业环境，以维持较高企业绩效水平的一种稳定状态或者是动态过程。

具体而言，企业创意人才生态系统健康包含以下四层含义：

首先，宽容的创意氛围是系统健康的基础。创意氛围是企业创意人才生态系统健康的外生态环境。创意人才对于环境具有高度的依赖性，

---

[1] 胡斌、章仁俊、邵汝军：《企业生态系统健康的基本内涵及评价指标体系研究》，载于《科技管理研究》2006 年第 1 期，第 60 页。

[2] 李玉琼：《企业生态系统健康诊断探析》，载于《当代财经》2007 年第 9 期。

[3] 颜爱民：《人力资源生态系统导论》，经济管理出版社 2011 年版，第 111～132 页。

因此，健康的企业创意人才生态系统在具体运行的过程当中，需要一个宽容的氛围来为创意源的产生以及创意价值的实现提供现实土壤。创意氛围是创意人才成长与成才的外界因素的综合体现，既有硬环境作为支撑载体，又有软环境作为保障体系，一般包括稳定的政治环境、繁荣的经济环境、多元的文化环境、良好的法制环境、先进的技术环境等几个重要组成部分。需要指出的是，创意氛围的特性从另一个层面说明了地域的重要性，这也正好符合了弗洛里达（2010）提出将区域综合环境视为领域资产，并用于衡量不同地区创意水平的观点。[①]

其次，创意人才的胜任力是系统健康的核心。创意人才是系统中的旗舰，其自身在系统中位置的稳固、功能的强弱以及空间的大小，这些关键性的问题首先要取决于个体胜任力水平的高低。创意人才的胜任力是一个系统和整体的概念，由创意人才的专业知识、工作技能、心理动机、个性特质等显性和隐性的要素组合而成，胜任力是组织绩效水平高低的主要判断准则和参考依据。此外，创意人才的胜任力也强调了多样性和适应性的统一。创意是一项综合性很强的复杂工作，其涉及的知识内容、技术要求以及对个体特质也是多种多样的。因此，对具有适度多样胜任主体的追求，能够使系统内部长期保持生机和活力，最终确保整个系统在运行的过程中能够更加具有抗干扰的能力。

再次，高效运转的管理机制是系统健康的保障。创意管理机制既是创意人才生态系统组织功能性机理的体现，同时也反映了该系统的内生态环境。创意是人类的普遍本能，具有自主性、分散性和随意性的复杂特征，这也就决定了创意人才是追求自主创新和崇尚自由的新兴工作群体，运用传统的科层制管理模式显然已经不适合该群体的生产和发展。因此，健康的系统强调企业采取有别于以往机械式的管理方式来对创意人才实施有效的管控。高效运转的管理机制以创意管理手段为基础，要求创意企业对人力资源的规划、选拔、培训、配置、激励等关键性问题进行变革，除了努力为创意人才营造蕴含创意的工作环境之外，还要通过推崇弹性工作制、"无领"办公、软控制、参与式管理等手段来满足创意人才的个性需求，从而有效激发员工的创意热情。此外，创意管理也与组织学习、战略调整、技术创新等动态能力的发挥密不可分。由此

① Richard F, Moving into the Creative, Age. www. creativeclass. com, 2012 – 12 – 16.

可见，创意管理机制的有效运转不仅能够激发系统成员的活力，而且还有利于实现企业经营管理行为与环境嬗变的动态匹配。

最后，实现企业高绩效是系统健康追求的目标。绩效是企业经营管理的具体成效，既与企业盈利状况等财务指标密切相关，同时也和顾客的满意度、企业战略以及学习和创新能力等非财务指标紧密联系。企业创意人才生态系统在面临环境的变化下要保持健康稳定，其首要的基本前提就是要有一定的物质基础支持以及长效机制作为保障。创意企业的绩效是创意人才胜任力、创意企业管理能力以及创意氛围三者相互作用而产生的结果，其水平高低的衡量不仅与创意企业的短期财务指标有关，还与员工职业发展、产品知名度以及顾客满意度等非财务指标息息相关，是企业短期绩效和长期绩效的有机结合。因此，绩效体现了企业创意人才生态系统的运行效率，其水平的高低是衡量系统健康的最终标准。

7.3.4 企业创意人才生态系统健康的基本特征

本章基于复杂系统理论视角对企业创意人才生态系统的基本特征进行了分析，认为企业创意人才生态系统是一个复杂的自适应系统。同样的道理，系统健康的实现也应当遵循复杂性的基本特征和内在机理。因此，可以说，企业创意人才生态系统通过与外界物质、信息和能量的不断循环反馈，实现了一种开放、动态和整体的健康状态。

首先，企业创意人才生态系统健康且具有开放性。企业创意人才生态系统作为具有高度社会属性的复杂系统，需要得到外界各种利益相关者的资源输入。如政府通过城市建设、人才管理和信息服务措施，从宏观层面来引导和支持创意人才的成长，高校和科研部门通过知识传授、技能培养、课题研究等措施为创意人才的培养以及创意孵化提供平台，创意企业则为信息共享和创意成果转化创造便利条件等。此外，在创意产业集聚区内部，创意企业还会通过企业联盟等途径对外界输入的创意资源进行加工、整合和转化，最终提供与供应商、顾客利益诉求耦合的创意产品和服务，以完成系统的输出功能。

其次，企业创意人才生态系统健康具有动态性。为了确保企业人力资源子系统与其他辅助系统能够长期保持良性的互动，创意企业往往会对创意人才系统本身进行功能性或者是结构性的变革。根据生态系统反馈调节机制的运行原理，当企业所面临的外部干扰较小时，往往会采取渐进式的调整或者改良来保持系统的自稳定性。如当企业绩效出现短期下滑的时候，往往采取人员培训、座谈会等方式来进行微调。反之，当企业的发展受阻，无法适应外部经营环境的变数时，系统将会摒弃原有的生产技术或工作流程，对组织进行破坏式的变革，形成创意人才生态系统的涨落，最终达到稳定。如企业面临产品升级转型时，必须要对组织结构以及人力资源规划进行大幅度的调整。

最后，企业创意人才生态系统健康具有整体性。企业创意人才生态系统镶嵌在创意价值网络中，由横纵相连的两个层次构成。横向部分主要是指创意价值链。在该系统中，从内容创意、生产制造、营销推广到顾客的最终消费，价值链的规模得到扩大并相互交错，最终形成创意网络。从纵向部分看，企业创意人才生态系统是由各个亚系统构成的层级系统，从低到高包括了创意个体、创意种群以及创意群落三部分，每个层级具有不同的实体功能，低一级的系统是高一级的基础，而高一级的层级则是低一级结构功能有效发挥的保障。

7.3.5　企业创意人才生态系统健康的内在机理

自然生态系统的发展过程是其内部构成要素根据彼此的相关性、协同性而自发形成特定结构与功能的自组织过程，这种过程不是按照系统内部或外部指令来完成，而是依据主体的适应特性以及特定的情境而完成的。[①] 在复杂的系统中，生物群落如果要在适当的生态位中发挥应有的功能性作用，则物种的丰富程度是关键。为了实现这一目标，系统一方面要通过冗余调节功能来平衡物种数量与提升物种质量；另一方面，个体之间、种群之间、群落之间通过对彼此生存与生产方式的学习，在多变的环境中优胜劣汰，以新觅或扩大栖息地。与自然界的生态系统类似，企业创意人才生态系统健康目标的实现，必须是由在一定时空范围内具有相同或相近目标的创意个体支撑起来的庞大人力资源体系，通过人力资源管理实践、组织学习、战略调整等一系列复杂的企业管理手

---

① 柏智勇：《生态系统特征的系统科学思考》，载于《中南林业科技大学学报》2007年第6期，第174～175页。

段，使创意人才与周边环境发生物质、能量、信息的互通，最终实现了人、组织和环境之间的系统耦合。因此，借助生态学的群落更替原理，可以发现支撑企业创意人才生态系统健康的几种内在机理。

1. 自组织耗散机理

企业创意人才生态系统的核心功能就是要成功构筑和巩固资源共享的网络平台，以确保创意价值的实现。各个子系统之间以及整体系统与外部系统环境不断融合，相互耦合和嵌入，从而衍生出创意"溢出"的涌现现象。[①] 众多具有不同胜任力水平的创意主体通过在系统网络内外与组织以及环境的互动，不断地进行重新排列以寻找合适的栖息地。创意工作的专业性和复杂性决定了创意人才不仅单纯需要智慧的积聚，而且更需要通过一定形式的管理机制来实现创意团队成员之间的互补协作，从而丰富创意价值网络的连结点。随着系统自身内部网络容量的饱和，网络联结点将达到阈值的极限，原有的平衡状态被打破，此时创意趋同化将导致企业创意能力开始出现下降趋势。另外，创意企业通过与政府、高校、供应商、顾客等外部多种利益相关者的交互，将外界提供的原料、人才、资金以及市场等资源同企业内部系统进行着物质、信息和能量的交换，为创意价值的转换与升级提供催化剂。由此，系统通过对外界输入资源的加工处理，产生了正熵流，抵消了创意趋同带来的负面影响，从而促成系统在新层级上的稳定。在创意网络中，组织的政策或管理手段与个体之间建立起紧密的关系，合理的组织手段能强化组织网络的吸引力，从而拓宽网络的时空维度，增加创意协作连接点；反之，就将会抑制创意人才网络的发展空间，阻碍创意人才的生存与发展。

2. 多样维持机理

生态系统是由多种多样的生命有机体有规律地结合而形成的稳定生态综合体，这种多样性既体现了生物和环境之间的复杂关系，又突出了生物资源的丰富性和价值性，这种功能性机理能够给生物的生存、进化和持续发展提供生命所必需的多种化学物质。从系统内部而

---

① 李强、揭筱纹：《基于商业生态系统的企业战略新模型研究》，载于《管理学报》2012 年第 2 期，第 234 页。

言，企业创意人才生态系统的多样性体现在创意知识本身、创意人才构成以及行为方式的多样上。首先，以创意知识而言，真正的创意并不是自给自足，而是要联结不同的思维。在不同思维的转换过程中，创意的来源、表现形式和形成过程呈现出多元化的特征。① 其次，从人才结构上看，在系统中，没有两个具有完全相同特质的创意个体存在，为了保持系统的动态稳定，多样性的异质个体在组织的支撑以及环境的辐射作用下，不断汇聚以实现种群数量的增加和质量的提升。最后，从行为方式上看，在企业内部，创意个体之间在磨合和适应中实现了研发、设计、生产、销售和服务上的分工，彼此间的差别也日益扩大，最终丰富了创意工作的类型。从系统整体上看，创意主体与环境之间的最终稳定往往建立在系统经历无序到有序、不平衡到平衡的动态反复过程中，在此之中，系统层次与结构的升级重组不断发生，呈现出不同的表现形式。因此，系统内部以及整体的多样性为创意企业提供丰富且具有价值的资源，并成为维持企业创意人才生态系统健康的重要基础。

3. 冗余调节机理

生物的多样性也有可能给系统的运行带来不利影响。在生态系统中，若某个种群的去除不仅不会导致生态系统其他物种的丢失，反而能够使整个群落乃至系统结构和功能得到平衡，那么这些物种就称为冗余种。② 在创意企业发展初期，组织往往通过大规模的招聘活动汇聚来众多创意人才，以确保企业能够在短期内快速实现创意能力的提升，从而获取更多的创意价值来维持企业的正常运转。在这个过程中，由大量创意个体所组成的创意团队规模不断扩大，形成了系统正反馈现象，企业创意人才生态系统也开始出现了偏离平衡的状态。此时，创意种群密度开始超过了系统初始容量，创意个体逐渐面临生存压力，企业一般会利用培训、考核、工作轮换等人力资源管理手段来引导创意个体之间的竞争和创新。而随着优胜劣汰机制作用的显现，冗余的创意个体将会被去除，种群规模数量随之减少，而质量却得到增强，负反馈效应抵消了正

161

① Chris Bilton, International Journal of Cultural Policy [J]. *Manageable creativity*. 2010, 16 (3): 255 - 269.

② 文祯中:《生态学概论》，南京大学出版社 2011 年版，第 45 ~ 46 页。

反馈现象引起的不平衡状态，使企业创意人才生态系统在涌现的过程中实现了新的稳定状态。因此，创意企业在不同的发展阶段，应当通过对人力资源供需的战略性规划，适当保持创意人才数量一定的冗余，建立既有竞争压力又不至于影响系统功能发挥和结构稳定的人力资源动态管理机制；同时，创意企业还应该保证创意氛围与创意资源较多程度的冗余，以增强系统向前发展的动力，实现系统在稳定中的优化升级，以实现整体的健康。

4. 进化发展机理

为了适应自然环境不断变化而带来的影响，使自然生态系统能够保持经久不衰的生命力，生物个体通过遗传基因的改变，在自然选择中不断进化发展，产生出具有新型基因的种群，生态系统在进化中实现新的稳定。从个体层面看，创意是一个基于人脑智力进化的神经物理过程，在生存空间和资源条件的约束下，创意个体要不断进行自我调整和升级以寻找合适的栖息地。受遗传改变机制的影响，虽然创意人才的性格特质、生活习惯和工作方式将发生部分改变，种群之间也会存在差异，但是创意核心基因却始终不变。霍金斯（2009）[1] 将这种基因归结为创意特质（creative traits），这是存在于绝大部分创意个体身上的一些能够引导创意行为持久和稳定的特征，如创造性思维和合作精神。

从企业层面上看，为了适应瞬息万变的市场环境，创意企业往往会通过加速与外界物质、信息和能量的交换来完成对创意资源的优化配置，以保证企业正常的新陈代谢。在这个过程中，创意企业一般采取激励式的战略定位、渐进式的组织变革、参与式的领导方式等创意管理手段来营造创意生态氛围，从而吸引和留住更多高质量的创意人才为企业创造价值。

5. 学习适应机理

自然生态系统的稳定不仅依赖于基因遗传突变等内在因素的助推，更离不开系统内部生物个体主动学习能力的拉动。生态学意义上的学习

---

① John H, Where Thinking Is a Proper Job [J]. *Creative Ecologies*，2010：20–23.

指的是生物个体主动借助生活经历和经验使自身的行为发生适应性变化的过程。在企业创意人才生态系统当中，创意个体主要通过个体主动学习以及与创意价值链上的成员彼此之间的交互式学习来适应工作岗位的要求和环境变化。个体主动学习是创意个体为了适应客观环境的变化，主动且持续地通过对外界提供信息的搜集、运用、传递与反馈来获取新知识和技能，从而修正原有心智活动与行为方式的过程。一般认为，模仿是一种最原始、最便捷的学习方式。在创意人才的成长过程，仿效具有较高创意胜任力水平的成功者是一种最佳的主动学习选择。交互式学习方式主要是指创意个体在创意生成、转化和消费等各个环节当中，通过与参与者在语言、文字和行为上的互动反应，来提升自身创意能力的过程。个体主动学习与交互式学习方式契合了创意人才生态系统动态发展的需要，是系统学习适应机制的主要表现形式。创意个体将自身的成长与企业的发展融为一体。通过不断学习新的知识和技能，创意个体完全嵌入企业创意价值网络，成为创意的连接点与创意源，并逐步与企业战略目标、组织结构、工作流程和工作氛围相互适应，使创意企业的动态能力得以迅速提升。

163

6. 竞合共生机理

在自然界中，为了占领和扩大生态位，物种在自然选择的压力下会不断进行着以空间和食物为核心的资源争夺。在这种竞争过程中，有的物种灭亡了，而有的物种却出现了生态位分离现象，形成互利共生关系，从而使系统达到新的稳定状态。在企业创意人才生态系统中，这种互利竞合一方面源于创意个体内心对新点子的不断超越追求而产生的自我思维碰撞，另一方面则体现在同各个合作部门由于经验分享、思想交流、专业互补而形成的协同关系。尤其是在通信技术的促进下，参与创意对话的人群越来越多，创意协作的机会也在不断扩大。创意人才通过对创意资源的重新排列组合，新的想法不断产生，个体职业竞争力得以提升。而随着创意人才生态位分离现象的逐渐显现，互补共生便成为创意群体共同遵守的生存法则。

从企业层面上看，竞合共生体现在不同的创意产出在市场中的较量和角逐。随着全球经济一体化趋势的日益显著，创意企业为了快速适应市场并扩大资源利用范围，彼此之间的竞争已经由冲突性转变为建设性，联盟合作、资源互补和价值共享成为新的竞争手段。因此，创意企业只有建立在对内外创意资源进行重构、整合或者优化的基础上，才能使多时点、多主体的创意与企业形成有效的互补、集成和共享，最终增强系统自身的活力，以确保创意人才系统的健康稳定运行。

第 8 章　文化创意产业人才胜任力

　　人才对于产业发展的重要性不言而喻，文化创意产业也不例外。要对文化创意产业人才进行合理的管理，以使其有效支撑文化创意产业的发展，就必须了解此类人才的胜任力特征。

8.1　胜任力概念、理论与模型

8.1.1　胜任力概念

　　"胜任力"又称"胜任特征"或"胜任素质"。1973 年，麦克利兰在《测量胜任力而非智力》一文中，首次提出用"胜任力"来判断个人能力以替代先前不规范的智力测试，标志着胜任力研究的正式开始。他认为，胜任素质是能够将某一工作中卓有成就者与普通者区分开来的个人的深层次特征。实际上，这一概念的诞生来源于他的亲身经历：20 世纪 60 年代，美国国务院以智商、学历、学习成绩等条件来挑选驻外联络官（Foreign Service Information officers，FSIO），可效果并不理想，挑选出来的很多 FSIO 并不能胜任工作。到了 70 年代初期，美国国务院就把挑选合适 FSIO 的任务委派给了麦克利兰所成立的管理咨询公司。接到这一任务之后，麦克利兰采用了对比分析的方法，找来两组 FSIO 人员，一组表现优异，另一组表现平平，然后对他们进行行为事件访谈，总结出两组群体在行为和思维方式上的差别。通过这种研究，麦克利兰发现想要挑选出优秀的 FSIO，主要有三条核心表现：一是跨文化的人际敏感性，二是对他人的积极期望，三是快速进入当地政治网络。

通过以上研究，麦克利兰认为胜任力是"能区分在特定的工作岗位和组织环境中绩效水平的"①，实践经验表明传统智力测验和能力倾向测验与实际工作绩效没有多大关系，于是麦克利兰倡导采用胜任力模型设计取代智力测验作为预测未来工作绩效的方法，并认为高绩效者运用了某些特定的知识、技能和行为等胜任力，所以取得了出色业绩，如果我们去研究高绩效者，根据高绩效者的表现总结其特点，就可以找出造成高绩效者和低绩效者之间成绩差异的原因。

后代学者在胜任力概念基础上，提出了胜任力模型。胜任力模型是指出色地完成特定工作所需的胜任特征的总和，个体身上存在的五种最常见的胜任力特征如下：

动机决定外显行为的内在的、稳定的想法。动机驱动指导和选择那些指向性行动或目标的行为，而远离其他行动或目标。例如，成就动机强的人往往会为自己设定有挑战性的目标，为达到这些目标承担起个人责任，以及对反馈信息的关注，会促使他把事情做得更好。

特质是人们所具有的特征或典型的行为方式，它使个体在面对类似情景或信息时都会有特定的反应。如情绪自控性和主动性都是成功管理者的胜任力特征，在压力情景中，这种胜任力显得更加重要。情绪自控能力强的人，在各种情景中以及较长的周期内都能保持稳定和镇静。动机和特质都能预测人们在长期的、无人监督的情况下从事工作的行为。

角色定位是指个人对社会规范的认知和理解表现出来的基于态度和价值观的行为方式与风格，或是个人给社会呈现的形象。

自我认知指一个人对自身存在的体验。它包括一个人通过经验、反省和他人的反馈，逐步加深的对自身的了解。自我概念是一个有机的认知结构，由态度、情感、信仰和价值观等组成。如自信心就是一个人的自我概念之一，指的是一个人相信自己几乎在任何情景中都能有效地去应对和承受的信念。

技能指掌握和运用专门技术的能力（如英语读写能力、计算机操作技能等）。其中，认知技能包括分析思维和概念思维，前者包括加工信息和数据分析、发现因果关系等，后者是指识别复杂数据中的模式的

---

① McClelland D C. Testing for competence rather than for intelligence [J]. American Psychologist, 1973（1）: 1 – 4.

能力。

知识是某一职业领域所需要的信息。知识只能说明一个人能够做些什么，但不能预测是否真的会那么做。

8.1.2　冰山素质模型

关于胜任力模型的研究，比较经典的提法是"冰山素质模型"，该模型仍由胜任力概念的提出者麦克利兰发明，按照冰山素质模型理论，个人素质分为水面以上和水面以下两部分。前者是表象的，可以通过观察和测量了解的，如个人知识和技能等；后者是潜在的、难以通过观察和测量直接了解的，如社会角色、自我概念、特质和动机，如图8－1所示。

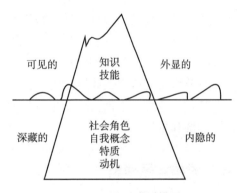

图8－1　冰山素质模型

用冰山模型命名的原因在于上述特质常用水中漂浮的一座冰山来描述。其中，知识和技能是可以看得见的，相对较为表层的、外显的个人特征，漂浮在水上；自我概念、特质、动机、需要则是个性中较为隐蔽、深层和中心的部分，隐藏在水下，而内隐特征是决定人们行为表现的关键因素。麦克利兰认为，水上冰山部分（知识和技能）是基准性特征，是对胜任者基础素质的要求，但它不能把表现优异者与表现平平者准确区别开来；水下冰山部分可以统称为鉴别性特征，是区分优异者和平平者的关键因素。

冰山模型的有效运用，需要遵循一定的步骤。

第一，不同类型的工作，素质要求是不一样的，需确定哪些素质是该类工作岗位所需要的胜任素质。确定胜任素质主要有两条基本原则：（1）有效性。判断一项胜任素质的唯一标准是能否显著区分出工作业绩，这就意味着，所确认的胜任素质必须要在优秀员工和一般员工之间有明显的、可以衡量的差别。（2）客观性。判断一项胜任素质能否区分工作业绩，必须以客观数据为依据。

第二，在确定胜任素质后，组织要建立能衡量个人胜任素质水平的测评系统，这个测评系统也要经过客观数据的检验，并且要能区分工作业绩。

第三，在准确测量的基础上，设计出胜任素质测评结果在各种人力资源管理工作中的具体应用办法。

总而言之，麦克利兰的冰山模型为人力资源管理的实践提供了一个全新的视角和一种更为有利的工具，它不仅能够满足现代人力资源管理的要求，构建了某种岗位的胜任素质模型，对于担任某项工作所应具备的胜任特征进行了明确的说明，而且成为进行人员素质测评的重要依据，为人力资源管理的发展提供了科学的前提。

本模块通过胜任力模型研究确定人才胜任力指标，以此概括得出文化产业细分人才特点和基本素质，进而为后期进一步的选拔、培养、考核文化产业人才提供标准和依据。

8.1.3　胜任力素质洋葱模型

所谓洋葱模型，是把胜任素质由内到外概括为层层包裹的结构，最核心的是动机，然后向外依次展开为特质、自我形象、社会角色、知识、技能。越向外层，越易于培养和评价；越向内层，越难以评价和习得。大体上，"洋葱"最外层的知识和技能，相当于"冰山"的水上部分；"洋葱"最里层的动机和特质，相当于"冰山"水下最深的部分；"洋葱"中间的自我形象与社会角色等，则相当于"冰山"水下浅层部分。洋葱模型同冰山模型相比，本质是一样的，都强调核心素质或基本素质。对核心素质的测评，可以预测一个人的长期绩效。相比而言，洋葱模型更突出潜在素质与显现素质的层次关系，比冰山模型更能说明素质之间的关系，详见图 8-2。

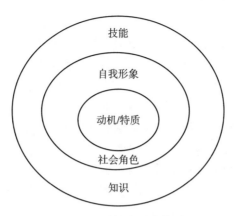

图 8-2 胜任力洋葱模型

　　冰山模型把胜任力形象地描述为漂浮在水面上的冰山，知识和技能是在水面以上的部分，是容易改变的胜任特征；而自我概念、特质和动机部分是属于潜藏于水下的深层部分，是不易改变的胜任特征，它们是个人驱动力的主要部分，也是人格的中心能力，可以预测个人工作上的长期表现。洋葱模型的本质内容与冰山模型是一样的，但是此模型对胜任力的表述更突出其层次性。在这个模型中最表层的是知识和技巧，由表层到里层，越来越深入，最里层、最核心的是动机和特质；是个体最深层次的胜任特征，最不容易改变和发展。

8.1.4 胜任素质辞典

　　1981 年，理查德·鲍伊兹对一些关于经理人胜任素质的原始资料重新进行分析，钻研并归纳出一组用来辨别优秀经理人才的胜任素质因素，这些因素能够同时适用于不同的公司及功能。从 1989 年起，麦克利兰开始对全球 200 多项工作所涉及的胜任素质进行观察研究。经过逐步的发展与完善，共提炼形成了 21 项通用胜任素质要素，构成了胜任素质辞典（competency dictionary）的基本内容。这 21 项胜任素质要素概括了人们在日常生活和行为中所表现出来的知识与技能、社会角色、自我概念、特质和动机等特点，形成了企业任职者的胜任素质模型。

　　麦克利兰和他的研究小组根据对 200 多人在工作中的行为及其结果

的观察（运用行为事件访谈）所得到的信息，建立了286项胜任素质模型数据库，其中包括一般企业、政府、军队、教育和宗教等等组织中的技术/专业、市场、企业家/领导人、服务等类人员的胜任素质。该数据库记录了大约760种行为素质，其中与360种行为素质相关的21项胜任素质要素能够解释每个领域工作中80%～98%比例的行为及其结果，其余400种行为素质只说明较少提到的胜任素质要素，因此这360种行为素质就构成了胜任素质辞典的基本内容。①

辞典中所涉及的胜任素质项目，由于考虑到一般工作上的行为，因此在尺度的设计上，以适用于大多数工作的做法来呈现，使用时应特别注意以下两点：

第一，由于辞典的尺度具有广泛的适用性，所以缺乏精确性。一些胜任素质可能对某些具体的工作相关性不强，因此运用一般性的尺度可以协助企业加快胜任素质研究的精确度，但不应该取代企业应有的实际研究。辞典中的胜任素质要素为企业进行自身胜任素质研究提供了参考，各个企业在建立胜任素质模型时应针对组织的具体情况来进行研究，即根据企业所处行业特点以及自身特性，包括所处发展阶段、资源掌握的成熟度、市场情况等外部条件的完善程度等，通过对胜任素质要素的不断修订、增删以及重新组合，形成符合行业与企业个性需要的胜任素质辞典。

第二，辞典中呈现的是最经常出现的21项胜任素质。许多工作需要一些特殊能力或特性，这些独特的胜任素质约占工作的2%～20%，需要企业在辞典的基础上结合自身情况去研究开发。

8.2 文化产业细分人才的特点

上文论述提到，文化产业链视角下的人才分类主要包括内容提出者、内容生产者、内容推广营销者和文化产业组织经营管理者几种角色。

在现实操作中，为了方便分类访谈和问卷调查等研究工作的进行，

---

① Mc Clelland D C. *Testing for competence rather than for intelligence* [J]. American Psychologist，1973（1）：16－27.

我们通常将内容提出者和内容生产者统称为文化创意产业的研发人才，而承担着市场推广和创意管理的角色归结为文化产业经营管理人才。关于两类人才的特点，诸多学者都曾进行了研究和总结，并形成了相对清晰的人才定位。

8.2.1　文化产业研发人才的特点

文化产业研发人才主要是指处于文化产业链上游，拥有较为丰富的知识、较强的创新能力及相应技能，能通过运用自身的能力创造新观念、新技术和新内容，进而提供高附加值的创意产品或服务的复合型人才。

综合学者的过往研究，文化产业研发人才主要有下述特点：

第一，高创意性。文化创意产业的第一特征是突出人的创意，而人的创意来自创新。懂得创新的人才会闪现创意灵感，迸发创意火花，因此高创意性是文化创意研发人才最重要的特征。文化创意研发人才从事的并不是像生产线上工人的流水作业和一般行政管理人员的日常简单、重复的工作，其思维过程基本没有现成例子可以参照，主要是依靠自己的灵感、经验和知识禀赋，对各种可能发生的事物和情况进行预测，然后做出产品创新和技术改进的创意，是全新的创造过程。

第二，高技术性。文化创意产业是乘着高新技术这股信息化的东风迅猛发展起来的，因此高技术性势必是文化创意研发人才的另一重要特征。纵观各国各地区对文化创意产业的各种分类，每个行业都离不开技术的支撑。特别是当今知识经济时代，多元的知识范畴不断融合和交叉，离开技术的融入，创意便失去了重要一翼。如果一个创意诞生后缺乏相应的技术将其变成作品，它永远只是存在脑子中的意念而无法转变成现实中的产品。随着文化创意产业与科技的日益融合，对文化创意人才的技术要求只会愈来愈高。

第三，高人文情怀。文化是创意的平台和资源，是创意源源不断的温床。文化创意产业又被称为体验经济，主要体现在它的观念价值——文化上，它的理论渊源也可追溯到文化工业。因此，高人文情怀成为文化创意研发人才的特征也在情理之中。我国经济已发展到一定阶段，人们对精神文化的需求不断高涨，经济日益文化化的同时，文化也日益经济化。文化创意人才只有充分利用这一点，突出创意产品的人文因素，才能有效抓住消费者的消费心理。因此，沉淀人文素养、修习人文情怀是文化创意研发人才不可不做的功课。只有这样，文化创意研发人才才能在创意中表现出细腻的人文思绪、独特的艺术审美，才能将产品的观念价值展现得淋漓尽致，最终吸引了消费者的眼球。

第四，高"越界"性。文化创意产业具备产业化、重知识产权和"越界"的特征，因此文化创意研发人才也应该拥有"越界"的能力。一位技术专家或一位人文学家具备了创新能力便可以成为创意技术人才或原创人才，但这并不代表其能成为一位全能的文化创意人才。文化创意产业拥有一条完整的产业链，从创意的诞生到制作再到销售，涉及生产、管理和销售等众多环节，势必要求文化创意研发人才能够拥有"越界"的理念和能力，特别是针对高技术、高文化、高管理、高经营集一身的高端人才。

第五，个性凸显。与传统产业的人才相比较，文化创意研发人才个性鲜明且张扬。他们思想独立，富于想象，勇于挑战，充满激情，推崇波希米亚式的自由；他们不循规蹈矩，不墨守成规，具有极强的自我实现的愿望，是典型的成就导向型。由此可知，文化创意研发人才不是简单的为了薪酬而工作，他们更渴望拥有一个能够发挥所长、成就事业的机会，他们工作中所获得的成就感本身就是一种很好的激励，因此，文化创意人才也十分渴望得到他人和社会的认可和尊重。

综上所述，文化创意研发人才在内容上包括了文化产业链中的文化创意提出者和文化创意生产者，而文化创意研发人才具有创意性强、注重技术、注重情怀、文化融合和个性鲜明的角色特点，从一方面来说符合了文化创意研发人才的最基本要求；另一方面，其特点助力研发人才在文化产业链的中上端更好地发挥创新构思和创意变现的功能，实现人才的最大化利用。

8.2.2 文化产业经营管理人才的特点

文化产业经营管理人才主要是指在文化企业里对法人财产的全部或部分拥有相对独立的经营管理权，运用自身的经营管理知识、管理经验和文化创意与管理领域的专业技能，相对独立地对文化企业或文化项目开展经营或进行管理的人。创意管理人才是文化产业领域的经理人，是能够对文化产业价值链进行统筹、规划和运作，拥有综合知识、多样技能以及创新精神的既懂文化艺术又懂经济管理的文化产业经营管理人才。

创意变为产业的过程在于"创意管理"。约翰·霍金斯（John Howkins）提出了创意管理的十大原则：创意人群、思想者的工作、文化企业家（创意经理人）、后就业工作（不是"铁饭碗"，兼职）、及时之人（立马需要上班，并很快适应，随时更换服务对象）、临时性的公司（临时性团队）、网络办公室与商业集群（集群效应、彼此心理、财务和技术上的支持）、团队合作、财务（懂得将专利、版权和商标用作贷款抵押）、热门的交易。① 在这里，霍金斯几乎涉及了文化（创意）产业所需要的所有要素，创意管理就是将这些要素进行计划、组织、控制和监督。

创意经营管理人才需要保证以上这些要素的实现，因此产业发展对这类人才的特点要求全面而又专业。这类人才在文化特质方面，一般具有深厚的交叉学科知识，丰富的文化行业经验，对文化具有独特的感知力，具备良好的创意价值鉴别力；在经营管理方面一般能够做到统筹全局，具有战略思维，服务意识强，把握政策，有敏锐的市场意识，能够很好地把握机遇进行组织管理，实现资源整合，推销文化，及时处理危机，实现对文化产业的有效经营管理；个人特质方面，他们能够做到注重效率，具有良好的自我约束与控制能力，责任心强，在文化界具有广泛的人脉，在文化经营管理过程中具有探索冒险精神和团队精神，拥有较强的影响力。

创意经营管理人才的作用可以更明显地体现在创意产业化的各个阶段。

首先，在文化产品的创意产生阶段，创意经营管理人才是文化产品的创意价值甄别和创意风险评估的先决保证。创意经营管理人才作为文化企业的经营管理者，要直接为企业的经营成败负责，而文化产品具有文化需求不确定的高风险性、高投产成本与低复制成本的高盗版性以及文化消费的半公共产品性等问题类特征，这就要求创意经营管理人才对

① 约翰·霍金斯：《创意经济》，上海三联书店 2001 年版，第 110 页。

文化产品的创意价值进行充分的预评估，对于文化产品的创意风险进行全面的判断，以防止文化投资的失败。

其次，在文化产品的创意制作阶段，创意经营管理人才要扮演好创意工作者和市场营销者的协调者，要保证文化产品的创意叫好和商业叫座，要平衡文化产品的艺术价值和商业价值，真正保证文化产品的创意价值的实现。由于创意工作者大多十分关注自己文化产品的艺术内涵，关注文化产品的独特性和差异性，而且文化产品不再是单一要素的产品，其完成需要多种技能的集合，同时也要考虑文化市场的需求特征和文化消费者的消费偏好，在这个环节文化企业的创意总监和市场总监往往冲突最大，这就需要位于两者之上的创意经营管理人才出面协调和加以平衡，以确保文化产品的创意制作顺利完成，实现文化产品的创意价值（主要是艺术价值）。

再次，在文化产品的创意商品化阶段，创意经营管理人才要准确深刻理解文化产品的创意内涵，要关注文化产品的细分市场进行商业决策和商业执行，实施文化产品的商业价值管理。商品化是文化产品创意价值实现的关键，商品化的形式、种类、程度和规模，是文化产品价值增值的关键。创意经营管理人才要深刻把握文化产品的创意价值内涵，提炼文化定位，形成文化品牌，实施文化产品的知识产权的授权经营，实现文化产品的创意价值（主要是商业价值）。

在文化产品的创意流通阶段，创意经营管理人才是保证文化产品进入流通渠道、实现创意消费的主要推动力量。在文化产业领域，"渠道为王"还是"内容为王"一直是一个争论，但无论如何，对于一个已经创意形成并投资生产出来的文化产品，最关键的工作就是如何借助流通渠道到达消费者。在国内国际，文化产业的流通渠道往往具有行政垄断性或商业垄断性，如何打破这种行政垄断或商业垄断，往往需要创意经营管理人才具有深厚的行业人脉关系和商业执行力。

最后，在文化产品的创意消费阶段，创意经营管理人才是保证文化产品的创意价值（艺术价值和商业价值）完成并确保文化企业投资回收从而实现企业利润的最后守护者。创意经营管理人才是唯一对文化企业从头到尾肩负全面责任的文化企业经营管理者，"他们保证第一分钱花到生产文化产品的"刀刃"上，同时负责回收与文化产品有关的最后一分钱"。创意经营管理人才是文化企业的经营者，是文化项目的管理者，是文化产业领域里的文化企业家。

8.3 基于产业链分类的文化 创意产业人才的胜任力

8.3.1 文化创意产业研发人才胜任力特征指标

关于文化产业创意人才的研究，大部分学者已经有了系统性的研究方法。尤其作为文化产业创意的来源者，文化产业研发人才的胜任力特征指标体系的构建也越来越明晰化。研发人才的胜任力特征指标体系的构建通过设置问卷、进行立克特量表设置以验证指标因素重要性，并通过归纳分析法等方法实现，专家学者也从以下五个方面对研发人才进行了全面的胜任力特征描述，分别是基础知识与技能、通用能力、意识与动机、个人特质和岗位要求能力。在一级指标下，每一个大类指标中又包含了与之相关的具体特征，通过二级指标构建进一步丰富胜任力模型体系，详见表 8 - 1。

表 8 - 1　　　　　文化创意人才胜任特征指标体系

基础知识与技能	基础知识
	相关计算机软件技能
	专业素养
通用能力	善于沟通
	协调能力
	责任心强
	团队合作能力
意识与动机	开拓进取
	领悟能力
	富有激情

	细致严谨
个人特质	想象力丰富
	逻辑思维清晰
	学习理解能力
	对需求有敏感的把握
	创新能力
	对新鲜事物的洞察力
岗位能力	抗压能力
	创意表达能力
	独立解决问题的能力

20 个二级指标的主要含义解释为：

（1）基础知识：文化创意产业中所包括的工作岗位具有与其他行业明显的识别性，在这里基础知识指具备一定的与岗位相关的专业知识，如对广告的审美观及评判能力等都需要在具备基础知识的前提下去培养。

（2）相关计算机软件技能：熟练使用 Flash、Fireworks、Dreamweaver、Photoshop、AI 等专业软件及办公设计软件。

（3）专业素养：本意指一个人为了顺利从事某种具体的实践性活动所必须具备的特殊品质。在这里指设计行为（手绘设计、电脑设计）、扎实的手绘与文字功底、良好的色彩感觉、审美以及专业理论素养等。

（4）善于沟通：妥善处理与上级、同级和下级之间的关系，与对方相互理解，获得支持与配合的能力。乐于沟通，在遇到沟通障碍时，以积极心态和努力对待矛盾冲突。重视信息共享，听取各方意见。

（5）协调能力：主要是指妥善处理与上级、同级和下级之间的人际关系的能力。工作中一个人需要同各种各样的人打交道，而这些人的身份、地位、交往需求、心理状况和掌管的工作性质是不尽相同的。在这里主要体现在善于与各种背景的人合作、资源协调与合理分配能力等。

（6）责任心强：在这里表现为成功完成工作而保持高度热情和付

出额外努力；自愿做一些本不属于自己职责范围内的工作；助人与合作；遵守组织的规定和程序；赞同、支持和维护组织的目标。

（7）团队合作能力：善于与他人协作共同实现工作目标，能在上下级、周围同事间形成良好的合作氛围，保持信息的有效沟通，协调团队目标的达成。能在较短时间内，找到自己对于团队的定位，担当相应角色。不计较个人得失，以团队利益为重。

（8）开拓进取：志向远大，积极向上，充满激情，永不懈怠。以领先的技术和创新的方法，不断努力向更高的境界迈进。

（9）领悟能力：能够迅速把握客户的风格与理念。一是发现问题的能力。二是分析问题的能力。三是解决问题的能力。四是总结问题的能力（推广之后同类问题不再现）。五是升华问题的能力。

（10）富有激情：激情是一种强烈的情感表现形式。往往发生在强烈刺激或突如其来的变化之后，具有迅猛、激烈、难以抑制等特点。人在激情的支配下，常能调动身心的巨大潜力。在创意工作者中富有激情指善于总结和提升自己的工作能力，自我激励，热爱本职工作，全身心地投入到自己喜欢的工作当中。

（11）细致严谨：所谓细致严谨就是严密周到、细密精致、没有漏洞，就是对一切事情都有认真、负责的态度，一丝不苟、精益求精。严谨细致是一种工作态度，反映了一种工作作风。

（12）想象力丰富：喜欢奇思妙想，思维开阔活跃，头脑灵活。

（13）逻辑思维清晰：又叫理论思维，它是人们在认识过程中借助概念、判断、推理等思维形式能动地反映客观现实的理性认识过程。它是作为对认识者的思维及其结构以及起作用的规律的分析而产生和发展起来的。它还是人的认识的高级阶段，即理性认识阶段。

（14）学习理解能力：对新知识、新技能具有强烈的渴求，积极利用多种途径为自己创造学习机会。善于总结成功和失败的经验，以寻找提高自身能力的途径。善于分析自身和工作要求的差距，并采取有效行动弥补。

（15）对需求有敏感的把握：指能够迅速理解并把握市场动向，满足客户需求。

（16）创新能力：不墨守成规，不受以往经验束缚，不断改进工作和学习方法，以适应新观念、新形势发展的要求。敢于质疑传统和常

177

识，能提出与众不同的见解和方法。积极营造创新氛围，对新观点、新方法的提出表示欢迎和赞同。

（17）对新鲜事物的洞察力：能够迅速及时地注意到变化与需求，并且具有敏锐的观察力，注重相关资料的收集，为工作的开展提供帮助。

（18）抗压能力：在外界压力下，能保持良好的心态，冷静思考，愿意接受挑战，能面对相应的工作强度及压力。

（19）创意表达能力：包括语言与文字表达能力、视觉表达能力、设计理念表达能力和镜头语言表达能力等。

（20）独立解决问题的能力：不仅具有独立思考的能力，而且能够独当一面，根据上级和客户的要求独立保质保量地解决问题，完成工作。

8.3.2　文化创意产业管理人才胜任力特征指标

关于文化产业经营管理人才的胜任力特征指标，近年来有不少学者进行了研究。综合诸多学者的观点资料，目前学者们提出了文化产业创意经理人胜任力双素质叠合模型并被广泛接受。

如图 8 - 3 所示，这个双素质叠合模型包含的胜任力素质内容共有 27 项，分为基础胜任力和专业胜任力两层。其中，基础胜任力（20 项）：服务意识、组织管理能力、个人影响力、主动性、遵守规则、谈判能力、责任心、注重质量、战略思维、分析性思维、公关能力、沟通、风险意识、敏感性、捕捉机遇、正直、诚信、公平性、团队精神、自我控制；专业胜任力（7 项）：文化行业经验、创意价值鉴别力、审美辨别力、创意控制力、文化界人脉资源、文化营销力、政策运用力。此模型符合我国文化产业发展各阶段创意管理人才胜任力素质特征的实际情况。

进一步分析，文化产业创意管理人才胜任力双素质叠合模型还可以分解为五个维度：

（1）品德素质：诚信、责任心、正直、公平性、自我控制、团队精神、注重质量。

（2）经营管理：主动性、公关能力、谈判能力、文化营销力、战略思维、服务意识。

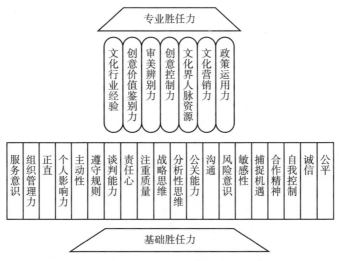

图 8 - 3　创意经理人胜任力双素质叠合结构模型

（3）创意特质：审美辨别力、分析性思维、沟通技能、文化行业经验、创意价值鉴别力。

（4）社会影响力：遵守规则、政策运用力、个人影响力、文化界人脉资源。

（5）成就欲望：创意控制力、敏感性、冒险精神、捕捉机遇、组织管理能力。①

中国目前的文化建设承担着文化体制改革和文化产业发展的双重历史使命。我国文化产业创意经营管理人才素质特征和胜任力结构呈现新的特点和趋势。但在一定时间内，我国文化产业创意经理人胜任力素质模型将会保持稳定。

8.4　以胜任力指标为依据的人才管理

人才管理和人力资源管理很相近，但有很大的不同。人才管理是组织内人力资源管理的体系建立后，必将进入的一个阶段，是更高级的一

---

① 向勇：《文化产业创意经理人胜任力素质研究》，载于《同济大学学报》2009 年第 5 期。

个阶段；人才管理更强调个人，更注重以人为本，更加关注核心人员的需求，而人力资源管理强调公平；人才管理的出发点是人才，人才管理的最终目标是源源不断的人才供应。借鉴人才管理的理论，关于文化产业人才管理我们可以将其解释为：对于从事文化产业的人才进行的管理，围绕影响文化产业人才发挥作用的因素（包括内在因素和外在因素）所进行的计划、组织、协调和控制等一系列活动，包括引进、培养、激励、使用、保留等的一系列措施方式。按照人才管理途径划分，可以分为个体管理、组织管理和社会管理。个体管理是指自我管理的过程，自我学习自我发展的过程；组织管理是指在组织范围内进行的一切人才管理的活动；社会管理是指一个国家或地区为提高人才数量和质量，并改善其结构而进行的活动。本书研究的文化产业人才管理重点关注组织管理和社会管理。

随着数字技术、互联网科技的飞速发展，文化创意产业迎来了第二次发展高潮。人们对电子信息技术依赖程度的加深，使文化创意市场呈现供不应求的局面。但由于中国的文化创意产业起步较晚，发展时间较短，以及其较为僵化、束缚的人才培养机制，导致文化创意产业先天发育不良，后天发育不足，创意人才匮乏，制约了中国文化创意产业的发展。

与发达国家相比较，我国创意人才的现状还远远不能适应文化创意产业迅速发展的需要。主要体现在创意人才总量不足、结构不合理和创意人才总体素质不高等方面。

精通创意产业的财务、管理、行政等人才不足三成，尤其缺乏创意产业经营管理人才和跨学科、跨领域、跨行业复合型人才，直接导致了我国企业在创意产品的推广、衍生产品的开发、品牌的建立等方面很不理想。

当前我国文化创意人才发展远不能满足未来企业发展所需，而文化创意人才的甄选与识别、培养与开发等人力资源管理环节都与文化创意人才的胜任特征指标体系的构成息息相关，只有真正理解了文化创意人才的本质特征，才能为人才的有效利用与开发工作指明方向，为人才的甄别提供依据，最终才能解决创意人才总量短缺与高校人才大量输出和企业实践不相符的局面。通过对胜任力的分析，可以探究文化产业人才在创意活动中所体现出来的关键素质特征，并将其应用于文化产业人才培养的实践之中，从而为"如何培养文化产业人才"这一现实难题破解提供了参考路径。

第9章　基于胜任力的文化产业人才管理对策

中共十九大报告中将文化建设推向一个新高度，明确提出"推进社会主义文化强国建设"思想和目标，同时，2018 年下半年以来，教育部大力提倡建设"新文科"，对新形势下传统学科建设和人才培养模式进行了深度反思，希望通过政策引导培养出适应国内与国际形势和文化创意产业发展趋势的实用型人才。当今世界是一个创意的时代，在创新、集约化发展模式的引领下，文化产业已经成为世界经济又一新的增长点和推动社会持续发展的新动力，同时被认为是未来发展中国家和地区实现经济转型和跨越式发展的重要战略着眼点。

"制度刚性地影响人们的行为，文化柔性地影响人们的行为。"也就是说，在人们的行为中，既可以看到制度的作用，也可以看到文化的影响，二者等量齐观，共同地决定一国的经济活动和繁荣发展。从全球产业结构转型的总体趋势来看，文化产业经济已经成为全球新经济的重要组成部分。在全球化语境下，文化创意产业成为最具前景、最具发展潜力的产业之一。在如今以人工智能、5G、自主应用系统为主流趋势的智能化时代，借助与科技融合的趋势，文化已经从传统的"象征资本"转化为实在的"文化财产"。

目前，中国的经济发展受到自然环境和土地、金融等硬性资本约束，而通过文化创意产业整合知识、文化、人力资本等软性资源，应该成为未来改变我国经济发展方式和实现城市经济转型的重要途径。从更深层次的文化传统来看，中国是客观的人本主义文化传统国家，内容的共同性由文化共同性支撑，文化发展以传承接续为主要导向。这一方面提供了可供挖掘的文化资源，另一方面传统文化理念已经不完全适应当代文化产业化、消费快速化、社会世俗化的发展态势，中国文化产业需要"破局",通过二度创意、三度创意进行新的创意增值。而新创意的发挥主要来源于个人智能的发挥。因此,文化创意人力资本是文化创意产业实现高质量发展的决定性因素。

9.1 文化产业管理人才的特殊性

当前经济形势下,我国发展正处在爬坡过坎的关键阶段,经济增速调低,传统产业面临进一步压缩和转型。文化产业无污染、资源消耗少,通过与其他产业的融合,把文化理念渗透到传统产业的设计、生产、营销、品牌和经营管理环节,凭借独特的产业价值链、快速的成长方式及广泛的渗透力、影响力和辐射力,不仅成为全球经济和现代产业发展的新亮点,也是构成我国转型发展的重要方向,是我国今后重要的发展产业。

文化产业对人才有着特殊的需要,相比较传统的人才培养机制,文化产业管理无论是学科归属上还是行业需求上,都体现出自己的特殊性。

9.1.1 学科的交叉融合性

文化产业作为从事精神文化产品生产的产业,本身有着融合性、交叉性的学科特点,按照我国《普通高等学校本科专业目录(2012 年)》,文化产业管理专业有两个专业分类,一个是管理类,一个是艺术类。纳入管理类,是因为文化产业管理涉及产业经济学、文化消费、市场营销等传统工商管理方面的理论知识与技能,而另一个艺术类的分类,则是因为文化产业产品的精神属性,往往和工艺美术、音乐欣赏以及影视艺术等审美体验密不可分。由此可见,文化产业管理专业从学科归属来说,与传统的、单一的学科分类有较大区别,属于典型的跨专业学科。融合性发展是"十四五"时期乃至今后较长一段时间文化产业发展的重要特点和特征。

9.1.2 行业构成的复合性

文化产业本身是一个内涵丰富的产业群体,文化产业人才包括创意和设计人才、生产制作技术人才和管理、经营人才等。作为文化产业管理专业人才，从文化资源的开掘、文化企业的创立和管理、到不同文化产品的设计与营销，一方面需要对产业涉及的每个环节都要有所了解；另一方面，还要在此基础上，对其中的某个环节有所专长。这对文化产业管理人才的培养提出了相当高的要求，既要懂经营会管理，还要有相当的文化艺术素养，能够发掘文化艺术的审美价值，并且随着文化产业与数字媒体技术的紧密结合，还要对先进的科技知识有所掌握。显然，文化产业特殊的行业构成，需要复合型人才，传统的单一学科无法满足其要求。

9.1.3　较强的实践应用性

我国在 1992 年提出"文化产业"的概念，之后虽然呈现出快速增长的发展态势，但在理论研究方面还不能和传统的人文社会学科（如文学、历史学、哲学、艺术学等）相比，文化产业作为新兴业态，本身还处在一个发展和变化的过程中，文化产业管理人才的培养不能仅仅从过往的理论研究中汲取知识，还需要结合文化产业发展的阶段性特点，在实践中去培养和锻炼应用能力。由此可见，文化产业管理专业人才有其特殊性，其所涉及的每一个环节都需要专业人才来完成。传统的单一的学科门类无法满足其人才培养需求，新文科建设打破了传统单一学科限制，从专业分割转向交叉融合的培养思路，才是文化产业管理专业人才培养的正确导向。

9.2　文化产业人才吸引与招募

9.2.1　国内经济发达地区文化产业人才引进政策

随着社会对文化产业的进一步重视和经济的高速发展，文化产业人才保持持续的供不应求状态。作为集群化的产业，文化产业人才的需求随地区发展的变化而变化，集群化特征凸显的区域对于文化产业人才的需要尤为明显。以我国国内经济发达地区为例，这些地区充分理解创意人才的胜任力特征，其对人才的高度重视充分体现在地区人才引进政策中，以下选取代表性案例加以分析：

（1）深圳市。深圳市认为要大力发展文化产业，就必须从人才的培养以及机制创新上引进入手，把人才建设放在核心位置。首先，在文化产业人才引进方面，出台了《深圳市关于鼓励和吸引优秀文化产业人才来深创业的若干规定》等有关政策，为深圳吸引高层次的人才提供了优厚的、强有力的制度保障。其次，在文化人才培养方面，鼓励有关大学在深圳建立文化产业相关的培训基地，并能够随着市场需求的变化，调整文化产业人才培养计划。最后，在创新人才机制方面，加大人才创新力度，建立起富有活力的人才使用、激励机制，对于优秀人才、高层次人才加大激励措施，支持和鼓励企业用股权、期权激励人才的发挥。

（2）北京市。北京市积极主动地吸引国内外人才到京发展。出台了《北京市促进文化创意产业发展的若干政策》，鼓励非公有制企业进入，设立专项扶持资金，为文化产业人才办理户口；对于文化产业企业引进国外专家、留学人员或博士后工作站给予立项、经费资助等方面的支持。[①]

（3）上海市。上海市建立了良好的文化产业人才激励机制。提升文化产业人才资源配置市场化水平，鼓励人才开办文化企业，在社会上形成了尊重人才的良好社会环境。对于高层次的人才实现特殊政策，鼓励多出精品、多出成果。

（4）杭州市。完善人才引进工作制度。设立优秀文化人才资格认定委员会，实现文化人才的甄选、认定、引进工作的科学化。完善人才评价机制，创新激励机制，通过设立专项资金等方式加大人才开发力度，建立人才工作的督查制度和目标责任制度。

（5）山东省。山东省鼓励支持高等院校与文化企业创设人才培养基地，培养更多的文化产业人才。完善人才的选拔、聘用、激励机制，建立了文化艺术专业人才库和文化经营管理人才库，建立健全市场配置人才资源的机制。设立文化产业突出贡献奖，奖励对文化产业发展做出突出贡献的集体和个人。海外回国人员从事文化产业的，出国前后工龄

---

① 宋锐：《开封市文化产业人才管理研究》，河南大学硕士论文，2012年，第20~22页。

可合并计算，符合条件的可以申报相应专业技术职务资格。

9.2.2　文化产业研发人才的吸引与招募

在招聘甄选文化创意产业研发人才时，人力资源管理者应根据该胜任力模型，设计更加灵活开放的试题，侧重于对想象力、思维模式、分析能力以及创意创作能力等方面的考察。在条件资源允许的情况下，宜结合户外拓展方式考察应聘者潜在的、核心的胜任力，从而全面考察文化创意产业人才是否具备该模型所应具备的素质。具体而言，针对创意研发人才的招募，需要做好以下几个方面：

（1）制定人力资源规划。文化创意企业应完善人力资源管理部门和岗位设置，由专人专岗负责人力资源各项工作。能根据创意发展方向制定战略规划，根据企业整理构架制定组织规划并形成人力资源制度。人员规划是牵涉到企业人员总量、构成、流动的整体规划，需进行人力资源现状分析、企业定员、人员需求与供给预测，进行人员供需平衡，如此才能把握住创意人才的存流量。另外，应进行全面的工作分析，并定期根据规划供需总结报告，为下一步人才选聘做准备。

（2）优化传统招聘方法。文化创意企业可采用校园招聘，招募准毕业生进入企业实习，根据实习期表现来决定是否录用。企业还可以与高校建立人才共同培养的长效机制，如创意人才定点从相关院校或专业引入。使用频率最高的网络招聘应该与其他招聘方法配合使用，结合能力测评、心理测验等方法。内部招募和熟人介绍应该尽可能地考虑引入人才的质量及岗位匹配度，通过中介招聘时应该尽量选择专业的人力资源咨询服务机构，并保持双向沟通与合作。

（3）尝试采用新招聘方法。随着文化创意企业的发展壮大，对各类人才需求增加，尤其是研究人员等高端人才。为克服招聘的盲目性，可采取论文招聘法。即文化创意企业对空缺岗位将要从事的研究领域以及领域的分支进行分析，找到1~2年内该领域该分支的相关论文，通过对论文作者的分析主动找寻合适的人选。这种方法能用比较少的人力、时间、财力成本更快、更准地找到合适而优秀的研究人才。中低端人才可按照岗位要求采用人员素质测评方法，高级管理人员可适当借助猎头公司的力量。

185

9.2.3　文化产业管理人才的吸引与招募

文化产业管理人才的吸引与招募主要应从以下两个层面加以关注：

（1）政府层面。十九大报告指出："我国社会主要矛盾已经转化为人民日益增长的美好生活需要和不平衡不充分的发展之间的矛盾。"而美好生活不光需要满足物质需求，更多的是对精神、文化生活的向往，这就需要提供丰富的精神文化产品，需要大力发展文化产业。纵观文化产业的运营过程，从开发产品到经营、管理，每一个环节都离不开人才，人才对于文化产业来说尤为重要。从政府层面来说，探索如何制定有效的文化产业人才政策，引导人才自由、合理地向文化产业流动，优化人才配置，激发人才活力，为急需复合型人才的文化产业提供强大的人才支撑是重中之重。具体的实施策略如下：

一是随着文化产业与其他产业融合发展的进一步深入，通过扶植一批重大的文化产业融合项目，以项目为契机，引导与之融合产业的人才了解文化产业，并通过政策的倾斜，鼓励其向文化产业流动，缓和复合型人才紧缺的局面，充实文化产业人才队伍；

二是落实相关政策，打破体制藩篱，实现体制内人才自由流动，支持和鼓励高等院校、科研院所、国有企业、事业单位等体制内的文化产业复合型人才创新创业，充分激发体制内文化产业复合型人才的潜力和活力；

三是增加财政投入，加强文化产业经营管理人才奖励政策。

（2）用人单位层面。建立健全人才管理体制，完善招聘、培训、考核和激励等环节流程，从而打造优良的企业形象，为吸引人才提供有力支撑。具体实施策略如下：

一是在人才培养方面，制定分类别的、多种形式的培养计划，根据人才具体岗位和职业愿景，进行职业生涯设计，制定人才培养规划，实施全员培训计划，坚持员工培训常态化。这样一方面鼓励现有人才充分利用网络课程资源或采取岗位培训、短期进修、脱产学习、出国深造等方式进行职业技能培训，充分挖掘现有人才潜力，提升人才技术水平；另一方面对于文化产业管理人员，采取不同系统轮岗工作、不同部门挂职锻炼、新项目工作、继续教育等多种方式，实施宽口径人才培养。

二是在人才考核与激励方面，根据复合型人才特点，建立科学的业绩考核评价体系，实施规范的、科学的、人性化的人才考核和激励。在制定业绩考核评价体系时，应根据不同岗位要求和各类人才的特点，将岗位职责完成效果作为业绩考核的基本标准，重点进行业绩考核，并将短期绩效与长期绩效结合起来进行评价，正确评估人才作用。

另外，为优化文化产业管理人才的招募，可以通过构建人才测评选拔体系来实现。不同的测评指标要选择相应的测评方法，目前的常用方法包括：

①笔试法。事先设计一系列与测评指标相关的封闭式或开放式问题，让被测对象书面作答，根据答题结果对被测对象进行评价。笔试法常用于测评被测对象掌握各种知识技能、逻辑思维及文字表达能力等情况。它覆盖面广、操作简便、信度较高，但较难测评隐性能力素质和实践操作技能。

②面试法。也称面谈法或访谈法。通过面试官与被测对象面对面的语言、动作、表情等多方面的沟通交流来对被测对象进行评价。面试法简单、灵活、直接，几乎适用于对所有测评指标开展测评。不足之处是费时费力、受时间空间限制，受面试官主观因素影响大。近年来，视频对话形式的出现，使面试不再仅仅局限于某一空间，大大拓宽了面试法的运用范围。

③心理测验法。通过被测对象作答专业化、规范化的项目测评量表，以量表统计分析结果对被测对象进行评价。国内外有一些成熟的测评量表可供文化创意企业在人才测评时选择使用，如16PF人格测验、一般职业能力测验、爱德华个性测验等。心理测验法可帮助文化创意企业了解人才的性格特质、智商、情商、职业兴趣等隐性特征。在实践中，文化创意企业要在借鉴现有量表的基础上除陈布新，结合行业企业特点开发设计符合自身实际的测评量表，以提高测评的准确性。

④学历、工作经历评定法。主要根据既定标准，将被测对象的测评要素归入相应等级的过程，比如学历、工作年限及工作经历等。

⑤评价中心法。通过被测对象在模拟情景中扮演相关工作角色，按照角色要求开展相关活动，根据被测对象的行为表现，由多个主体在全面观察分析的前提下对被测对象作出综合评价。这种方法特别适用于对文化创意人才的技能素质、创新素质及综合能力素质等进行测评，主要

形式包括无领导小组讨论、角色扮演及案例分析等。不足之处在于设计、实施及评价的难度较大。

⑥360 度反馈法。主要从测评主体角度考虑，通过多主体综合评价方式对人才开展测评。单一测评主体由于价值观、专业背景及工作经历等因素的影响，不可避免存在主观性。相比之下，360 度反馈法的测评结果更加全面、准确和客观。不足之处在于各主体参与的积极性、专业性、客观性都会影响测评结果；另外，测评主体的增加也意味着测评的工作量将大幅增加。

9.3　文化产业人才培养与开发

9.3.1　文化产业人才培养与开发常见模式

目前围绕文化产业人才培养方面的研究结果较多，已较为成熟，总结起来，主要有以下几种模式：

1. 理想模式"学校—企业—社会"三位一体的文化创意人才培养模式

通过文化产业人才胜任力模型的分析可以看出，文化产业人才的培养不是一蹴而就的事情，它的成长需要学校、企业和社会的共同关心和培养。为满足文化产业发展对人才的大量需求，应采用多渠道、多形式、多途径的立体化人才培养架构，即形成一个"学校—企业—社会"三位一体的"三加工"模式的文化创意产业人才培养模式，以提高文化产业管理专业学生的实践与创新能力，实现学生的知识、技能和观念体系、专业知识结构和专业能力结构的全面优化。

（1）高等学校的粗加工。

粗加工是指学校教育的培养模式。目前高等学校都非常重视对文化产业人才的培养，但从社会实际需求状况看，文化产业人才还是处于供需不匹配的状况，其最根本原因就是高等学校在培养文化产业人才时不能很好地与市场接轨，不能适应企业对人才的需求，相当于一个粗坯，所以把这种培养模式叫粗加工模式。为了克服以上弊端，高等学校在进行人才加工时应该从培养目标、课程体系和教师队伍建设三个方面入手进行改进。

文化产业是"起源于个体创意、技巧及才能"的产业，因此归根结底是一种个性化产业。高校在培养文化产业人才时，必须跳出传统的人才培养理念之窠臼，尊重并且呵护学生宝贵的个性，顺应学生个性的充分发展。同时还应建立通识教育理念，使学生形成较宽厚、扎实的专业基础以及合理的知识和能力结构，使学生养成多角度的思维方式，成为形成创意的"蓄水池"。

文化产业和别的专业相比，非常重视实践环节的培养，因此文化产业的课程体系应该实现"理论"和"实践"的统一。其中核心课程虽然不要求各高校保持一致，但从总体上应该包含共同的类别，大致可以分为文化基础与文化资源类、一般管理类及文化产业管理类、经济学类、政策法规类、现代信息技术类等几大模块，这样可以保证学生具备最基本的文化产业从业素养。实践课程可以通过设置一定的"实践学分"、考试中增加实践考察等多种措施来强化学生的创新实践观念，提高学生的创意创新能力。

文化产业专业具有自己独特的培养目标和课程体系，对人才培养质量也提出了很高要求，因此各高校必须着力加强文化产业管理师资队伍建设：一方面应大力引进具有海外经验的教学科研人才，提高当前教学队伍的数量和质量；另一方面侧重引导政界、业界的社会人才来进行教学工作，他们可以作为重要的师资补充，以缓解师资力量积弱的压力。

（2）企业的深加工。

深加工是指企业的人才培养模式。当前企业在面对招聘的文化产业管理人才不能适应岗位需求现状时，一般都会采取内部培训的方式对人才进行培养，但很多企业的内部培训缺乏明确的目标、合适的方法、准确的评估，从而出现了培训不到位、培训没效果的状况，因此企业在文化产业人才的培养中也要发挥重要作用，促进人才的全面进步。

文化企业是文化产业人才的成长根基，为个人健康成长提供了动力和保障。文化企业可以构建全方位的培训体系：一是直接培训，如入职培训、企业文化培训、技能培训等，内容多是跟公司具体工作直接相关，技术性、实用性强；二是间接培训，通过购买培训机构服务来实现对员工的培训；三是文化熏陶，让员工参与企业具体的项目，熟悉业务，并在其中得到文化艺术的熏陶。通过以上三种全方位的培训体系构建，为文化产业从业人员的终身学习创造条件，促进了文化产业人才的进一步发展。

（3）社会的精加工。

精加工是指职业生涯规划机构的培养模式。职业规划机构注重人才的内职业生涯，根据岗位胜任力的特征模型，会为人才理清自己适合的行业、职位、目前状况、优势、劣势等，结合外部职场环境指导人才做好自身的职业规划，有针对性的培训充电，从而把个人职业规划和企业的需求结合起来，利用企业的平台，打造个人精彩的成功人生，所以把这种人才培养模式叫精加工模式。

总之，通过这种"学校—企业—社会"三位一体的"三加工"文化产业人才培养模式，可以帮助学校提高就业率，帮助企业找到合适的员工，帮助文化产业人才找到自己的职业发展方向和发展平台，帮助职业生涯规划机构推动个人和组织职业规划的完美统一。

2. 文化产业人才培养与开发的具体措施

一是建立产、学、研相结合的培养机制。扶持高校文化产业人才培养与研究基地建设，资助一批研究文化产业发展的重点研究课题。鼓励学校与相关文化产业联合办学，推进产、学、研的合作与互动，合作举办高级研修班和培训班，培养高素质的专业技术人才和经营管理人才，建立产、学、研高层次人才双向交流制度。鼓励、支持有条件的高校开设文化产业管理类本科和研究生专业，加强交叉型、复合型、应用型文化产业人才培养。实施"人才+项目+基地"的培养模式，依托重点文化产业项目，在实践中集聚和培养文化产业人才。

二是设立文化产业人才培养基金，鼓励企事业单位对文化产业人才的培养，每年分批扶持高层次、有发展潜力的人才出国研修或国内高级研修，培养具有世界水平的专业人才，可以用人才培养基金进行资助，补贴一定数额的经费。

三是可以探索建立人才培养投入保护的机制，设立起社会、单位、个体共同培养人才机制。

四是大力培养民间文化人才，评选和公布一批名家民间文化人才，由政府发放一定的津贴给予支持。对于培养传承民间文化的人才队伍，可以采取政府资助、团体支持、个人合理负担相结合的培养机制。

五是加强文化产业企事业单位内部培训。作为人才使用、培养主体的各文化产业企事业单位，更要加大人才培养力度，转变观念束缚，增强自身内动力。在培训方式上可以实现更加灵活的方式，有针对性的培养，使人才培养成为制度化，提升培养的实效。企业可以采取本单位的老专家、老艺人传帮带的方式培养年轻人才，这样既节约培养经费，又能够提高实践能力，确保文化产业企事业单位核心竞争力的发展和传承，取得实效。政府可以对对于文化产业人才培养工作中作出突出贡献的单位给予适当鼓励。只要文化产业企事业单位肯强化自身的员工培训，那么人才所释放出来的能量将是无法想象的。

六是加强行业协会培训。鼓励建立文化各行业协会，利用行业协会，强化协会会员之间的交流学习，从而推动文化产业人才的培养。

七是搭建人才学习交流的平台。鼓励文化企事业单位与社会培训机构联合，发挥社会力量在文化产业人才培养的重要作用。吸引一批国内外著名培训机构，成立文化培训机构。可以由政府或行业组织牵头，定期举办研讨会、论坛、沙龙、座谈会等，为文化产业人才创造更多的、各个层面的学习交流机会，在条件成熟的情况下，可以逐步减少政府的培训功能，推进人才培养的市场化运作。

八是加强职业资格培训和认证。在全市文化企事业单位范围内逐步推行对新的从业人员实施培训上岗制度。每年必须完成一定的培训任务，规定对于不能完成任务的企事业单位的惩罚措施，以利于文化产业从业人员的知识更新和技能更新。

9.3.2 文化产业研发人才的培养与开发

前文总结出的研发人才的胜任力特征，对文创企业在人才甄选、识别、培养与开发等方面具有积极意义，对研发人才自身进行"对标达标"也将起到积极的促进作用，这将保障文化创意产业产品既"叫好"又"叫座"。实践中，文创研发人才胜任力必须与多个向度机制相互协同嵌套开发。不仅需要专业化开发，也需要个性化开发；不仅需要产学研用联合开发，也需要营造良好生态环境促进成长发展。

首先应重构工匠文化，追求精益求精。亚力克·福奇（Alec Foege）在《工匠精神》中指出：古往今来，"工匠精神"一直都在改变着世界。① 工匠精神是文创产品之"魂"，倡导"生命品质的好坏不由自己定义，作品是最好的说明，每一项工作都当作精工物件"的理念，培育文创产业研发人才精益求精的思想与行为习惯，把改善当作工作的常态，鼓励他们大胆进行工艺创新和产品品质提升，突破研发设计的规矩和法度，使产品附加值极大化。

其次是优化培训体系，挖掘人才的创意才能。肯·罗宾逊（Ken Robinson）在《让思维自由》中强调"改革教育是培养创造力的最坚实一步"。② 要让文创产业研发人才的"文心"丰富充盈，让"文心"支撑创意生产，就要优化培训教育体系。文创产业组织可以根据各岗位创意研发人才的素质和能力需求，对创意研发人才进行有针对性的培训。除了传统的到知名高等学府、人才培养基地学习进修等方式外，还鼓励创意研发人才到各类文化圣境、知名艺术区等进行"创意休假"，"研发疗养""读万卷书、行万里路"，特别提倡到基层采风，"功夫在诗外"。在工艺方面也鼓励研发人才跨岗学习，通过"工作丰富化"和"工作扩大化"策略，拓展"文心"资源，从而为再创新、再改善、再精进提供灵感与可能。通过有效培训，发挥个人特质，提高岗位能力，在创意实现这一核心竞争力上不断进步，进而达成前文提到的对研发人才创新能力、对新鲜事物的洞察力等胜任力特征针对性培养的目标。

最后是健全激励机制，提供归属需要和保障。实践中，我们发现受到较好激励的创意研发人才总是能更主动地寻找将工作做得更好的方法，总是更加重视工作质量，创意生产效率也相对较高。

文创产业研发人才"爱心"滋养的激励过程要注重四个方面：

一是对组织知识创新进行激励，就是要将研发人才头脑中高度个性化、情境化和难以表达与沟通的知识、技术和经验等隐性知识，通过充分的交流、沟通、共享和扩散，促进个人创意资源转化为组织的竞争优势，从而提升研发人才的职业兴趣和职业成功感。

二是实行知识价值导向的薪酬体系，对研发人才实行年薪制、股权

①② 亚力克·福奇：《工匠精神》，浙江人民出版社 2014 年版，第 9～12 页。

制和期权制等，并探索给予更多元的薪资和福利形式，让研发人才感到有地位、有价值、有奔头。

三是注重认可激励，帮助研发人才系统提升在专业领域的知名度和美誉度，增强他们的自豪感和自我实现感，让他们迷上创意而"功到自然成"。

四是营造良好生态，利于促创添韵。斯坦因（Stein，1968）、沃尔奇（Wallach，1971）等人的研究表明，工作环境、生活情景、产业政策以及社会认知等因素，在创造力生产与品质意韵升华过程中发挥重要作用。[①] 对研发人才"促创添韵"需要注重四个方面：

（1）营造宽容失败的文化环境，建立创意补偿机制。要破除在创意研发上"只许成功，不许失败"的观念，鼓励创新、冒险和承担风险，大力营造宽容失败、鼓励创新的文化环境和氛围。同时，建立创意补偿基金，保障研发人才在创意等待期、创意失败期的工作生活，让研发人才没有后顾之忧。

（2）深化产业集聚与人才集聚相互协同，实现产业链、人才链与创新创业链紧密结合。文化项目的引进和人才的引进要紧扣区域文化产业发展重大需求，切实部署文化产业链，以产业链吸引人才链，形成高端创意研发人才、技术型人才和一线操作人才匹配，保证创意向产品转化。同时，产业集聚与人才集聚也极有助于信息共享、技术交流和思想激荡。

（3）健全文化产业服务体系，使文化研发人才集中精力聚焦创作，提升"五力"。可以通过建立文化服务中心，在研发服务平台、产品专利、产品推广、项目资金、团队匹配、人才培养提升、人才安居等方面提供服务，甚至"一站式服务"或"首接责任制"服务，让他们心无旁骛，将有限的时间精力投入到无限的创作之中。

（4）提升社会对产品的品鉴水平。以文化产业的兴盛激发研发人员的创作热情，以专业到位的评价促进研发人员的创作水平，以高雅有品的鉴赏引领研发人员的创作方向。

193

---

① 吴贵明：《文化创意产业研发人才胜任力的结构特征及其开发机制构建》，载于《东南学术》2017 年第 6 期。

9.3.3　文化产业管理人才的培养与开发

1. 文化产业管理人才的企业培训措施

对于该类人才的培训，应树立现代培训教育理念，树立终身学习的理念，加大对文化产业管理人才的培训教育力度，注重人才实践能力的培养。要建设多层次的人才培养和培训体系，加速文化产业内部人才资本的增值。当今社会，人才资本的增值应高于资产或财务资本的增值，而人才资本增值的重要途径，就是人才的培养和培训。文化产业人才的培养要构建以文化产业发展目标与人才职业发展需求相协调的，远、中、近期培训相协调的，文化产业人才的高、中、低培训层次相协调的，短期培训、学历教育、高级人才培训相协调的，以及高校、社会培训机构、文化产业企事业单位多层次的人才培养培训体系。注重人才实践能力的培养，能力就是"能够为之"的力量。只有在实践中，文化人才的能力才能获得丰富的磨炼和表达。具体对策如下：

一是加强文化产业企事业单位内部培训。作为人才使用、培养主体的各文化产业企事业单位，更要加大人才培养力度，转变观念束缚，增强自身内动力。在培训方式上可以实现更加灵活的方式，有针对性的培养，使人才培养模式制度化，提升培养的实效。企业可以采取本单位的老专家、老艺人传帮带的方式培养年轻人才，这样既节约培养经费，又能够提高实践能力，确保文化产业企事业单位核心竞争力的发展和传承，取得实效。企业需要为管理经营人才规划职业晋升通道，进而明确个人在组织中的发展。政府可以对对于文化产业管理人才培养工作中作出突出贡献的单位给予适当鼓励。只要文化产业企事业单位下力气强化自身员工培训，那么人才所释放出来的能量将是无法想象的。

二是加强行业协会培训，鼓励建立地区文化行业协会，利用行业协会这样的组织形式，强化协会会员之间的交流学习，从而推动文化产业人才的培养。

三是搭建人才学习交流的平台，鼓励文化企事业单位与社会培训机构联合，发挥社会力量在文化产业人才培养中的重要作用。吸引一批国内外著名培训机构，成立文化培训机构。可以由政府或行业组织牵头，定期举办研讨会、论坛、沙龙、座谈会等，为文化产业管理人才创造更多的、各个层面的学习交流机会，在条件成熟的情况下，可以逐步减少政府的培训功能，推进人才培养的市场化运作。

四是加强职业资格培训和认证。在全市文化企事业单位范围内逐步推行对新从业人员实施培训上岗的制度。每年必须完成一定的培训任务，规定对于不能完成任务的企事业单位的惩罚措施，以利于文化产业从业人员的知识更新和技能更新，也便于管理人才的进一步管理。

2. 文化产业管理人才的大学创新教育措施

在高等院校开设文化产业管理本科专业，开展文化产业管理的创意创业教育，培养大学生的创意创业家精神，就要兼顾好文化创意、商业创新和企业创业等三者之间的协同关系。根据北京大学文化产业管理本科专业建设的实践经验，结合国内外专业建设的基本情况和文化产业的发展趋势，文化产业管理本科专业应该在课程建设、培养模式、师资队伍、教学实践、毕业考核等培养环节加强创意创业教育，培养文化产业管理专业的创新型人才。

第一，健全文化产业管理本科专业的核心课程体系。北京大学文化产业管理专业课程包括美学与艺术学理论模块、文化策划与科技应用模块和艺术经济与创意管理模块。即便如此，北京大学艺术学院尽量降低专业必修课的学分总量，增加北京大学人文学部的平台通识课程和学生的自由选修课程，提供学生自由探索和发展的成长空间。这些课程的重点在于激发学生的求知欲和好奇心，使学生形成文化产业创意学、文化产业经济学和文化产业管理学的知识体系，具备文化素养、创意思维和产业意识的综合技能，成为能够引领文化创新和社会发展的创意创业领导型人才。

第二，建立文化产业管理本科专业的实践教学全流程。文化产业管理本科专业是一个理论与实践相结合的应用型专业，需要建立起课堂学习、项目实践和职场实习的学习过程。北京大学通过开设创意写作、创意管理学、艺术策展学等实务课程，结合创意管理工作坊的教学实践，采取国际文创游学、生命行走、社会调查、建立实习基地、组织文化创意大赛、举办青年创意领袖大会、组织文化展演等多种形式，把文化思维注入产业操作，培养学生的社会实践能力。北京大学文化产业研究院通过创意实验室和 X 工作室的支持平台，组织创意工坊和孵化计划，提供有益的文化、形式和材料的结合，搭建起文化产业管理专业的学生创意的孵化平台，推动创意设计与创新研究，起到了文化产业管理专业人才培养的辅助支持作用。

第三，营造文化产业管理本科专业的科学研究氛围。鼓励学生通过学习小组、小班研讨会、文艺沙龙、科研项目、学术工作坊、暑期学校和向上书堂等形式，浸润教师导师"大鱼"的学术濡染，发挥研究生"中鱼"的中介传导效应让大学本科生"小鱼"结成各种学术共同体组织，相互督促，共同学习，采取"从游式"教学模式，营造有助于激发创意的校园环境，促进交叉，产生创新灵感和交叉创意的"美第奇效应"，进而培养大学生的自我学习、自主研究、自我激励和跨界创新的学习习惯和研究能力。

根据以上经验，促进高校创意管理人才的对策，可以体现在以下几个方面：

一是树立基于文化创意人才胜任力模型的人才培养理念。基于文化创意人才胜任力模型，提出以培养学生个性为主的"自然教育"理念和以拓宽学生知识结构为主的"通识教育"理念。"自然教育"理念符合文化创意人才个性突显的特点，旨在通过培养个性来引导学生的兴趣爱好，从而提高文化创意人才所需的审美辨别力、创新能力、独特的见地以及创意表现力。"通识教育"理念符合文化创意人才高"越界"性的特点，旨在让学生跳出狭窄的专业视角，接触专业以外的广阔领域，触发学生多角度思考问题，提高思维敏锐性和想象力。高校在培养文化创意人才时，必须跳出传统人才培养理念之窠臼，尊重学生个性，顺应学生个性发展。而自然教育的理念正是呼吁大家尊重学生的个性。因此，高校在文化创意人才培养过程中倡导自然教育理念是迫在眉睫，所有人的教育和事物的教育都应顺从自然的教育，教师应尊重并呵护学生宝贵的个性；我国大学也实施通识教育，即在低年级时修习公选课，以这样的方式作为通识教育。一方面公选课的学分在数量上的要求偏低，另一方面公选课的教学质量有待保证、学生真正收获的东西值得疑问。简言之，就文化创意人才培养来说，高校在现有的通识教育课时的基础上还可适当增加，通识教育的质量也有待进一步提高。这也是我国很多地市文化创意人才创意拓展能力、创意基础能力不强的原因，也是文化创意人才中高人文情怀、高"越界"性者难觅的原因。

通识教育对于文化创意人才的培养的意义体现在多方面，第一，它丰富的学科内容为文化创意人才培养提供了宽广的知识结构，而这些知识结构是文化创意人才形成创意的"蓄水池"。第二，它有助于学生跳出专业的小圈，打破学科界限，从而养成多角度的思维方式，培养洞察力、分析能力，提高价值判断能力，在触类旁通、融会贯通中提升了文化创意人才胜任力模型中的各项能力素质。第三，通识教育所倡导的全面发展，符合文化创意人才的五项特点，尤其是高人文情怀、高"越界"性。无论是"自然教育"理念还是"通识教育"理念，它们都为文化创意人才的培养提供了一个大氛围、大环境。前者利于保持学生的个性，而个性是创意能力中最重要的能力，所有文化创意人才的关键能力都发轫于他们的个性；后者拓宽了学生的知识结构和视野，培养了文化、艺术修养，成为文化创意人才创意的"蓄水池"。

二是完善基于文化创意人才胜任力维度的课程体系。根据文化创意人才胜任力特征因素模型，高校可探索一套提升专业知识和技能与社会需求的对接度、重点开发创意能力、着力培育创意态度的创意课程体系。第一是注重专业知识和技能与社会需求的对接。专业知识和技能是文化创意人才必须具备的前提胜任力，它们就是冰山模型中浮在冰山之上的内容，是显性部分。专业知识和技能的培养应注重"广"和"精"，在"广"的宽度和"精"的深度的基础上实现与社会需求的对接，以社会需求为导向标，及时更新。

所谓"广"，就是知识面宽广，这是文化创意人才高"越界"性的特点决定的。在课程上应体现在综合性、交叉性上。高校可从两个层次上来体现创意知识和技能的"广"，第一层次：配合好通识教育，培养学生浓厚的人文底蕴，特别是我国的传统文化，是世界文化中的一朵桂冠，是创意取之不尽用之不竭的源泉；第二层次，开设文化创意理论课程，全面系统地掌握文化创意产业的发展历程、组织形式、市场交易、投资融资、盈利模式、人才资源以及发展政策。因此，课程设置应该兼顾经济学、管理学、营销学、金融学、文化学、传播学、新闻学、艺术学、广播影视学、法学以及计算机技术等众多学科，这是文化创意人才必不可少的知识。

所谓"精"，就是专业知识和技能一定要精湛，这是文化创意人才高技术性的特点所要求的。只有精湛的专业知识与技能，才能为创意基础能力、创意拓展能力的培养打下牢固的基础，才能支撑创意态度中的各项能力，使其不断提高。各高校可根据自身办学传统和特色，集中学校优势全力打造文化创意人才的其中一类或几类人才。

高校虽然一贯重视知识和技能的培养，但此种重视缺乏一定的针对性。在人才培养过程中，还应特别注意社会需求。我国很多地市文化创意人才在专业知识和技能这一维度得分不高，其原因之一就是学生所学的知识和技能与社会需求的对接度不高。学生是潜在的文化创意人才，最终要步入文化创意产业领域，他们所学的知识和技能只有很好地与社会需求对接，才算发挥真正的效用。各高校在传授知识和技能课程的设置上，应高度重视这一点，在与用人单位充分沟通的情况下，开展市场调查，取精华去糟粕，跟上社会需求，甚至以敏锐的嗅觉走在社会需求的前面，确保知识和技能的开放性，以此达到课程中教授给学生的知识技能与社会所需完美对接。

三是构建基于胜任力开发的文化创意人才培养方式。构建主义理论认为，学习的过程是学习者主动构建知识的过程，学习者在一定的学习环境下，借助他人（教师、学习伙伴等）的帮助，利用必要的学习资料，通过意义建构的方式而获得知识，因此，知识是学习者与外部环境交互作用的结果。[①] 构建主义强调以学生为中心，教师是学生主动构建意义的帮助者和促进者。情境、协作、会话和意义建构是学习环境中的四大要素。构建主义所主张的学习过程，不仅锻炼了学习者的各项能力，而且还有助于学习者认知事物，是文化创意人才培养方式非常理想的理论依据。是指由教师精心设计问题或者师生合作提出问题，以问题为焦点组织学习者进行调查和探究，从而让学习者了解问题解决的思路与过程，灵活掌握相关概念和知识，进一步培养学习者理解问题、分析问题和解决问题的能力，从中获得解决现实问题的经验，最终形成自主学习的意识和能力。创意人才培养的教学方式与构建主义的要求一脉相承：以学生为中心，学生自行调查和探究；强调过程的重要性；教师在整个过程中是扮演指导者和帮助者的角色。对学生表达的多元观点给予充分的肯定，提供允许探索自我的环境，并鼓励发现更多解决问题的方

① 王雪野、王颖聪、顾小慈：《文化创意人才培养模式研究》，载于《现代传播》2014年第2期，第105页。

法。在还未全面了解问题前，试着接受学生的观点，而非设法让学生适应教师的观点，并在所有课程中，以创意的方式解决问题，同时运用于日常生活中，且允许探索所有的可能性。学生在解决问题、探索结果的同时不仅锻炼了分析能力、学习能力、责任意识，也在与教师、学习伙伴的交流中提高了表达能力、适应能力、团队合作能力、执行力等。在整个学习的过程中，以学生为中心，利于因材施教、因势利导，吸引学生兴趣；自我探索的学习方式能够锻炼学生的毅力，遇挫折而不气馁；不轻易否定学生的观点大大鼓励学生标新立异，有利于学生树立自己的独特观点。该人才培养方法的实施过程中，对创意态度的各项能力，如责任意识、前瞻意识、毅力、团队合作也有潜移默化的作用。

四是重视加强师资队伍建设。作为文化创意产业核心专业的教师，不应该囿于理论，自身应练就强而硬的实践能力，将实践带入教学。

高校可提高文化创意产业核心专业教师的入职条件。德国高等教育结构法的有关规定，应用科技大学教师的聘任条件是：（1）高校毕业；（2）具有教学才能；（3）具有从事科学工作的特殊能力，一般通过博士学位加以证明，或具有从事艺术工作的特殊能力；（4）在科学知识和方法的应用或开发方面具有至少五年的职业实践经验，其中至少三年在高校以外的领域工作过。这虽然是德国应用科技大学的教师聘任条件，但因为文化创意产业的教学应用性强于理论性，这一方法非常值得借鉴。因此，高校在文化创意产业核心专业教师的聘请中，应该特别重视教师的职业实践经验，将具备三年的职业实践经验作为聘任条件之一予以硬性规定。

再者，高校可实行教师定期挂职制。社会需求毕竟不是一成不变的，它是随着产业的发展而不断发展的。教师入职前的职业实践经验会随着教学年限的增长而与社会需求脱节。高校可与对口的文化创意企业合作构建教师挂职基地，以加强文化创意核心专业教师的实践能力、提升教学中的专业知识和技能与社会需求的对接度。挂职制的主旨在于教师不仅要紧跟文化创意产业的步伐，更要高瞻远瞩地走在产业发展的前头，也可理解为是对高校教师的培训。文化创意产业对于广大在高校中的一线教师同样是新事物，同样需要培训。对于"新教师"，必须保证每年有固定的时间参加文化创意企业的挂职；对于实践经验相对丰富的"老教师"，可适当减少挂职的时间和次数。学校可将教师挂职的经历作为教师考评、评优的一个方面予以考查。教师参加文化创意企业的挂职，是高校走进企业、联系社会的一条纽带，是提高师资队伍专业知识和技能与社会需求的对接度的有效途径。

与此同时，引入高端文化创意人才作为师资队伍的补充。聘请高端文化创意人才作为兼职教师或客座教师。成功的文化创意人才可以是文化创意企业的高管、设计师，也可以是从事文化创意产业某一职业、具备高超的创意能力和丰富的创意工作经验的普通创者。让他们走进高校、走进课堂，不仅给学生——未来的文化创意人才——带来鲜活的实战案例，也给高校教师队伍注入新鲜血液。从企业来的高端文化创意人才与高校教师之间还可以互相借鉴学习；同时也把企业中注重实践的作风注入了教师队伍之中，避免高校教师教学理论化的倾向。聘请高端文化创意人才作为兼职教师或客座教师来补充文化创意产业核心专业的师资队伍，不能仅仅停留在高校"聘"层面，还应该实实在在地将文化创意人才"请"进来，真正成为学生的良师，成为高校教师的工作伙伴。

9.4 文化产业人才的合理配置：
以京津冀地区为例

随着我国各地区文化产业的快速发展，集群化趋势愈加凸显，同时地域之间的协同发展现象有效助力了区域之间的共同高速发展，人才作为一种可"流动"的稀缺资源日渐成为区域获得并保持核心竞争优势的重要前提。文化产业人才一体化是区域内文化产业一体化的内在要求、重要基础和有力支撑，推动协同区域文化产业人才交流融合和优化配置，实现产业结构与人才结构相互适应，才能最大限度地发挥区域文化产业人才资源的整体效能。此处以京津冀文化产业人才一体化为例，提出对此区域文化产业人才共建共享与合理配置的实现途径。

1. 加快京津冀文化产业协同步伐

文化产业人才在京津冀区域内的共建共享与合理配置，有赖于区域内文化产业的合理分工、科学布局及良性发展态势。因此，三省市应从整体利益出发，不断增进协同自觉，强化顶层设计和战略合作，有效促进京津冀文化产业发展协同协作。要建立京津冀文化产业协同发展领导机构，并构建利益协调长效机制。在全面、深入调研基础上，统筹梳理三地文化资源，着眼于产业发展现状和问题，系统谋划设计三地文化产业区域分工和产业布局，研究制定专项合作计划和实施方案。要立足京津冀各自比较优势，促进三地文化产业在资源整合、内部重组的基础上实现优势互补、良性互动、合作共赢，形成脉络清晰的区域文化产业发展体系，使三地文化要素自由流动、高效配置，提升京津冀文化产业整体竞争力。

2. 实现京津冀文化产业谋篇布局与人才规划同频共振

区域内的人才规划与产业谋篇布局密切相关。科学的产业布局是人才规划的战略前提，而高效合理的人才规划和人才配置又是区域内产业发展的内生动力。

因此，一方面应系统谋划设计三省市文化产业协同发展中的区域分工和产业布局，以京津冀文化产业结构调整的一体化推进区域文化产业人才发展规划一体化；另一方面，应对区域内文化产业人才的开发与建设、合作与配置进行战略性、总体性规划，以京津冀文化产业人才的共建共享与优化配置，促进区域内文化产业的协同协作和跨越发展。建议由三省市文化厅（局）牵头联合成立京津冀文化产业人才工作联席会议，研究部署人才建设与合作相关事宜。梳理统计当前京津冀文化产业人才的构成情况，依据三地文化产业发展目标和各自定位，建立健全区域内文化产业人力资源选拔、培养、引进、流动、管理、测评、激励、保障的相关机制和政策法规，实现京津冀文化产业人才错位发展和交流融合。

3. 实现京津冀文化产业人才信息互通互融

实现文化产业人才信息的互通与共享，是促进区域内文化产业人才合理流动和高效配置的重要条件。为此，应加快推进京津冀文化产业人才市场一体化进程，促进三省市文化产业人才资源按市场规律在区域内自由流通。应开发建设京津冀文化产业人才工作专门网站，实现三地人才政策和各类文化人才需求的集中统一发布和区域共享。以国家、省

（市）级重大人才工程和人才项目为载体，按照统一筹划、分类采集、分层管理、合作共建的原则，整合信息资源，完善指标体系，建立京津冀高层次文化产业人才专门数据库，动态发布三地对高素质文化产业人才的需求信息，确保三地人才信息的互联共享和人才供需的无障碍对接。

4. 实现京津冀文化产业人才共育共引

实施京津冀三地文化产业人才联合开发工程，通过联合建立高端人才库、联合开展人才交流合作、联合推进产学研一体化及建立联合引才模式等途径培育、聚集一大批支撑和引领三地文化产业实现协同发展的优秀人才，加速形成京津冀文化产业人才高地。通过支持学术研究、国际交流、文化创意和舞台表演等活动，发掘一大批懂文化、通管理、善经营、跨领域的文化产业高端人才。建立京津冀地区文化领域经管人才、创意人才、技术人才等挂职、交流机制。充分发挥三地各自文化艺术门类优势和各类文化艺术类专业院校、职业院校的人才优势，为三地提供文化产业人才培训服务。

5. 实现京津冀文化产业人才评价体系互认互准

加快京津冀文化产业人才评价制度改革，尽快形成三地统一的人才评价标准体系，做到三个统一：（1）统一职称评价标准，实行文化产业专业技术职务资格互认；（2）统一文化产业高端人才、领军人才认定标准，高端人才在落户、住房安置、配偶随迁、子女入学等方面均可享受相应待遇；（3）统一职业培训标准。

9.5 文化产业人才的激励与考评

上文对文化产业人才的吸引招募、培养与开发以及配置进行了详细阐述，而激励与考评也是文化产业人才管理对策中必不可少的重要组成部分，是文化产业人才管理机制的关键内容。

人才激励是指可以提供一种行为的动机诱因，并通过特别的设计方式来激发被激励者的兴趣，应当重视激励对于文化产业人才的作用。根据马斯洛的"需求层次理论"，针对不同需要的激励对象采用不同的激励方式，那么调动人才的积极性也有许多种方法。（1）目标激励：通过推行目标责任，使人才产生压力，将压力转变为动力，最终努力完成目标。（2）尊重激励：尊重个体人才的价值观念，从而达到相互尊重。（3）示范激励：通过先进人物的行为示范，来影响人才工作的主动性和积极性。（4）表彰激励：对人才的工作态度和贡献予以荣誉奖励。（5）关心激励：对人才的工作和生活关心入微，使其达到知恩图报的效果。（6）竞争激励：以职位、地位为主的激励，倡导文化产业内部人才之间、产业各部门之间的有序、平等竞争。（7）物质激励：增加收入，奖励生活用品等。（8）认同激励：人才个体在组织内的认可程度的激励，让人才感到离开群体将会失去自己的社会性。（9）信任激励。领导和群众的信任，能够调动激发人才的工作热情。

综合运用以上各种激励方式，为了使激励方式真正起到作用，激励方式的运用要因事、因人、因时而异，得当并恰到好处地处理好几个问题：（1）加大物质方面的激励和注重精神方面的激励，形成多种方式优化组合的方式；（2）要掌握适度、公平、选优和及时的原则；（3）认真研究文化产业人才的心理变化。

现代的人力资源管理不仅是静态的事务性管理，而且是基于人才发展规律基础上的人本管理，要注重开发人才的潜力、激发人才的活力。建立科学合理的激励机制是体现现代人力资源管理理念的主要方式，通过实施有效的、公平合理的、系统完善的激励机制，不但可以实现个人的价值目标，同时也可以达成企业或事业发展的长远目标。鉴于文化创意人力资本在文化产品生产及文化创意产业发展中的核心功能，必须建立起科学有效的激励机制，按照创意人才的成长规律来推动个体发展和群体发展。文化创意人力资本激励机制的建立有赖于对其独特价值构成的衡量与评估。

理查德·弗洛里达（Richard Florida，2002）在《创意阶层的崛起》一书中指出，人类的创造力是最根本的经济资源，人类生产力的提升、生活质量的改善，归根结底都来自开发新创意的能力。[①] 创意经济视角的经典论述认为，知识型人力资本虽然考虑到了人才所具有的高层次知

---

① Richard Florida, The Rise of the Creative Class [J]. *Basic Books*, 2002：50–51.

识及其运用能力的重要作用，但文化创意人才所具有的突出的创造性、创新性特点仍然没有得到充分表达。而文化角度"文治教化的创新性"、人本角度"新思想的独创性"、经济角度"收益的高风险性"进行叠加，才共同体现了文化创意人才的核心价值。① 从文化创意产业的价值链分析，文化创意人力资本核心价值的表达载体为具有独创性或创新性的文化创意和文化创意的产品呈现，因此激励机制的建立就要围绕无形文化创意的产生和有形文化产品的生产，对无形文化创意产生的激励主要是指文化创意人才良好的工作环境、文化环境及生活资本；对有形文化产品生产的激励主要指文化创意产业健康发展所必需具备的政策条件和法治保障。

人才考评是指在一定时期内，采用一定的方法，对人才的素质和绩效进行调查、测定和分析并作出评价的过程。人才考评作为文化产业人才管理的一项基本工作，它与人才管理的其他各个环节紧密相连。通过考评，可以对文化产业人才作出正确、客观的评判，以便企业能够及时地发现人才，有效地培养人才、准确地选拔人才，合理地使用人才，正确地奖惩人才，掌握人才队伍现状，从而形成和谐向上、竞争有序的文化氛围，有效地促进文化产业人才队伍建设发展。人才考评有利于文化产业人才自我了解、自我设计与自我开发。例如：企业每个成员对自我并不是十分了解，更不是全部了解。每一个员工都是通过他人来认识自我的，具体地说是通过他人对自己的评价或通过自己与他人的比较来认识自我的。而考评则是通过一定的技术设计，使文化产业员工对自己的素质认识标准化，通过创设一定的情境让一个人的潜能得到充分的展现，从而达到自我了解、自我设计、自我开发与成才的目的。人才考评是文化产业人力资源科学配置的有效工具。通过对人才的考评，了解其基本素质，以安排最适合的职位，达到人与事的最佳匹配，同时提高任用效率。此外，人才考评是人力资源开发与人员培训的依据。通过对人才进行考评，可发现其欠缺的素质、从而进行针对性培训，提高培训效率和质量，同时发现其某方面潜质。

综上所述，人才考评机制的科学与否直接决定文化产业人才产出与创新积极性。下文则从宏观政策激励、微观企业激励和人才考评等方面

---

① 约翰·霍金斯：《创意经济》，上海三联书店 2007 年版，第 65 页。

来对文化产业人才激励和考评制度进行分析。

9.5.1　文化产业人才的政策激励

文化产业创意型人力资本激励因素中，政策激励的影响程度最高，加之文化产品本身具有较强的外部性，文化创意产业的振兴需要国家相应政策支持才能顺利完成。具体而言，要加大财政投入力度，制定、实施完善的财税支持政策，可采取多样化的税收优惠政策来对文化创意产业和创意型人力资本加以激励。扩大资本、知识产权、管理等要素参与分配的范围和额度，尤其是对高层次文化人才，依据市场规律，建立形式多样、自主灵活的分配机制，依照市场机制和人才价值确定其薪酬和待遇。对高层次文化人才通过创作创意和创业所获得的收入，实行优惠的税收政策或财政返回政策；对其争取到的各类项目经费，允许有较大的比例直接作为收入分配，减免相关个人所得税。鼓励各文化单位和文化企业采取购买商业保险、交纳企业年金等保险方式，提高文化人才的养老福利待遇。对特殊艺术种类优秀人才，建立健全政府投保制度，切实提高他们的待遇，解决他们的后顾之忧。

205

同时，包容开放的社会文化背景始终是文化创意产业得以繁荣发展的沃土，要挖掘优秀历史文化，增加文化设施，建设多元性的包容环境，以满足文化创意型人力资本快速成长、提升能力的需要。应该着力增强文化创意产业市场内微观主体的活力，形成以产权为核心，以法人治理为结构的基础治理框架；要构建更具内部激励特色的新人力资源组织架构，既体现物质薪酬的激励，同时重视个人发展与成长因素的激励，构建创意人才培养机制，优化从业人员结构，发挥众创空间、产业孵化器在培育人才方面的优势；强调企业文化、沟通交流环境以及信任、承诺、尊重、支持、合作等人力资源管理新准则，激发文化创意人力资本创新的内在积极性。

9.5.2　文化产业人才的企业激励

在当前经济背景下，那些高成长、高价值性的公司，对于创意人才的重视，除了高昂的薪水、优越的工作环境，还采用了多福利积累的方式，来增强薪酬制度的激励功能。普遍的方式有发放股份——管理入股、科技入股，资本代持等。据调查，美国500强中有90%的企业允许员工持有员工股，微软就是其中最为鲜明的代表之一。微软员工除了薪水以外，最主要的是股票收益，而这种将员工主要收入来源与公司发展相绑定联结的方式，使得人才更多的将个人利益和公司利益放到一起，更在乎企业的发展和繁荣，也将投入更多的努力为自己和公司谋求利益。这种方法使得微软中的人才成为了百万、千万富翁，也使企业取得了巨大的成功。同时，一些大的企业和公司还鼓励人才对外交流，一方面对人才的视野和格局进行了拓展，成为企业培训中的一个环节，另一方面，没有将人才"锁死"，鼓励他们去利用自己的关系和网络寻找更多的机会和可能，吸引更多的资金和机会。基于上文对文化产业人才的分析，本书认为企业对文化产业人才激励时应遵循以下方面：

1. 工资激励

在各种激励方式中，工资激励处于基础地位。对企业员工而言，工资与金钱之间有直接必然的联系，在现代社会物价水平不断提高，生活成本大幅增加的客观环境下，它与人们最基本的衣食住行等生活保障需求密切相关。对企业而言，工资激励比较容易定性、衡量并在不同个人、工种及组织之间进行比较，是企业对员工付出的劳动和所创造的业绩的最直接承认，也是企业最经常采取的激励手段，因而在很长一段时间内被认为是效果最好的激励手段。在现阶段，工资激励依然作为激励体系的重要组成部分，受到企业和员工双方的密切关注。结合企业和文化创意人才的特点与现状，工资激励主要包括基本工资和项目工资两部分。

（1）基本工资。

基本工资是企业根据员工承担或完成工作的情况向员工支付的基本报酬。一般而言，基本工资以月为发放周期，员工所承担的工作的复杂程度、重要性以及员工本身的职位和能力都会影响其基本工资水平，而基本工资一旦确定就会在一段时间内保持相对稳定。在小微文化企业中，基本工资是较低而平均的，作为保证员工工作稳定性的基础，它能够保障员工的最低生活需求得到满足，是取平均形式的最低需要率。对创意型人才而言，虽然基本工资金额不多，且其在总体工资中所占的比例不高，但是它具有稳定性，能够满足人才最基本的需求，为他们带来生活和工作上的安全感，因而也受到广泛的重视。

（2）项目工资。

企业中文化创意型人才的工作任务通常以项目的形式呈现，项目工资也是其物质激励的重要方式之一，且在物质激励中占有较高的比例。从一般意义上讲，项目工资是企业根据员工完成某项工作的情况而进行的奖励，企业管理者根据员工在本项目中的职责、具体工作表现、产品或服务的市场接受程度等标准进行划定，具有较大的浮动性，项目工资应当明显地体现出员工的贡献率与所得报酬的正比例关系，多劳多得是其本质特征，具有明确的针对性和短期刺激性，因此激励效果比较明显。另外因受项目周期的影响，项目工资一般以项目的进展阶段为结点进行计算和发放。

2. 分享激励

分享激励是一种通过给员工分配企业的利润所有权将员工与企业紧密联系，共同分享利益并共同承担风险，从而使员工受到鼓舞的激励手段。目前，市场上真正优秀的创意型人才供不应求，他们是各类文化企业竞相争抢的对象，要想吸引并且留住这些人才，企业仅仅采取基本工资、项目工资以及福利手段进行激励是远远不够的，还必须引入与企业发展现状相匹配的长期分享激励手段。首先，针对一些小微文化企业应当选择成本较低的长期分享激励手段，虚拟股权的方式适合其发展初期实力弱小，在今后发展潜力巨大的发展规律，利于企业在不支付现金的条件下实现低成本的激励，兼顾了企业的激励成本和员工的激励需求。其次，很多企业的文化创意型人才具有年轻，渴望挑战，流动意愿和实际流动率较高的特点，而"当一个员工离职后，企业重新找人到顺利上岗，其代替成本就很大，因此，留住人才是企业越来越关注的问题"。[1]分享激励是一种长期的激励方式，员工参与企业利润的分享相当于给其拴上了一条"金锁链"，采用这种方式再配合具体的实施方案，获得相应权利的员工（一般是对企业发展非常重要的核心人才）对本企业的忠诚度会有所提高，会在一定程度上减少甚至避免人才流失情况的出

---

[1]　张呈琮：《人力资源管理概论》，浙江大学出版社 2010 年版，第 170 页。

现。最后，分享激励重在提高企业利润与员工的关联度，将企业的一部分利润与员工共享，但是这并不意味着将公司的利润平均分配在每个员工的身上，而只是将利润与那些对企业发展意义重大的关键人才分享，因此能够获得分享的机会，这本身对员工而言就是一种激励，体现出企业对该员工的重视和肯定。

3. 授权激励

所谓授权就是指上级将一定的权利或责任授予某位具有相当水平和能力的部属负担，使其在一定范围内独立自主地处理管理性或事务性的工作。西方的"参与式管理理论"和"员工卷入理论"认为让员工参与到管理过程中能够进一步提高其工作积极性和创造力，亦能对员工产生激励作用，因此应当对员工实施授权激励。

授权激励从本质上讲是以能力和信任为基础的激励方式。上级将一定的权利授予某位员工意味着上级对其工作能力的肯定和信任，这种源自情感的认可与支持本身就具有激励作用。授权激励能够充分发挥出员工的工作潜能，让其产生更强的工作责任感，促进其个人发展。在对企业中具有较好工作能力的员工进行适当授权后，这些员工能够在较大的空间内施展自身才华，这有利于培养他们的工作能力，激发其工作热情和创造力，提升其责任感，使其在工作岗位上做出更大的成绩，从而推动整个企业的发展。除此之外，与上文提及的各种激励要素相比，授权激励具有物质激励和精神激励的复合性；对被授权者来说，授权之后的工作任务和责任均有所增加，而按照责、权、利三者平衡的管理原则，被授权者的薪酬也会有所提高，从而发挥物质激励的作用。

授权激励对文化产业人才的激励作用尤其明显。文化产业人才崇尚自由的个性特征和具有相当自主性的工作特点使他们渴望减少拘束，通过授权激励使其获得一定的自主权，这有利于他们充分展现个人价值，增强效能感，提升工作积极性。其中，鉴于文化创意型人才从事的创意生产工作几乎不具有可视性，因此管理者难以对其工作过程进行监督控制，再加上很多管理者并不具备文化创意方面的专业知识，从"外行管内行"的角度来看，管理人员也应当给创意型人才较大程度的信任和支持。充分授权员工使得其在工作过程中实现自我监督和自我控制，由过程与结果的双重控制转化为目标控制。与此同时，实施授权激励也在一定程度上节省了管理者的精力，提高了管理人员的工作效率，让他们有更多的时间思考公司运营方面的事务，保障整个企业的顺利发展。

4. 福利激励

福利也是对创意型人才进行物质激励的手段之一。福利是一种补充性报酬，可以分为国家法定福利和企业福利两部分。国家法定福利是中国政府通过法律规定的福利措施，主要是指"五险一金"，是国家强制企业必须提供给员工的福利。企业福利是企业自行采取的福利措施，具有较强的灵活性，主要为了更好地服务员工，从而达到吸引、激励、稳定员工的目的。由于企业福利具有较强的自主性和灵活性，企业可以根据自身情况，在综合考虑福利成本与员工需求偏好的基础上，向员工提供相应的具有特色的福利措施，以体现出企业的人文关怀，员工也可以根据需要有选择地享受这些福利。由于企业福利更具个性化更贴近员工的实际需求，因此具有较好的激励效果。

5. 发展激励

企业中的人才具有强烈的个体发展需求："优秀的人才相较于对物质方面的要求，对发展空间的渴望更加强烈"。[1] 他们非常看重自己的职业发展情况，渴望得到发展的机会，希望完善自身从而不断进步。鉴于文化产业人才的以上特征，光明的发展前景、明确的发展规划、切实可行的发展路径能够对其产生激励作用。

首先，光明的发展前景能够对人才产生激励作用。文化产业被誉为"朝阳产业"，是世界各国都在大力发展的产业类型，而且它与满足人们较高级的精神文化需求息息相关，属于颇具未来发展潜力的产业类型。企业是我国文化产业的有机组成部分，由此可见，人才身处的企业与文化产业是具有广阔发展前景的领域。随着国家对文化产业企业重视程度的不断提高，在其中担当重任的人才也必将受到更多的关注，社会地位、薪资水平等方面将有所提高，这有助于鼓励人才在本领域内积极进取，争取获得更大发展。

209

---

① 唐文平：《创新人才激励机制》，载于《理论学》2006 年第 7 期，第 170 页。

其次，明确的未来职业发展规划能够对人才产生激励作用。从总体上说，文化产业创意型人才渴望挑战，追求进步和发展，人员的流动性比较大，留住人才是很多企业管理中的重点问题，而对员工进行职业发展规划，关注其未来发展并提供发展机会可以较为有效地留住人才。在企业与员工充分了解沟通的基础上使其认识到自身的价值、优势以及不足，然后设计出适合员工自身的职业发展规划，这有利于增加创意型人才对企业的满意感和忠诚度，激发工作热情，从而充分发挥人才潜能，促进员工的发展。除此之外，还应当强调员工个人职业生涯与企业未来发展方向的匹配，因为组织的发展与员工个人的发展应呈现出相辅相成的关系。

最后，切实可行的发展路径能够对文化产业人才产生激励作用。光明的发展前景和明确的未来职业发展规划分别为文化产业人才的发展提供了发展环境和方向，但要想真正使员工获得发展，还必须有切实可行的方法。员工的成长与发展必须要以能力的提高为基础，彼得·德鲁克认为员工的培训与教育是使员工不断成长的动力和源泉，如果只是让员工凭着感觉在摸索中进步，见效非常缓慢，而且企业与员工难以在短时间内达到良好的契合，因此最主要的发展路径就是各种形式的学习机会。有学者论断："激烈的竞争、迅猛的技术变革、员工对未来发展的预期都要求管理者增加培训投资"。[①] 在当今这个知识迅速"折旧"的时代，也唯有不断地学习进步才能跟上时代前进的步伐。文化产业人才在"干中学"，资深优秀人员的"传帮带"，参加各种教育辅导以及与其他人的深入交流等都是获得进步的方式，企业提供的这些学习机会为人才的发展奠定了坚实基础。对创意型人才进行发展激励一方面能够为企业留住关键人才，减少因核心人才流失带来的损失，另一方面能够满足文化产业人才自身发展进步的潜在需求，增加员工对工作、企业的满意度，在员工获得进步的同时也使企业获得发展，实现"双赢"。因而，发展激励不仅寄托了文化产业人才对未来发展的期许，也在一定程度上增强了企业未来发展的潜力，描绘出企业发展的蓝图。

---

① 马作宽：《组织激励》，中国经济出版社 2009 年版，第 88 页。

9.5.3　文化产业人才考评方式

　　针对文化产业人才考评，应该建立严格的人才评价指标体系。人才指标体系可以主要着眼于基础能力和专业能力两个维度考察评价人才，比如，在对基础能力进行考核时，考虑政治品质、年龄情况、文化程度、国际经历、业界资质、个人荣誉指标。在考察专业能力时，考虑其文化创意能力、专业技术能力、经营管理能力、社会影响力、成就导向力指标。此外，指标还应进一步细化，如考查其审美辨别力、专业知识水平、团队领导力、个人影响力、业绩创造能力等，针对不同维度评价综合打分后才能对人才作出评价。此外，须建立政府文化产业人才使用管理考核评价制度，对政府财政资金扶持奖励的人才要实行考核评价制度，提高文化产业人才投入资金整体使用效益。

9.6　文化产业人才管理新方式

211

9.6.1　建立文化产业人才信息库

　　随着信息技术水平的提高，对于文化产业人才的管理将提出更高的信息技术支撑要求。人才管理信息化是指以信息、网络、计算机技术为依托，对人才管理工作进行数据存储、分析的过程，从而实现人才管理最优化，并能够随时提供人才供需预测分析、人才结构分析等数据，为政府和文化产业企事业单位提供人才的引进、培养、使用等一系列管理工作提供重要的依据。

　　文化产业人才数据库正是依据上述思想确立的，一方面它对掌握人才数据，分析人才动态有着十分重要的意义，通过设立文化人才档案和跟踪机制，记录人才发展的最新资料，为人才引进、使用、奖励提供依据。另一方面，人才数据库可以实现政府、企事业人才之间的信息共享，各类文化产业人才可以在这个数据库中检索和提供自己的各种信息，从而促使人才管理水平上一个新台阶。建立文化产业人才信息库，也是提高人才管理效率，降低管理成本的重要措施。

要建立一个数据完备的人才数据库，就需要政府加大引导和投入，充分利用在高校的研发能力，开发适合需求的文化产业人才数据库的应用软件。数据库软硬件备齐后，要广泛宣传，使广大市民知晓文化产业人才申报登记工作，各县区、部门积极相互配合，文化产业企事业单位和人才个人积极参与，才能真正建立信息数据准确完备的人才库。如能实现以文化产业人才信息化推动文化产业人才管理和人才队伍建设，必将成为我国文化产业人才管理的一大亮点，成为提升人才管理水平的一个重大举措。

9.6.2　企业文化创新助推人才发展

1. 企业文化创新对人才管理价值观的影响

企业文化价值观对企业人才的忠诚度、人才创新能力有显著的影响作用。企业文化对企业的行为和结果有决定性作用，决定着企业的发展方向，在以往的企业文化建设中，企业文化价值缺乏实质内涵，严重影响企业人才的培养。只有在正确企业价值观的作用下，企业人才管理才能够推动企业向正确的方向发展。

企业文化创新能够更好地明确企业文化价值观的构建目标，需要统一企业人才的价值取向，培育具有企业特色的企业精神，提高人才管理效率。对于高技能人才的管理，最重要的是使高技能人才接受和认同企业价值观，而企业文化创新是将企业价值观引入人才价值观体系的一个有效途径。在企业文化创新过程中，通过文化的导向与辐射等功能作用在高技能人才身上，从思想层面上影响高技能人才管理。一个企业拥有一套核心和具有企业特色的企业文化，并且被企业内部高技能人才所认同，将会加深高技能人才对企业的管理方式的认同，从而在高技能人才管理上实现高效率和高执行力，从而达到提升企业人才管理整体成效的目的。

企业文化创新的技术性和有效性最显著的特点就是充满活力、具有鼓励创新的工作氛围，提倡员工个体主动性和自主权。很多创新型企业证明了在充满个性活力的企业文化感召下，高技能人才忠诚度更高，人才管理结构更优良。造成创新型企业与传统企业管理不同的原因在于大多数高技能人才受到先进管理思想的影响，传统的管理模式和一般的物质激励不能使他们服从管理，也很难限制他们的日常行为，他们更愿意在充满活力、鼓励创新的企业中工作。因此，企业倾向于企业文化创新，将提升高技能人才的忠诚度，优化人才管理结构。

2. 企业文化创新对人才管理执行力的影响

人才合理的流动对企业发展有积极意义，但是长期的不均衡流动不利于企业各部门间协调发展。因此，要通过企业文化创新积极引导高技能人才在各部门之间的合理流动。提供灵活的用人机制，激励文化创意技能人才为较落后的部门工作建设提供技术或技能方面的支持，促进各部门的健康发展。以经过创新的企业文化为核心，建立健全文化创意技能人才柔性流动区域合作机制，打破文化创意人才引进时受到身份或地区等方面的限制，加强人才流动的宏观调控，最大限度地发挥出文化创意人才的综合实力。

企业文化最终发生作用的主体是企业员工，因此，以企业文化创新活动媒介使行业人才对企业文化有深入的了解，通过开展拓展训练，组织文化创意人才参加富有挑战性的活动，鼓励他们之间的沟通交流，为企业发展建言献策，激发出文化创意人才的创新型思维，形成团队共有的价值观，提高整个人才团队的执行能力，从而强化企业人才执行力。

3. 企业创新文化对人才管理主观能动性的影响

优秀的企业文化对高技能人才管理有引导和内化作用，企业在文化创新过程中，逐渐在高技能人才管理上塑造符合企业文化的核心价值观，加强高技能人才合理价值观的形成，实现他们对企业文化价值观的内化，从而使他们认同企业管理模式。

研究发现，企业文化创新的技术性对高技能人才的忠诚度有显著影响，当行业人才对企业的忠诚度得到提升后，有助于构筑灵活的企业文化，适应市场的变化，建设具有竞争优势的企业文化，从而形成一种闭环，企业文化与文化创意人才管理相辅相成。在这种创新的企业文化中，行业人才积极向上，对企业保持较高的忠诚度，有效地抑制了员工跳槽情况的发生，避免了高技能人才流失。

　　加强企业文化创新，要赋予行业人才充分的发言权和表达新观点的权利，鼓励文化创意人才参与到人力资源管理中，重视该类人才的合理化建议，解放和提高高技能人才的创新主动性和积极性，从内在强化文化创意人才对企业管理的认同，符合创意人才发展的内在逻辑。但值得注意的是，企业在创新文化过程中，可能存在失败的情况，不能得到使人满意的结果，此时就需要在失败中取得教训，增强企业文化适应性。企业文化所定义的价值观是管理员工的约束，企业文化创新往往是企业根据自身情况，遵循因地制宜规则来实现的，对于文化创意人才同样适用。企业文化对人才的内在约束作用是客观存在，不容忽视的，但是过度的约束将会影响高技能人才的主观能动性，因此，引导与约束将同时进行，企业文化在保证约束行业人才行为的同时，还须保证其主观能动性不受到抑制，从而在工作中发挥出文化创意人才应有的专业水平。

第10章 国外文化产业发展及产业人才管理经验总结与启发

10.1 国外关于文化产业范围与分类的研究

前文对文化产业的含义和发展进行了详细阐述，但是目前在国际社会中，文化产业并没有一个高度一致的统计标准，由于各国国情和文化背景的差异，世界各主要发达国家都对本国的文化产业有一个基本的解释，也有自己的范围和分类。

10.1.1 联合国教科文组织文化产业范围与分类

联合国教科文组织对文化产业的定义是"结合创造、生产与商品化等方式，运用本质是无形的文化内容。这些内容基本上受到著作权的保障，其形式可以是货品或服务。"并在1980年召开的蒙特利尔专家会议上对文化产业产生的条件进行了说明："一般说来，文化产业形成的条件是，文化产品和服务在产业和商业流水线上被生产、再生产、储存或分销，也就是说，规模庞大并且同时配合着基于经济考虑而非任何文化发展考虑的策略。"随后把文化产业的定义进一步解释为"按照工业标准生产、再生产、储存以及分配文化产品和服务的一系列活动"。①

以这一定义为基础，联合国教科文组织认为文化产业包括了以下内容行业范畴：印刷、出版和多媒体，视听、唱片和电影的生产，以及工

① 陈琳：《国外文化创意产业发展策略分析及启示》，载于《广西社会科学》2018年第6期，第195～196页。

艺和设计。联合国教科文组织为了便于收集各国文化统计数据，在 1986 年专门制定了文化产业的统计框架，在 1993 年又做了进一步的修正。联合国教科文组织将文化产业分为十大类别。具体包括文化遗产、出版印刷业和著作文献、音乐、表演艺术、视觉艺术、音频媒体、视听媒体、社会文化活动、体育和游戏、环境和自然等大类。[①] 联合国教科文组织的定义和分类在国际范围内形成了一个较为统一的认知标准，为各国文化产业数据的统计奠定了基础。尽管如此，由于国情的不同，各国在文化产业解释和统计范围划分上仍旧保持着本国的独特性。

10.1.2 世界主要国家文化产业的范围与分类

在联合国教科文组织的解释和分类基础上，各国根据本国文化产业的实情也建立了各自的统计范围。在世界范围内，主要分为创意产业、文化产业、版权产业等类别。

1990 年美国国际知识产权联盟开始用"版权产业"概念来计算创意产业对美国整体经济的贡献。为了与国际标准相一致，采用世界知识产权组织界定的四种版权产业分类法：核心版权产业、交叉产业、部分版权产业、边缘支撑产业。按此方法，创意产业几乎全部列入美国版权产业，所以在美国版权产业就是创意产业、文化产业。美国虽是文化产业强国，但是其并没有总体一致的有关文化产业的提法，而存在多种不同的提法共存的现象，比如版权产业、创新创意产业、内容产业、信息产业、艺术产业、休闲娱乐产业等。版权产业则是最为广泛的被美国政府和学界所以使用的，可以认为版权产业集中地代表了美国对文化产业的理解。所谓版权产业，是指与知识密切相关的行业，主要包括出版、商业软件、音像录制、电影及电影发行等方面。版权产业又可分为四类：（一）"核心版权产业"，主要包括广播影视业、录音录像业、图书、报刊出版业、戏剧创作业、广告业、计算机软件和数据处理业等，其基本特征是研制、生产和传播享有版权的作品或受版权保护的产品。（二）"部分产权产业"，产业内的部分物品享有版权保护，较典型的如纺织、玩具制造和建筑业等。（三）"发行类版权产业"，主要是以批发

---

① 联合国教科文组织网站：http：www. unesco. org/culture/industries/，2008 – 12 – 12.

和零售方式向消费者传输和发行有版权的作品，如书店、音像制品连锁店、图书馆、电影院线和相关的运输服务业等。（四）"版权关联产业"，其所生产和发行的产品完全或主要与版权物品配合使用，如计算机、收音机、电视机、录像机、游戏机和音响设备等产业。[①]

英国 20 世纪 80 年代曾使用文化产业的概念，但在 1997 年后，英国政府又提出发展创意产业，取代了文化产业的概念。英国文体部和创意产业特别工作组定义创意产业源于个体创意、技巧及才干，通过知识产权的生成与利用，而有创造财富和就业机会潜力的产业。其范围包括广告、建筑、艺术及古董市场、工艺、设计、流行设计与时尚、电影与录像带、休闲软件游戏、音乐、表演艺术、出版、软件与计算机服务业、电视与广播 13 个行业。[②]

加拿大统计局把文化部门定义为以艺术创造表达形式、遗产古迹为基础引起的各种活动和产出。以此为标准，加拿大文化产业统计框架包括：（一）传统艺术和文化行业：创作和出版；电影；广播；声音录制和音乐出版；表演艺术；视觉艺术和手工艺术；节日；（二）现代艺术活动：建筑；设计；摄影；广告；（三）遗产古迹：博物馆和画廊；图书馆和档案馆；自然保护区（公园、植物园、动物园、历史名胜、天文台等）；（四）支持设施：艺术和文化教育；政府活动；相应设备；专业协会；代理机构、发起人等（如票房代理等）。上述各个部分的创作、生产、保存、组织支持和服务、制造、销售、消费等整个经济活动链的供需情况。[③]

1999 年 2 月韩国发布的《文化产业振兴基本法》将文化产业界定为与文化商品的生产、流通、消费有关的产业，具体的行业种类有影视、广播、音像、游戏、动画、卡通形象、演出、文物、美术、广告、出版印刷、创意性设计、传统工艺品、传统服装、传统食品、多媒体影像软件、网络以及与其相关的产业。此外，还有根据国家总统令指定的

---

① 金元浦：《版权产业与文化产业的分类》，http：//blog. arting365. com/html/68/n - 47368. html，2008 - 12 - 16.

② 张娜、田晓玮、郑宏丹：《英国文化创意产业发展路径及启示》，载于《中国国情国力》2019 年第 6 期，第 72 ~ 73 页。

③ 江苏省统计局：改进文化产业统计，推动文化江苏建设，www. jssb. gov. cn，2007 - 6 - 21.

产业。[①] 2001 年韩国成立了发展文化产业并支持国际合作的专门机构——文化内容振兴院。目前韩国把文化产业称作文化内容产业，主要是指与内容有关的经济活动如创意、生产、制作、流通等组成，这些活动的内容源自于任何类型的知识、信息及与之相关的文化资源。韩国统计厅的文化产业统计指标包括出版印刷、音像、游戏、电影、广播、演出及其他文化产业建筑、摄影、创意性设计、广告、新闻、图书馆、博物馆、工艺品及民族服装、艺术文化教育等。

日本官方文化产业概念主要包括音乐、戏剧、电影、展览等文化艺术业，电视、网络等信息传播业，体育，博彩和观光旅游等，统计口径较宽。[②]

阿根廷对文化产业的定义较狭窄。官方机构认为并不是所有的文化经济活动都属于产业，只有产品和服务的大规模生产具有组织化、标准化和系列化，才可称之为产业。因此，阿根廷主管文化事务的最高政府机构——文化国务秘书处，将文化经济分为三部分，其中前两个部分属于文化产业。第一部分被称为传统或核心的文化产业，包括视听产业、音像产业和出版业。第二部分被称为新兴文化产业，包括广告和设计。最后一部分是非产业的文化经济活动，包括艺术、手工艺、音乐演出和文化服务业。[③]

澳大利亚政府一向重视文化产业的研究和开发，澳大利亚统计局下属的全国文化和休闲统计中心也制定和颁布了《澳大利亚文化和娱乐分类》，这一分类包括行业分类种、产品分类种和职业分类种三大块，在行业分类里，澳大利亚的文化和娱乐产业被划分为遗产类、艺术类、体育和健身娱乐类、其他文化娱乐类四大类。[④]

在德国，文化产业和创意产业并用。从官方统计上来看，德国的创意产业涵盖的范围大于文化产业。创意产业将相关产业的生产与服务部门通通涵括进来，艺术、大众产品跟科技之间的结合或是特殊范畴的创新，都可算在内。文化产业部门可以透过不同的市场目的被整合在一

① 孙安民:《文化产业理论与实践》，北京出版社 2005 年版，第 45 ~ 48 页。

② 刘军:《创意产业多词多义的横向解析》，载于《法制与社会》2007 年第 6 期。

③ 林华:《阿根廷文化产业的发展及政府的相关政策》，载于《拉丁美洲研究》2007 年第 4 期。

④ 陈琳:《国外文化创意产业发展策略分析及启示》，载于《广西社会科学》2018 年第 6 期，第 195 ~ 196 页。

起，诸如广告、多媒体、软件游戏生产等。在这个概念下，德国的文化产业其实就是创意产业的核心部门，而后创意产业又可被整合进入版权产业里面。其文化产业的核心部门包括出版产业、电影产业、广播产业、音乐表演与视觉艺术产业、新闻与代理业、博物馆商店与艺术展览、文化商品零售、建筑事务所、设计产业。① 其创意产业所包含了文化产业和广告、软件与游戏制作业。法国政府在如何界定和划分文化产业的范围这一问题上也有所保留，其文化产业的范围因此也相对较窄，主要包括为展现传统文化服务的文化基础设施建设、文化设施的管理、图书出版、电影、旅游业等几个方面，而体育健身、广告咨询等文化产业的边缘产业以及信息传播和信息服务等文化产业与信息产业的交叉行业不在政府文化政策所强调的范围内。②

10.2　美国的文化创意产业与行业人才管理

10.2.1　美国创意产业的发展

美国是全球文化产业最为发达的国家，其影视业、广播电视业、报刊出版业、广告业、软件业、娱乐业等都具有其他国家无可比拟的优势。

美国的文化产业又被称为版权产业（copyright industry），他们认为文化产品和服务在本质上具有文化属性，理应受到版权保护。1990 年，美国国际知识产权联盟（International Intellectual Property Alliance，IIPA）开始利用版权产业的概念来调查相关的产业对经济的影响和在贸易中的地位，隔一到两年就会发表系列报告，从增加值、就业和出口等方面反映美国版权产业发展概况及对美国经济所做贡献。随着美国文化产品和服务的种类及领域的持续拓展，美国文化产业涉及范围极其广

---

　　① 陈琳：《国外文化创意产业发展策略分析及启示》，载于《广西社会科学》2018 年第 6 期，第 195～196 页。

　　② 滕宇：《法国文化产业的发展经验及其对我国的启示》，载于《文化创新比较研究》2018 年第 2 期，第 158 页。

泛。IIPA 自 2014 年起采用世界知识产业组织的标准，重新界定了美国四类版权产业的主要产业群，分别是核心版权产业、交叉版权产业、部分版权产业和边缘版权产业。从四大类产业的定义中可见，核心版权产业对版权保护的依赖程度最高，后三种产业依次降低。后三类产业虽然盈利点主要不是版权，但因版权或其他版权产业而增值，如果国家版权保护不力，这三类产业发展依然受到很大影响。[①]

关于发展文化产业的重要性，早在二十世纪二三十年代，美国政府就已经深刻认识到。美国文化产业起步于二十世纪 20 年代，至今已有百年左右的历史。为了推动文化产业发展，美国政府还出台了一系列法令。也就是在这段时间，广播业、电影业等文化产业中的一些重要分支开始萌芽并迅速成长起来。但至二战前，基本上是自发的、独立的发展，其表现是，无论发展动力还是发展规模、发展体系都主要限于国内。二战结束后，在第三次工业革命的推动下，信息技术得到快速发展。由于信息技术的推动，美国文化产业进一步发展起来，为其巩固霸权地位奠定了重要基础。冷战结束至 20 世纪 90 年代，美国凭借强大实力向全世界推行文化霸权，文化产业得到了快速发展。网络文化产业异军突起，开始引领并主导文化产业发展。21 世纪初至今，美国文化产业进入集群化发展阶段，集群化发展开始成为主导趋势。也就是在这一时期，大型文化产业集团开始主导世界文化产业。在积累了大量资本以后，美国文化产业开始寻求跨产业、跨国界运作以及地域上的聚合。文化产业是推动美国经济发展的强大动力，通过向海外出口文化产品，美国不仅攫取了大额利润，同时也使美国文化在世界的影响力无可撼动。

自 1996 年起，美国文化创意产业的产品行销全球，其出口势头迅猛，远超其他产业，到 2002 年，其产值就已经达到了 5351 亿美元，在GDP 中占比达到了 5.24%，为美国创造了大量就业岗位。近几年，美国版权产业占 GDP 的比重不断提高，对其他行业和整体经济有着十分显著的示范和拉动作用。统计数据显示，2017 年美国版权产业创造产值 2.2 万亿美元，占美国经济的 11.6%，雇佣 1160 万名员工，占美国

---

① 宋海东、杨学聪：《美国文化产业发展及对我国的启示探讨》，载于《现代商贸工业》2019 年第 29 期，第 43 页。

就业总人数的 7.87%。① 从未来发展趋势看，美国文化产业存在着大集团垄断文化产业、文化产业发展全球化的趋势，以及其他国家与美国的文化对抗加剧的趋势。另外，美国文化产业在空间上的聚集也将推动城市发展进入崭新阶段，文化型城市将成为未来美国城市发展的新模式。

美国创意产业的发展不仅促进了整个经济的多样化发展，而且也促进了相关行业的发展。例如，旅游业的繁荣发展不但可以带动文化产品的销售，还可以增加当地博物馆的收入，也可以带动房地产业的发展等等。创意产业的发展还能够完善不同行业之间的协调机制，并且直接增加了就业机会。在过去的几年中，美国的新经济已经为数百万创意人员创造了就业机会。从目前的发展情形来看，创意产业已逐渐成为美国的经济支柱之一，并整合各种文化与创新资源，为其所用。在资本和技术的支持下，美国智力型劳动力资源将会获得大力发展，创新能力也会有很大的提升。美国将会继续在全球范围内整合各种文化与创新资源，将文化创新资源为其所用。在未来的发展中，美国对其他国家文化资源和创意资源的争夺将会更加激烈。例如，利用其出色的科技创新能力和发达的市场运作能力，美国电影业将花木兰故事、功夫熊猫这些具有中国文化特色的故事演绎成为崭新的影片，都获得了极高的收视率和票房。美国创意产业的发展带来的直接结果就是美国国内竞争的加剧和市场利润的大幅下降，因此美国积极通过推动文化贸易自由化来拓展海外市场，以促进其创意产业的壮大。美国为了促使更多国家对视听贸易服务自由做出承诺，并鼓励扩大承诺的范围，积极进行新一轮的视听服务贸易自由化谈判实践。通过这样的努力，美国在未来几年内将会进一步扩展其创意产业的海外市场。

另外，美国积极整合创意资源和积累资本，这些努力有利于创意产业的发展和产业集中度进一步提高。美国在整合过程中形成了时代华纳、迪士尼、贝塔斯曼、维亚康姆等一批巨型文化跨国公司，这些公司与其他国家的巨头公司共同支配全球创意产业市场，美国因此保持了在创意产业的霸主地位。美国企业在整合过程中走向规模化和集团化，从而最大限度减少了在国际市场竞争的风险，促进了创意产业的发展。同时通过利用跨国公司的优势，美国在全球还建立了全新的创意产业分工

221

---

① 宋海东、杨学聪：《美国文化产业发展及对我国的启示探讨》，载于《现代商贸工业》2019 年第 29 期，第 43 页。

体系,并占据主导地位。这种分工把创意产品生产的不同工序和不同环节分别置于世界各地不同国家和地区,把创意公司本身的垄断优势和东道国的区位优势结合起来,使战略联盟作为企业间的网络化系统,实现创意企业效率。

10.2.2　美国创意产业的运行模式

美国是典型的市场主导型文化产业发展模式,政府机构中并没有专门的文化部门来管理文化产业和制定文化政策,在正式的官方文件和法律条文中,也找不到文化政策这个词。从历史上来看,美国是一个自下而上建立的国家,其文化的根源在于推崇以个人地位和天生权力为基础的自由主义,因此,美国民众信奉自由市场经济,对政府的责任要求较少。

在美国,创意经济不仅是知识经济的核心内容,而且是其重要的表现形式。创意经济的典型代表非迪士尼乐园莫属,迪士尼乐园把欢乐变为产业,向世界各国提供了一种全新的经营理念,也就是以动漫产业为基础,生产销售与之相关的衍生产品,通过这两方面的紧密结合,最终形成一条完整的创意产业链。

美国创意产业的运行机制与英国有很大的不同,政府的作用只是创造一个良好的外界环境,其运行机制更加重视自由和市场。美国政府为了鼓励创意产业的发展,实施竞争的自由化与开放化;完善创意产业投融资体系,以降低创意阶层的创意难度;提高创意产业投入与研究项目的资助,以推动创意产业的技术创新;改善当下就业环境与生活氛围,以吸引创意人才来此工作和创业;努力建设完善营销制度和行销体系,加快资金运转速度;重视先进技术的开发与引进,使本国创意产业的发展位于世界前沿。

10.2.3　美国创意产业的人才管理经验

美国的文化产业已经形成庞大的产业集群链,凭借其规模优势开拓国际性市场,这也使得其文化产业相关人才培养机制日益成熟完善,并可以归纳为以下几个特征:

222

　　第一，文化产业的概念界定为其人才培养机制提供支点。前文提到在美国"文化产业"的概念并不直接使用，官方文件中主要使用"版权产业"等，用于泛指包括文化产业在内的产业构成。"出版"仅是指所有书报、杂志等与印刷品相关的纸质刊物的刊出；"版权产业"主要指与享有版权文化产品有关的个人和行业所从事的商业经营活动。由此可知，美国关于"文化"一词所包含的内涵和范围较有限，一般指那些与文字、美学相关的门类范畴，如绘画、雕塑、音乐、歌剧、芭蕾、小说、戏剧等；而文化产业泛指的广播、电视和报纸被统称为"传统媒体"，网络、智能手机则被统称为"新媒体"。美国对文化产业的概念定义具有微观化特质，可以避免后续相关的人才培养机制陷入模糊化的争议。换言之，美国这种对文化产业具体而细微的规定，可以使相关人才培养机构始终围绕着文化产业相关的中心领域展开，并为人才培养机制提供了扩充展开的稳定支点。

　　第二，文化产业的消费氛围为其人才培养机制提供了源泉。美国文化消费社会氛围浓厚，相关需求旺盛。在美国公共场所，民众随地阅读的场景十分常见；自 2001 年，美国国会图书馆每年秋季在华盛顿纪念广场举办全国的图书节，读者与作者可以当场随意的沟通，以引导读者养成"读好书"的习惯。美国人还喜爱看电影，一般的商业中心和博物馆内都配套建有影院，各类报纸也普遍设有电影专版。[①]

　　第三，文化产业的扩张战略为其人才培养机制提供了活力。美国文化扩张战略的实施主要体现在以"文化"为主的对外交往上，强调对外施加文化影响和从事文化渗透活动。1946 年，美国开始实施文化外交历史上有名的 Fulbright 项目，目前已吸引全球几十万人到美国进行学习交流。1954 年，美国已在 30 个国家设有 70 个图书馆、21 个文化中心。[②] 自二战时期，美国就凭借其强大的综合国力优势和积极的对外宣传，利用各种条件从世界各地网罗大批优秀科技人才和文化艺术人才，这一国策延续至今。美国始终积极吸引海外人才至本国工作，使其文化产业发展始终领先于世界。在人才引进的同时，美国还根据文

---

　　① 李浩然：《美国文化产业的发展经验及其启示》，载于《人民论坛》2020 年第 3 期，第 140～141 页。

　　② 宋海东、杨学聪：《美国文化产业发展及对我国的启示探讨》，载于《商贸工业》2019 年第 29 期，第 44 页。

化产业发展的需要通过多种方式培养本国高素质的专业人才，丰富的人才储备使美国的文化产业具备强劲的后续发展潜能。在文化产业理论的研究和文化管理人才的培养方面，全美有近 30 所大学开设了文化及艺术管理学等专业，培养了一大批具有专业学位的高质量文化管理人才。①

第四，文化产业的健全法规为其人才培养机制提供了保障。美国 20 世纪 80 年代开始实行知识产权保护发展战略，其具体措施有：设置隶属于国会图书馆的版权办公室，该室主要负责版权的登记、申请、审核等工作，以及为国会等行政部门提供版权咨询的服务；单独设立美国贸易代表署，该署主要负责知识产权方面的国际贸易谈判；设置商务部国际贸易局和科技局、版权税审查庭以及海关等相关配套性的行政部门，主要负责文化知识产权的进出口审核工作。除此之外，随着版权产业发展的需要，美国还成立了一些直属政府部门的工作小组全面加强版权的监控与保护。还需要指出的是，美国的知识产权保护战略随着国情的变化而变化；与欧洲国家相比，美国早期在科技和文化创新能力方面全面落后，这使得美国在当时知识产权政策上采取明显的本土保护主义以扶持本国相关产业的发展。例如，美国早期的专利制度拒绝为外国专利拥有者提供同等国民待遇，并拒不签署当时由欧洲国家发起制定的知识产权国际化条约。

10.3　英国的文化创意产业与行业人才管理

10.3.1　英国创意产业的发展

英国是世界上第一个运用政策推动文化创意产业发展的国家，多年的实践证明，英国政府的文化发展政策和经济结构调整政策顺应了世界经济发展潮流，取得了巨大的成功。它的文化创意产业政策由创意产业特别工作小组（Creative Industry Task Force，CITF）负责制定。1993 年

---

① 李浩然：《美国文化产业的发展经验及其启示探讨》，载于《现代商贸工业》2020 年第 3 期，第 141 页。

英国政府发布了《创造性未来》报告，第一次以官方文件的形式颁布了国家文化发展战略。自此，CITF 在大量研究的基础上根据产业的实时发展情况前瞻性地推出了新的政策，且后来的实践均证实了政策的有效性。如在 2009 年发布的《数字英国》提出，要在数字时代将英国打造成全球创意产业中心，扩大数字内容的传播范围，并把数字业在 2017 年正式交由数字、文化、媒体和体育部管理。[1] 英国文化创意产业政策制定的前瞻性、方向性、指导性和有效性以对产业现实发展的精准把握为基础，这种把握得益于政府对基础理论研究的重视以及中介组织所提供的咨询服务。

1997 年，英国新上任的工党政府将文化创意产业列为国家重要发展政策，并成立了文化新闻体育部（Department for Culture，Media and Sport，DCMS），并有别于传统文化产业的定义，将广告、建筑、设计、电影、游戏、互动软件等 13 种产业定义为"创意产业"（2013 年，将 13 种产业重新修订整合为 9 大类产业），以群聚的方式加以扶持，提供创业基金，以及创意工作者之间的交流平台。从 1997 年到 2014 年，英国文化创意产业经济产值年均增长率为 6%，高于英国国民经济 4.3% 的增长率。2013 到 2014 年，英国国民经济增长率为 4.6%，而文创产业的经济增长率达到了 8.9%。2014 年，英国文化创意产业增加值总额达到 841 亿英镑（约为人民币 8000 亿元），占全国经济总产值的 5.2%，相当于文化创意产业每小时为英国创造 960 万英镑（约为人民币 9000 万元）的收入。2017 年，英国创意产业增加值突破了 1000 亿英镑，其创意产业增长速度几乎是英国总体经济增速的两倍。[2]

英国创意产业的发展带动了全国及各地区经济增长。近年来，英国文化创意产业的发展呈稳定增长态势。2017 年，英国文化创意产业国民增加值（GVA）达到 1015.3 亿英镑，相较于 2016 年增加了 7.1%。其中，伦敦地区占 51.4%，为 522.25 亿英镑，地区排名第一；东南部次之，占 16.7%，为 169.13 亿英镑。同时文化创意产业国民增加值占全部产业增加值的百分比也在逐年攀升，2010 年文化创意产业 GVA 占

---

① 张娜、田晓玮、郑宏丹：《英国文化创意产业发展路径及启示》，载于《中国国情国力》2019 年第 6 期，第 74 页。

② 邵翊恩：《英国文化创意产业初探》，载于《上海工艺美术》2018 年第 4 期，第 82 页。

比为 4.64%，2017 年增加至 5.52%。[①]

英国创意产业的发展拉动英国出口增长。2015 年，英国文化创意产品（不包括服务）出口额达到 147.28 亿英镑，同比增长 21.4%，占英国全年所有货物出口总额的 5.2%。分行业看，手工艺品的出口额最大，达 53.51 亿英镑，占英国全年文化创意产品出口总额的 36.3%；音乐、表演和视觉艺术次之，出口额为 50.71 亿英镑，仅这两类产品便占据了全年文化创意产品出口额的 70.76%。

英国创意产业的发展带动了国内就业率的提升。2010 年，英国文化创意产业创造了 150 万个就业岗位，占英国全部劳动岗位的 5.1%。这是自 2008 年以来实现的就业绝对数和相对数的首次增长。2011～2012 年间，全国就业人数增加了 20.5 万人，其中有 12.9 万人来自于文化创意产业，占比高达 62.9%。2014 年开始，文化创意产业就业增长率均高于全国就业增长率水平。2017 年文化创意产业就业人数达到 200.8 万人，同比增长 2.5%，占英国全部劳动人数的 6.1%，而同年全国就业人数增长只有 1.5%。在分行业中，IT 软件与计算机行业人数最多，共计 71.2 万人，占文化创意产业就业人数的 35.5%；音乐、表演和视觉艺术行业次之，占 14.1%；电影、电视广播和图片行业则占 13%。[②]

英国文化创意企业数量保持持续增长。2016 年，英国共有文化创意企业 284400 家，2017 年文化创意企业数量同比增加 1.86%，达 289804 家。2017 年文化及文化相关企业（不包括民间团体）数量为 623000 家，同比增加 2.4%，占全国企业总数的 25.6%。分行业来看，设计类文化企业增加速度最快，2017 年同比增长 2.8%，共 23400 家；IT、软件和计算机服务类企业增速次之，2017 年企业数量同比增加 2.5%，共 144600 家。[③]

10.3.2 英国创意产业的运行机制

英国开发了"创意产业生产系统"用以阐释与创意产业有关的上

---

①③ 张娜、田晓玮、郑宏丹：《英国文化创意产业发展路径及启示》，载于《中国国情国力》2019 年第 6 期，第 74 页。

② 邵翃恩：《英国文化创意产业初探》，载于《上海工艺美术》2018 年第 4 期，第 83 页。

游及下游活动。与创意产业有关的这些活动可以分为内容创作、内容生产、内容分销、内容消费四个环节。

英国最早提出创意产业并切实推动了创意产业的发展，其已成功探索出适合本国发展的产业模式。英国创意产业的运行机制，主要是通过高等院校与创意产业界、科研机构与创意产业界、高等院校与科研机构之间的互动合作来完成的。首先，高等院校与创意产业界的互动合作加强了创意人才的交流，解决了人才与知识转移融合的问题。其次，科研机构与创意产业界的互动合作促进了技术创新，加快了二者之间技术转移的步伐。再次，高等院校与科研机构的互动合作推动了研究开发与技术转移，弥补了二者之间的巨大差距，实现了科技的产业化发展。为了推动创意产业的发展，英国政府分析行业行情，制定创意产业发展战略、出版指导手册等，并与文化协会、输出推广顾问团、创意产业工作组、创意企业、创意团体等广泛交流，协助与引导这些主体开展工作。

10.3.3　英国创意产业的人才管理

英国是老牌的资本主义国家，工业革命以来其发达的制造业和殖民主义海外贸易，造就了其"日不落帝国"的世界霸主地位。进入 20 世纪后，随着美国的崛起和世界各地民族独立运动的蓬勃发展，大英帝国对于世界的影响力已与其全盛时期不可同日而语。若要重振昔日雄风，传统产业结构的调整势在必行。英国毕竟是一个有着雄厚经济基础和悠久历史文化传统的资本主义发达国家，在经历了极其深刻的经济转型之后，其发展的潜力不容低估。培养和储备高素质的、有原创性思维的文化创意人才，是文化创意产业科学发展的关键，英国政府为此作出了多方努力。

第一，英国文体部推动成立了创意产业高等教育论坛，将高校和业界聚集在一起，充分利用高校资源为业界培养创新型人才。同时根据业界需求，高校也增设了与产业接轨的新课程。

第二，2000 年 4 月成立了英国电影委员会，每年拿出几百万英镑的基金用于与创意产业有关的教育和培训。

第三，英国政府强调必须保证文化艺术成为教育服务体系的组成部分。政府认为，艺术教育是启发人思维的教育，是提高个人综合素质和创造力的教育。全国建立了一些文化艺术教育机构来发展孩子的天赋。另外，教育机构会邀请专业领域的专家到大学授课。

第四，英国致力于寻求国与国之间的交流与合作。英国政府认为应本着平等互利的原则加强英国与其他国家在创意产业领域的合作，促进不同国家文化创意产业从业者之间的交流。这不仅有利于本国文化创意产业的发展，而且有利于本国文化创意人才能力和素质的有效提升。

10.4 日本的文化创意产业与行业人才管理

10.4.1 日本创意产业的发展

1. 树立正确的产业发展战略宗旨

首先，"文化立国"是日本文化产业发展的总体战略宗旨，且日本以循序渐进的模式逐步完成对于这一战略宗旨的实践。具体的发展战略提出和实践的进程如下：1995年，日本首次提出文化立国的战略，经过了16年的发展进程，在2011年才将"文化立国"战略下的核心战略内容确立下来。① 从对"文化立国"概念的解析来看，在日本，文化产业的发展与国家的发展和强大处在并重的位置上。在"文化立国"的战略内容中，对于文化知识产权的维护和对文化产品的打造是此战略内容的核心。关于这一核心内容发展的宏观策略，日本政府部门通过召开设计恳谈会以及相关的幕僚会议，对文化产业的推动发展策略进行研究和确认。与国家发展并重的发展战略高度以及宏观的整体发展思路和策略为日本文化产业的发展打下了坚实的基础。

其次，在文化立国的战略定位确认后，进入具体的实践中，日本主要通过以下三个方面的优化和改良为这一宏观战略的落实提供助力。第一，对国家的传统文化发展基础进行夯实。从日本的实际出发，在丰富的日本传统文化中，建筑文化和节庆祭祀文化以及部分民间艺术是日本

---

① 周亮：《日本文化产业的发展对我国的启示》，载于《产业创新研究》2020年第16期，第68～69页。

传统文化的核心组成部分。第二，积极借助民众在文化产业发展中的促进作用。第三，注重文化产业领域专业人才的培养。日本政府在文化产业发展的专业人才培养方面，设立了专门培养文化产业人才的教育机构，通过制订一套系统化、专业化的人才培养方案，实现对于专业人才的培养。

2. 注重法律法规在产业发展秩序维护中的作用

法律发挥在文化产业发展中的作用，主要体现在规范、调整和控制方面。法律的规定和维护切实给文化产业的发展输入了强大的生命力。只有有了法律维度的保障，文化产业的发展才能在不断变化的外部环境和发展条件下维持一个稳定的发展状态。从具体的法律法规内容来看，比较典型的代表包括日本的《著作权法》，《文化艺术振兴基本法》以及《知识产权基本法》等。另外，为了保障各项法律法规的落实效果，国家各个地区还针对不同类型的文化产业发展规范和支持法律进行了相应的配套设施的建设。如与《文化艺术振兴基本法》相匹配的《关于文化艺术振兴的基本方针》以及与《知识产权基本法》相匹配的《知识产权战略大纲》。[①] 除了以上几种从专业法律高度对文化产业发展提出的支持之外，从文化产业发展的地方支持的角度观察，日本的文化产业协会也具有较为稳定和成熟的发展状态。可见，从法律法规的制定和健全的角度分析，日本的文化产业发展也具备较为全面的法律保障和落实政策支持。

3. 重视政府在产业发展中的引导作用

对于日本而言，政府在文化产业发展中的功能特点是辅助和引导。具体的路径如下：第一，通过政府的力量促进文化产业集团的形成。产业集团的产生，能够更好地将支持文化产业发展的各种力量和资源进行集中，从而获取更好的文化产业发展效果。第二，尊重市场规律，发挥政府的基础支持作用。只有在政府的宏观资源调动支持和政策支持的背景下，依托市场规律进行文化产品的宣传，才能取得良好的文化产品推广效果。第三，以政府的支持促进文化产业的创新。从发展动力的角度

---

① 陈琳：《国外文化创意产业发展策略分析及启示》，载于《广西社会科学》2018 年第
6 期，第 197 页。

来讲，产业创新是产业发展的根本动力。而创新行为的落实，需要大量的资金和资源作为支持。日本政府针对文化产业的创新在资金和资源上都进行了针对性的支持。

4. 构建产—学—官的社会网络

这种产业发展模式，也是日本在文化产业发展中创立的一种独特模式。所谓的"产"，即在经济产业省管辖范围内的企业；而"学"是指在文部科学省管辖范围内的企业；"官"主要是指政府职能部门或者具有一定官方性的中介机构。这一社会网络的建立，是在融合这三者优势和特点的基础上形成的一种社会网络模式。这种模式使得政府部门、企业、学界三部分机构得以联合发挥作用，多重的支持和保障，更能够为文化产业发展起到推动和促进的作用。

日本创意产业的未来发展方向主要表现在数字化和国际化两个方面。这两个方面也是日本创意产业的两大增长点，具体而言：

（1）数字创意产业仍是发展的重点。

日本的数字创意产业包括漫画、偶像产品、电影等，日本经济的繁荣正是依靠数字创意产业的发展，今后发展的重点和趋势仍是数字创意产业。未来日本创意产业重点发展的方面包括：世界最高水平信息通信网络的建设、IT 教育事业和学习的振兴以及人才的培养、电子商业交易的促进、行政的信息化和公共领域信息通信技术的运用和高度信息通信网络的安全性和信赖度的确保等。

（2）强化文化辐射力和影响力。

日本政府将会进一步加强文化示范基地的建设和对外传播体系建设，以期在世界创意产业平台上强化文化辐射力和影响力；在积极把握经济全球化新机遇的背景下，进一步加强与发达创意产业国家之间的交流，要在提高合作层次上下工夫；利用现有的资源优势，构建国际信息资源援助服务网络。

（3）重视知识产权的保护。

日本政府重视知识产权的保护。根据创意产业的发展特点和发展需要，日本制定了符合国际化要求的知识产权保护法律法规，为打击知识产权侵犯行为提供了制度保障。例如，日本国会 2001 年通过了《振兴文化艺术基本法》，以保护日本的电影、漫画、动画等文化艺术所体现的知识产权。此外，日本还不断积极开展本国出口创意产品的反盗版工作，保护本国创意主体的知识产权。

（4）加强创意软实力建设，大力培养创意人才。

日本政府认识到软环境和软力量在国际竞争中的重要性，扎实推进健康向上的人文环境建设、廉洁高效的政府环境建设、公正严明的法律环境建设、公平竞争的市场环境建设、和谐稳定的社会环境建设、整洁优美的生活环境建设、兼容并包的国际环境建设、素质良好的人口环境建设，以充分培育和发挥本土的软实力建设，才能提高创新能力和国家竞争力。[①] 此外，日本非常重视创意人才的培养。日本始终把推行"教育优先"和"智慧创新立国"方针放在首位，把创新型人才的培养作为教育的第一宗旨。

10.4.2　日本创意产业的运行机制

日本政府自 20 世纪 90 年代提出并实施文化立国的战略以来，一直积极支持创意产业的发展。以动漫、游戏、音乐等为主体的创意产业在日本获得了快速发展，并带动了日本国内经济迅猛发展。在日本，个人、企业、政府等都是文化市场的主体力量。政府主要通过制定相关的保护政策和法律法规给予创意企业相应的产业扶持和优惠。此外，政府也积极为创意主体搭建服务平台，推进文化市场执法工作信息化、专业化、规范化，保障文化市场健康运行。个人和企业在政策的扶持下，在良好的市场环境中充分发挥创意能力，提高创意产品的市场竞争力。

尽管日本政府高度重视文化创意产业的发展，但这种重视不等于日本政府对于文化创意产业采取"包办一切"的政策。日本对于文化创意产业主要采取市场机制的方式来进行发展，对文化创意产业进行市场化运作。例如，在作者的小说作品完成之后，首先要对其进行图书出版工作，其次对其进行电影电视的改编，然后进行音像制品的发行，最后进行网络传播，这也是电影、出版和音乐综合经营的一个典型。日本文化创意产业主要依靠"产学研"协作体制进行经费筹集。日本成立了

① 周亮：《日本文化产业的发展对我国的启示》，载于《产业创新研究》2020 年第 16 期，第 69 页。

许多文化创意产业协会替代政府行使职权，这些行业协会是政府职能的延伸，同时也是自律性的组织或机构，这些行业协会接管文化创意产业项目的管理工作等。

日本创意产业的发展不但在政府的各项财政、基金扶持以及灵活的投资体系的支持基础上进行，文化创意团体经费的主要来源还有公司、基金会和个人的商业性赞助和公益性的捐助，而且，这些经费的数额远远高于各级政府的资助与拨款。

10.4.3　日本创意产业的人才管理

二战过后，日本创造了经济高速增长的奇迹，并由此迅速跻身于世界最发达国家的行列。20世纪90年代以来，为了适应新形势，日本政府加快了产业结构调整的步伐，开始从一个制造业的大国向文化之国迈进。其发展模式是"产官学"相结合的发展模式。

在政府方面，日本采用政府托底的"官产学"合作模式吸引人才和留学生。

在整个国家层面上，日本着重降低外来人才在日本国内的居留成本。2012年，日本政府开始实施"在留卡"制度，作为一种新的外国人在日制度，它规定所有在日本的外国人均需要更换统一的登录证，这种登录证能够为合法留在日本的工作者和人才提供极大的便利，办理了新的登录证后，在日居留的外国人才可以自由出入日本，而不用反复办理入国许可证。2015年，日本爱知县提议设立"外国人雇佣特区"新增了高技术人才和日语专业的产业人才在日资格，为这类人才在日本的居住和生活提供了便利。产业人才在日最长日期为五年，爱知县致力于为这部分人才申请更多永久居住权，同时与职业学校合作，为在日产业人才提供持续性的日语教育和专门的生活服务，吸引更多人才落户扎根爱知县。①

在学校教育发展方面，日本大力发展教育，对待教育的发展主要采取宽松自由的管理模式。在高等教育以前的教育阶段，便注重人才成长过程中的素质教育和全面发展。首先，表现在教育内容的多元化，日本

---

①　周亮：《日本文化产业的发展对我国的启示》，载于《产业创新研究》2020年第16期，第69页。

教育体系更加注重对学生生活教育的培养，重视生活内容和自理能力的教育和锻炼，培养学生独立品质和自理能力。以日本静冈县为例，一方面，静冈县沼津市加藤小学探索日本开放式学校建设，着力打造没有围墙的开放式学校，为学生提供个性化教育；另一方面，静冈县著名的学校防灾教育体系也为各国的人才教育提供了一个视角，防灾教育渗透在各学科教学中，通过歌谣创作、体育训练、手抄报绘画等多种方式进行教育，拓展综合素质的同时培养学生独立品格，提高学生自救能力。其次，强调身体素质教育。静冈县体育课在课程内容上享受与语数外的主要科目同等比重，为人才未来的可持续发展培养坚强的身体素质基础。此外，精神教育也是该县教育内容的重要方面。对精神方面的教育和强化有助于培养人才的爱国情感，从而为国家做出贡献。静冈县的人才培养模式也是整个日本开放自由教育模式的缩影，大力发展素质教育，注重学生的全面发展，是日本教育培养模式的一个突出特点。[①]

在动漫产业发展方面，日本政府可谓倾力相助。在整合资金、人才、技术等商业基础，促进业界近代化、合理化等目标之下，总计有五项改革方案。其中和人才管理直接相关的有支持业界之近代化及合理化、人才培育之强化两项，主要涉及动漫人才激励与培育两大方面。[②]

233

10.5　韩国的文化创意产业与行业人才管理

10.5.1　韩国创意产业的发展

韩国是运用国家力量发展文化产业的范例。虽然韩国政府历来重视文化的发展，但政府的地位和作用一直不明显，直到二十世纪中期以后，受经济危机严重影响的韩国才开始探索新的发展思路。

继 1994 年设立文化产业局后，1997 年的亚洲金融风暴使韩国政府

---

①　陈琳：《国外文化创意产业发展策略分析及启示》，载于《广西社会科学》2018 年第 6 期，第 198 页。

②　周亮：《日本文化产业的发展对我国的启示》，载于《产业创新研究》2020 年第 16 期，第 68 页。

意识到，文化创意产业是 21 世纪最重要的产业之一。1998 年，韩国政府提出"文化立国"的方针，将文化创意产业列为 21 世纪国家经济发展的战略性支柱产业，从国家高度明确文化创意产业的方向，希望通过文化创意产业拯救金融危机后的韩国经济，摆脱资源匮乏的限制；2000 年，韩国成立韩国文化产业振兴委员会，负责制定具体的实施规划，明确发展目标，加强机制建设，尤其重视对文化创意产业人才的培养。发展到 2010 年左右，韩国在创意产业的组织管理，人才培养，资金支持，生产经营等方面的机制建设已相对比较完善。对文化产品的研发，制作，经销，出口实施系统支持，并构建了创意产业发展的法律支持与服务体系。①

韩国创意产业经过几十年的发展，各行业得到不同程度的增长。根据韩国文化体育观光部公布的《2019 年内容行业统计调查报告》显示，2018 年，韩国文化产业销售总额达到 119.61 万亿韩元（约合 1010.6 亿美元），同比增长 5.6%，其中销售额最大的行业是出版业，占到总销售额的 17.5%。2018 年韩国从事内容产业的相关企业共有 105310 家，其中从事音乐行业的企业数量为 35670 家，占内容行业企业总数的 33.9%，比例最高；从事出版行业的企业数量为 24995 家，占 23.7%，同比减少 3.2%；从事游戏行业的企业数量为 13557 家，占 12.7%，同比增长 3.2%。在国际贸易方面，2018 年韩国内容产业出口总值为 96.2 亿美元，同比增长 9.1%，其中游戏产业出口额为 64.11 亿美元，占出口总额的 66.7%。2018 年韩国内容产业进口额为 12.20 亿美元，同比增长 1.3%，其中游戏产业进口额为 3.06 亿美元，占 25.1%；其次分别是广告业和出版业，占比分别为 23.4% 和 22.0%。②

10.5.2 韩国创意产业的运行模式

韩国本来在创意产业方面并无过多优势，韩国政府直接、强有力的主导、推动及其所采取的集中力量扶持主导产业的政策措施是其创意产业快速发展并取得显著成效的主要因素。

---

①② 李嘉珊、张莹雨：《韩国文化创意产业概况与特点》，载于《北京文化创意》2020 年第 5 期，第 92 页。

1. 韩国政府文化创意产业政策层面的宏观构架

韩国政府设立了创意产业发展的专门组织机构，通过各项法律法规以保护创意产业的发展。韩国政府在 1998 年提出"文化立国"方针之后，相应实施的一系列政策以加快创意产业的发展为目标，比如首先建立了奖励机制，由政府出面帮助企业开拓国际市场，国家主张开展创意产业跨国生产合作，将韩国文化通过各种途径有效的在各国传播尤其在亚洲国家，韩国政府还协助规划建立了区域前沿据点以促进创意产业发展的思想交流，在基础设施建设方面投入资金以加强流通现代化建设。创意产业要想更好的发展，需要良好的法律环境、商标权、著作权、专利权等知识产权的保护必不可少。可见，在创造良好法律环境方面，韩国政府做出了巨大努力。

为了更好地发展韩国的创意产业，韩国政府同时专门成立了许多组织机构以协调创意产业的发展。例如，在 1994 年成立了主管文化产业的文化产业局，并且在 1999 年时为保证韩国游戏动漫产业的顺利发展，韩国政府先后成立了游戏综合支援中心、游戏技术开发支援中心等。为促进动漫事业的发展，韩国政府还专门成立了负责动漫创作的韩国卡通形象文化产业协会。在 2000 年到 2005 年间，韩国政府和地方组织先后成立了韩国卡通形象产业协会，韩国文化产业振兴委员会、文化振兴院、文化产业支援机构协议会、出版组合以负责市场开发、制定国家创意产业政策方向、发展计划及有关调查研究及其他相关工作。[①]

2. 韩国政府实行大力度的资金支持措施

亚洲金融危机以后，韩国逐年大幅增加对文化事业的预算。2003年达到 1. 17 万亿韩元，比 1999 年增长 140% 以上。同时，设立文化产业、文艺、电影、出版、广播及信息通信化等系列专项基金，集中扶持相关产业。2002 年专项基金总额达到 2329 亿韩元，比 1999 年基金设立当年增长了 324% 。

另外，韩国政府还通过建立官民共同投融资体制、在全国推进文化

---

① 　许昕：《中韩文化产业发展比较及对中国的影响研究》，载于《经贸实践》2017 年第23 期，第 72 页。

235

产业园区建设、实施税收优惠政策等一系列措施助推发展模式的完善，并取得了卓有成效的结果。

10.5.3 韩国创意产业的人才管理

韩国文化产业也称"内容产业"。根据 1992 年颁布的《文化产业振兴基本法》，文化产业是指与文化商品的生产、流通、消费有关的产业，具体行业门类有影视、广播、音像、游戏、动画、演出、文物、美术、广告、网络等，以及与其相关的产业。在文化创意人才培育方面，加强人才培养和管理，为文化产业提供充足的人力资源，建立创意人才培养机制，实现"文化艺术和文化产业双赢"，具体措施有：

1. 注重高校人才的培养

韩国政府从多方面着手改革高校教育和人才培养机制，建立专门的文化创意人才库和"文化创意产业人才培养委员会"，负责人才培养计划的制订、协调，设立"教育机构认证委员会"，对文化创意产业教育机构实行认证制，给予其中的优秀者奖励并提供资金支持。通过完善管理系统、加强院校培养、利用互联网及社会教育机构、鼓励创新等措施培养文化创意产业人才。1998 年以来，韩国先后成立首尔游戏学院、网络信息学院、全州文化产业大学，并在一些大学增设文化创意产业相关专业，培养专门人才。[①]

在 2010 年左右，韩国有近 300 所高校设置了创意产业相关专业，其中政府指定资助游戏专业的大学与研究院就有 100 多个。2000 年至 2005 年，韩国政府投入 2000 多亿韩元整合高校资源，促进产学研联姻，重点培养影视、动漫、游戏、广播等产业中的复合型高级人才。韩国政府鼓励高校参与到文化创意产业研究开发、技术培训、信息交流、生产制作的各个环节，加强艺术学科的实用性教育，构建"文化艺术和文化产业双赢"的人才培养机制与平台。此外，为完善产业链人才培养，韩国政府投资 3000 多亿韩元，建立了 10 个文化产业园区、10 个传

---

① 李嘉珊、张莹雨：《韩国文化创意产业概况与特点》，载于《北京文化创意》2020 年第 5 期，第 92 页。

统文化产业园区、2 个综合文化产业园区，形成辐射全国的规模。[①]

2. 完善人才管理系统

产、学、研联手，成立"产业人才培养委员会"，负责文化产业人才培养计划的制定、协调等，设立"教育机构认证委员会"，对文化产业教育机构实行认证制，对优秀者给予奖励和提供资金支持。

3. 加强与国外的人才交流与合作

与中国、美国、日本等国家加强人才交流与合作，选派人员出国研修，培养具有世界水准的专业人才。

10.6　德国的文化创意产业与行业人才管理

10.6.1　德国文化创意产业的发展

237

德国是一个拥有深厚历史文化传统的国家，尤其是在哲学、音乐、文学等方面都取得过辉煌的成就，也被称为西方古典艺术的殿堂。康德、席勒、谢林、黑格尔、歌德、叔本华、马克思、尼采、贝多芬等人，都是享誉世界的文化巨匠。这对于德国文化的发展产生了深远的影响。20 世纪，德国文化历经战争磨难和法西斯主义的摧残，一度在艰难曲折的道路上苦苦挣扎。二战之后，在满目疮痍的战争废墟上，伴随着大规模的经济重建，德国文化又开始走向复兴。20 世纪 80 年代，柏林墙的拆除既为统一后的德国文化发展提供了新的历史机遇，也为文化的产业化创造了更为广阔的生存空间。

为了树立"文化国家"的国家形象，德国非常重视国际文化交流与合作，为此还建立了一些法律上独立的经纪组织，如歌德学院、德国学术交流中心、洪堡基金会、对外关系学会和国际交流中心等。它们作为对外文化政策的一部分，从外交部的预算中得到资助。

---

① 许昕:《中韩文化产业发展比较及对中国的影响研究》，载于《经贸实践》2017 年第 23 期，第 72 页。

德国的文化创意产业主要以自营作业者、自由职业者和中小企业组成。基于这样的国情，德国的文化创意产业发展策略聚焦于推动中小企业创新发展并给予多方面的政策扶持。这些政策包括：第一，制定推动中小企业创新的政策。主要有：《中小企业核心创新计划》，对中小企业及与之合作的研究机构给予经费补贴；《EXIST 初创企业计划》，主要包括大学或研究机构技术创新研究、创业补助和研究转移三种补助项目；《高科技创业基金》，针对年轻且具有高发展潜力的科技公司提供创投资金协助，主要提供给创新、成长型的中小企业。第二，制定针对文化创意创新发展的政府预算。德国联邦经济与科技部近年来拨付一定预算支持中小企业创新发展计划，包括技术创新、ICT 应用、补助创投基金、设备设施现代化，也投入经费支持人力资源培训、企业经营管理等课程，更针对文化创意产业的主导产业给予专项经费支持。除联邦政府直接分配给文化产业的预算，各联邦和地区文化部门也有很多有力的补助政策。[①] 第三，向中小企业提供类型多样的融资工具。由于投资者对分析文创产业风险的商业经验不足、缺乏足够的有形资产作担保、文化创意的价值难以量化、缺乏有针对性的融资工具等原因，中心型文创企业在资金及风险承担上，需要政府提供更多的金融工具给予支持。德国国家级银行复兴信贷银行向文创中小企业提供贷款优惠，各区域性银行或合作社则提供担保、举债融资、股权融资等类型多样有针对性的融资工具，此外还有专业性银行开发的结合银行融资与补助或捐款的融资工具。第四，加强中小企业创意产业竞争力和国际化。为鼓励出口发展，联邦政府制定了出口保障政策（如减少贸易障碍、开展海外商务考察等），提供咨询辅导（如知识产权咨询）、资金援助、海外投资以及小额融资工具等。地方政府也积极增强中小型文创企业的竞争力和国际化，主要做法是促进中小型创意企业集聚和鼓励新产品研发、协助文创产品的海外营销等。

10.6.2　德国文化创意产业的运行机制

德国实行的是宏观控制的社会市场经济，既反对经济上的自由放

---

① 陈琳：《国外文化创意产业发展策略分析及启示》，载于《广西社会科学》2018 年第 6 期，第 196 页。

任，也反对对经济的过度管制，采取政府管理与市场发展相结合的方式。在国家和市场的关系上，遵循的基本原则是国家尽可能减少干预，而当国家必须干预时就给予必要的干预。这种国家经济管理模式也移植到了文化管理模式上，形成了德国文化产业发展模式。德国的文化产业管理模式既集权，又分权。"集权"是指德国从中央到地方的各级政府在文化管理中居于主导地位，这与英国政府通过非政府的中介机构进行文化管理的方式，或美国政府的自由市场发展方式相比较，是一种政府集权管理模式。而"分权"是指中央一级的联邦政府通过其各个部门，把某些文化管理责任移交给地区、自治市政府。联邦分权是德国文化政策最重要的一个方面，[1] 这种集权、分权上结合的文化管理模式，有利于克服由于文化产业过度市场化和商品化所带来的弊端，有利于国家文化发展战略的顺利实施，[2] 其运行机制具体来说主要为以下几个方面：

1. 市场经营主体行业门类齐全、数量众多

德国文化创意产业的市场主体包括了所有市场导向的企业或机构，如音乐公司，视听工作室，出版企业，视听传媒生产商，书商，以及在电影，广告，软件，期刊，设计行业和相关文化服务的市场主体。按照德国的官方解释，德国的文化创意产业实际上主要包括了 11 个大的行业，其中，核心的产业部门包括出版产业、电影产业、广播产业、音乐视觉和表演艺术产业、期刊产业、商业博物馆和艺术展览、文化产品零售、建筑、设计产业 9 个部门，而广告和软件游戏设计作为创意产业也被纳入了德国的文化创意产业范围之类。由此，在这些产业内的公司企业成为主要的市场主体。2004 年，德国有 15.1 万文化企业在国家税务机关登记纳税。这一数字包括自由艺术家和新闻自由工作者，大多数的这些企业是由文化领域的个人企业家或是自由职业人员运营的，同样还有一些人员在 2 ~ 5 人之间的小企业或中型企业，如图书出版公司或唱片公司。一些年产值在 1.75 万欧元以下的自由工作者并没有在税务机

① Burns. R，Will. W，"*German Cultural Policy: an Overview*"，International Journal of Cultural Policy，2003，9（2）：133 – 152.

② 陈琳：《国外文化创意产业发展策略分析及启示》，载于《广西社会科学》2018 年第 6 期，第 197 页。

关登记，这类企业大约有 21 万家。①

2. 市场运营机制——以出版业、会展业、传媒业、拍卖业、艺术表演业为例

在出版业，德国的出版社几乎都是私营性质的，图书的生产和经营完全按照市场规律进行运作。经过长期的自由竞争和市场调节，德国出版业形成了一套规范的出版企业管理体制，并且建立了一套面向市场、策划专业、灵活推销、编辑与发行并重的运行机制。

首先，德国政府没有新闻检查制度和出版检查制度，政府鼓励出版业的自由竞争。在宏观的管理模式上，分为联邦政府部门的管理、州政府的管理以及行业协会的管理三种形式。德国的出版行业组织与其他国家略有不同，行业协会在出版业中扮演着至关重要的角色。德国书业协会将德国的出版商、书商和中间商、批发商及出版发行商融为一体，事实上行使着一些政府职能。②

其次，德国形成了法制化、专业化、规范化和网络化的出版体制。德国书业有四个环节，包括出版社、图书销售中间商、零售商和读者。基本的运作流程是出版社出书，中间商负责向出版社购入图书、仓储并批发到零售店，零售店面向读者售书。出版、仓储、配送、零售各个环节分工明确而又相互协调配合，各司其职。③ 在整个出版机制中，德国出版业的中间商比较成熟，在图书市场上起到了关键作用。一般来讲，出版社制作完成图书后，交由中间商代理销售，中间商再分销给全国各地的零售店，中间商在《全德可供书目》百万种图书中选择图书，从出版社购入、仓储，根据订单配发零售店。④

推销员制度也是德国出版业的一大特色。每个出版社都拥有自己的推销员。德国的图书推销员制度已有很长的历史，由推销员向销售商，主要是零售商介绍推荐图书。

---

① 陈琳：《国外文化创意产业发展策略分析及启示》，载于《广西社会科学》2018 年第 6 期，第 197 页。
② 王英雪：《德国科技期刊运行机制和发展环境》，载于《图书情报工作》2006 年第 3 期。
③ 牛维麟：《国际文化创意产业园区发展研究报告》，中国人民大学出版社 2007 年版，第 117 页。
④ 陈琳：《国外文化创意产业发展策略分析及启示》，载于《广西社会科学》2018 年第 6 期，第 198 页。

同时，德国是世界上会展业最为发达的国家，其成功的经验主要体现在：

第一，德国有健全的行业管理机制。德国展览业协会是德国展览业的权威管理组织，这一协会是由参展商、购买者和博览会组织者三方面力量组合而成的，其职责是代表德国政府行业的宏观调控和管理。

第二，在资本来源及其运作机制上，德国的展馆基本上都是由政府投资兴建的，政府参与部分展馆经营。因此，在很多的展览公司中，政府占有较多的股权，同时也引入其他机构或企业参股。

第三，德国有一套成熟的展览服务运作模式，主办单位以服务客户的面目出现，按照市场化、商业化、专业化的要求进行运作，想参展商、采购商之所想，急参展商、采购商之所急，提供"一站式服务"。展览服务贯穿于展览会的展前、展中、展后等各个不同阶段。[①]

第四，德国会展注重宣传的作用，通过多种媒体，在国内外进行广泛的广告宣传，吸引参展商和专业观众。

第五，展览业的国际化也是德国展览运行机制的一个主要策略。在德国展览业协会每年推出的"官方出国参展计划"框架下分别推出了一系列促进措施，鼓励企业出国参展。

第六，德国的展览公司十分重视对会展的品牌塑造，通过专业化的会展服务以获得良好的社会评价。

第七，德国会展人才培养与培训机制完善。在德国，许多大专院校都开设了与展览会相关的专业，开设展览理论知识、展览会营销、展览会策划等方面的课程，为会展业培养高素质的人才。会展行业组织也制定了一整套完整的专业人才培训内容。

在德国传媒业，追求经济效益是其基本的目的。为了获得良好的收益，取得市场竞争的胜利，德国传媒业一方面竭力降低成本，采取联营和兼并的方式与同行合作来减少人员，降低成本；另一方面他们又以出新出奇的方式生产更多的传媒产品来吸引观众。除了这些通用的一般市场手段外，德国大众传媒业的市场性操作还呈现出以下特点：①跨地区信息和地区性制作的优化组合是任何大众传媒追逐的最终目标。一些进行跨地区操作的媒体，大多在每个地区建立地区编辑部或制作中心，负

---

① 李志华：《德国会展业给我国会展业的启迪》，载于《北方经贸》2007年第3期。

责制作与发行该传媒的地区版，该地区版所需的有关跨地区信息则由总部统一制作和提供，而各地区又向总部反馈或提供可能引起其他地区兴趣的信息和节目。例如，德国日销量最高的报纸《图片报》就凭借这种经营方式获得了巨大成功。②突出针对性和倾向性。德国大众传媒具有明显的政治倾向性，这种倾向性并非意味着歪曲事实地去成为某一政党或团体的代言人，而是在迎合哪些大众口味问题上所作的一种市场性选择，是媒体本身决策阶层市场营销策略的直接结果。③公法与私营广播电视间的竞争。公法电视台以信息含量大的节目取胜，私营电视台以娱乐性节目为主。同时，人才资金也成为二者的主要竞争点。①

在艺术演出业，德国长期以来都将艺术演出作为国家公益性的事业来发展。每一个演出季，国家都要拨款 30 多亿马克进行资助，其中全额资助的歌剧院就有 121 个。② 在具体的运作中，剧院、剧团的资金来源主要是中央政府和地方政府，其中州级文化艺术团体由州政府进行管理和补贴，市属院团则由市政府管理和补贴。州和市一级的剧场多采取承包制管理，经理和行政人员均采取聘任制。德国的剧团多依附于剧场，剧团和剧场组合成剧院。剧院的最高领导是院长，院长实行聘任制，院长负责院团的管理和运行，并选聘行政部门和艺术部门的经理。在演出节目上，一个剧院一般有上百部的保留节目，在一年中不断地上演。总体来说，德国演艺业运行的基本特点是艺术人才多，而行政管理人员较少，剧院实行团长或经理负责制，资金来源多元化，包括演出收入，政府拨款以及赞助等形式。

在艺术拍卖业，德国对拍卖的管理实行"双轨制"，同时注重体现地方特色，由联邦和州以下的工商企业管理部门给拍卖人颁发执照，并由工商协会实施监督。工商协会属民间组织，既为拍卖活动参加者提供咨询，也为政府机构提供咨询。同时接受政府委托，审查从业者是否具备条件，是否可信，有无犯罪记录及是否处于财务困难的状况中，如是否领取破产人员的救济金等，然后向政府机构出具证明。在德国，拍卖属特殊行业，拍卖前两周要公告，并在上报管理机构的同时抄送工商协

---

① 王才勇：《大众传媒在德国》，载于《国际新闻界》2001 年第 1 期。
② 陈琳：《国外文化创意产业发展策略分析及启示》，载于《广西社会科学》2018 年第 6 期，第 198 页。

会，由协会审查拍卖物的合法性等。拍卖执照发给个人，法人出问题也落实到个人承担。拍卖师要具备任职资格，尤其是不动产拍卖者必须达到一定年龄并具备专门知识，由工商协会实施考核。在德国，法律规定任何拍卖活动只能通过委托进行，只有拍卖行才有拍卖资格。政府机构对公物处理，原则上也是通过委托的方式，法律规定政府机关不得从事商业活动。

10.6.3　德国文化创意产业的人才管理

德国在文化产业人才管理上充分体现出政府的作用，并把人才的培养作为产业可持续发展的基础之一。德国通过各种基金会对文化领域从业者进行支持，包括当代艺术展览、竞赛、奖励等方式，而且在高等教育中开设了很多文化管理和文化市场的课程，同时也向文化产业领域颁发学位。

德国文化创意产业的蓬勃发展对于我国文化创意人才管理具有借鉴意义。第一，德国和我国相似，都是具有悠久历史、灿烂文明的文化大国，都具有丰富的文化艺术遗产。他们能够从自身实际出发，以本国传统文化为底蕴发展文化创意产业，走独特的发展之路，才能走到世界前列。面对美国文化咄咄逼人的攻势，其积极维护民族文化，坚守自我的"文化安全理念"值得每个国家学习和借鉴。文化创意产业的发展归根结底还是要以文化为基础。文化是皮，创意是毛，皮之不存，毛将焉附。第二，德国的集权化管理主要集中于政府，同时又分权于地方政府，有所发展和深化。德国还非常注重国际文化交流与合作，成立多种社会组织，通过合作求发展求进步，这与我国古代儒家思想中的"人和"有着相似之处。

10.7　结论与政策建议

10.7.1　完善文化立法，提供制度保障

借鉴其他国家经验，推动我国文化产业发展，应当尽快梳理我国文

化产业的法律体系,加快法制建设,弥补法律缺位,使文化产业发展有法可依。要全面梳理我国文化法律、政策和条例,找出结构缺陷和不足。同时,摸清文化产业现状,结合文化产业实际需要,确立文化法律体系建设的基本方向,拟定文化法律体系的整体框架。要加快制定文化产业促进法,构建权威性的文化产业国家大法。作为一个新兴行业,文化产业亟待一个权威的统筹全局的行业法律来进行规范、指导。要修订文化产业部门、行业法律法规,完善文化法律体系。文化产业是一个涵盖广的综合性行业,既包括了传统的广电、新闻出版、文化艺术,也有新兴的会展、动漫、游戏等行业,行业之间差异巨大。当前,急需抓紧制定的行业文化法律有《演出法》《出版法》《电影法》《新闻法》《图书馆法》《博物馆法》《文化市场管理法》等。① 要明确立法重点和层次,提升文化产业法律效力。目前,文化产业中文化市场主体法律地位不明以及投融资法律的缺失是制约文化产业发展的关键因素。因此,通过文化立法的方式确立文化企业的市场主体地位,疏通投融资的法律渠道,吸引民营资本和国外资本,完善税收政策等,是文化产业立法的重点。

10.7.2　转变政府文化管理职能,创新文化管理体制

转变政府的文化管理职能是整个国家行政职能转变的一个重要环节,符合政府从管理型政府向服务型政府转变的改革方向。要强化宏观调控职能,建立政府宏观管理体制。转变政府职能应在宏观体制框架上建构"党委领导、政府管理"的文化领导管理模式。要强化依法行政,注重运用多种手段管理文化产业。文化立法的完善,将会给政府提供行政的法律依据,按照法律赋予的权责进行行业管理。政府在管理文化产业的过程中将会从以行政手段为主逐步转变为行政手段、法律手段、经济手段三者并用。要实现政企分开、政事分开,明确政府与文化单位的职责。实施政企分开、政事分开的关键在于明确政府和文化单位、企业各自的职能。政府职能要由"办文化"转到"管文化"上来,赋予文化企业、单位相对独立的自主权责,将原来属于政府管理的人事权、财

---

① 花冰倩、陈其姝:《文化企业发展路径思考》,载于《合作经济与科技》2021 年第 16 期,第 108～109 页。

权、经营权充分授权给基层文化单位和企业，减少行政干预。文化企业和文化单位应改变以往依赖于政府发展的惯性模式，成为自主经营、自负盈亏、独立核算的市场法人主体。要尝试构建大文化管理模式，整合部门管理能力。尝试建立完善大文化部门，统筹管理文化产业，有助于疏通行业壁垒，减少摩擦成本。文化、广电、新闻出版三部门的合并不但精简了机构，降低了成本，而且在一定程度上打通了文化行业的体制障碍，有助于提高管理效率。

10.7.3　促进文化贸易发展，实施"走出去"战略

文化产业的发展存在着两个市场，一是国内市场，一是国际市场，必须重视两个市场对我国文化产业发展的重要作用，而不能有所偏废。国际市场的拓展对中国文化产业而言，意义重大。要完善文化产业"走出去"的相关法律法规，不断完善政策引导和扶持措施。遵循国际原则，制定符合国际文化贸易规则的激励政策，实现我国文化产业与国际贸易规则的接轨。同时借鉴国外经验，提供鼓励性、扶植性的政策，包括文化贸易的外汇管理、项目审批、税收优惠政策等。目前，我国尤其要对电影电视、版权贸易等行业进行重点扶持，实施灵活、宽松、自由的外贸政策。要积极培育大型的外向型文化企业集团，提升文化产业竞争力。根据国际经验，大型文化产业集团在对外贸易、文化交流方面作用巨大。目前，我国还没有世界知名的文化产业集团，因此在规模和质量上不占优势，难以形成合力。因此，要实现文化产业"走出去"，必须尽快培育一批大型的外向型文化产业集团，提升文化产业的竞争力，参与国际贸易和竞争。要树立精品意识，打造中国文化产业的民族品牌。"走出去"的文化产品和服务必须要有国际竞争力，既能代表先进的中国文化，又能具有市场竞争的能力。因此，必须树立精品意识，打造文化产业品牌，一方面要了解国际市场，明确中国文化产品的比较优势；另一方面要在文化产业发展中多出思想性、民族性、艺术性的精品，要有针对性地塑造民族品牌。要拓展多样化的"走出去"渠道，完善文化贸易体系。加强对外文化交流活动，通过文化交流拓展文化产品的国际影响力。要加强跨国的文化产业合作，与国外一些大型文化产业集团建立良好的资本、技术、进出口合作关系。要积极稳妥地引进国

外文化交流项目。要大力发展涉外文化中介机构，完善市场运作机制。涉外文化中介机构是实施文化产业"走出去"战略必不可少的环节，其本身就具有很强的创汇能力。要完善相关扶持政策，采取切实有效措施，大力发展、扶持各类文化中介机构，抓紧培养具有广泛国际营销渠道和推销能力的本土文化经纪人队伍。①

10.7.4　优化文化产业组织内部结构，创新运行机制

文化产业机构是文化产业发展的基本细胞单元，是文化产业的主体。目前，我国文化产业机构的来源主要有两个：一是由传统的文化单位转企改制而来，多分布于新闻出版、文化艺术、广播电视电影行业，这类文化产业组织大部分属于"事业单位企业化管理"的组织模式，少部分实现了"企业单位企业化管理"。另外一个便是在市场中新生的一部分文化产业组织，是独立的市场主体。大力发展我国文化产业必须在完善市场主体这一关键环节上进行创新，要建立健全现代企业制度。现代企业制度是指以完善的企业法人制度为基础，以有限责任制度为保证，以公司企业为主要形式，以产权清晰、权责明确、政企分开、管理科学为条件的新型企业制度，其主要内容包括企业法人制度、企业自负盈亏制度、出资者有限责任制度、科学的领导体制与组织管理制度。在文化企业中建立和完善现代企业制度，国家依据出资额来承担有限责任，而文化企业可以依法支配其法人财产，从而改变以往政企不分的情况。要建立健全现代公司法人治理结构。法人治理结构是现代企业制度中最重要的组织架构，即公司内部股东、董事、监事及经理层之间的关系。对文化企业而言，建立健全法人治理结构，一是要明确股东大会、董事会、经理层和监事会的职能，确保政企分开。二是保证文化企业在产权上多元化，避免政企不分。三是要完善内部经营管理制度，形成激励与约束相结合的企业内部管理制度。要优化文化产业组织结构，建立扁平化、网络化的组织架构。扁平化组织结构，是指通过减少管理层次，压缩职能机构，裁减人员而建立起来的一种紧凑而富有弹性的新型团体组织，它具有敏捷、灵活、快速、高效的优点。网络型组织是由古

① 崔跃武：《实施文化产业"走出去"战略的若干思考》，载于《黑龙江日报》2007 年 6 月 18 日。

典科层组织演变而来的，并逐渐替代了传统的科层组织结构而成为一种新型的企业组织形态。企业网络组织具有组织动态化、企业间高度的互补性、紧密的联系纽带、高效的信息传递机制、企业内部组织的扁平化的特点。[1] 文化企业实现扁平化、网络化组织结构的转变，有利于进一步优化和整合企业内部资源，降低成本，提高管理运营的效率。要培育文化产业集团，实现规模化、集约化发展。企业集团是现代企业的高级联合形式，是行业内的龙头，对行业的发展起着引导作用。当今世界的一些经济文化发达国家，都有一大批规模巨大、实力雄厚的文化公司、文化产业集团。目前，我国有也一部分文化产业集团，形成了初步的集团化规模，但这些文化产业集团大多是依靠行政力量整合而成，并不完全是市场化的主体。这些文化产业集团的特点是集团内部的联结纽带脆弱，只存在形式上的资本关联，缺乏企业自发的利益驱动、集团管理内部化、集团治理机制虚化等。因此，必须在现有的基础上，大力发展一批市场化的产业集团，才能从根本上实现文化产业的集团化、规模化。

10.7.5　完善财政税收政策，提供资金支持

文化产业的大力发展，离不开国家财政和税收的扶持。对于文化产业起步晚、规模小、潜力大的中国来说，迫切需要政府的大力扶持。目前，我国文化产业尚处在起步期，要使其走向良性的发展道路，还需公共财政的配套支持。公共财政要加大对公益性文化事业和文化行业的投入，改善投入方式，创新投入机制，为社会提供更多更好的公共文化服务，提升全民的文化素养与审美水平，为文化产业持续稳定发展打下良好基础。要实施税收优惠政策。针对新成立的文化企业，在一定期限内免征所得税。对文化艺术、新闻出版、广播影视、音响、文物等部门上缴的税收和利润，实行奖励性返还。[2] 对国家重点发展的文化行业，如数字广播影视、电子出版物等，以及一些依靠高新技术发展的文化产业门类，应当享受相应的税收优惠政策。对文化产品的进出口实行税收奖

---

[1]　何苏华：《企业网络组织的特征，成因及其运行机制》，载于《商业研究》2005 年第 20 期。

[2]　张双梅：《中国文化产业发展之财政促进制度研究》，载于《广东经济》2021 年第 7 期，第 63 页。

励返还政策，鼓励出口。要实行差别税率，文化行业之间本身具有较大差异，因此在税率上也应有所区别。针对文化行业的不同特征以及文化产品和服务的不同特性，分类制定差别税收政策，实行不同的税率。对高利润行业可以征收高消费娱乐税，对公益性的文化企业或单位以及广播、影视、新闻出版等国家重点扶持的文化行业给予减免税政策，对艺术表演团体、出版发行等文化单位实行适当的减免税政策。要择机设立文化产业发展专项资金，不断完善资金资助办法，借助财政引导机制引导社会力量对文化产业的资助，逐步形成政府与社会共同推进文化产业发展的良性机制。要借助税收杠杆鼓励社会资本投资文化产业。创造良好的税收政策环境，鼓励非公有资本进入文化产业。不断完善相关配套政策，确保社会资本在进入文化产业时，在市场准入、土地使用、信贷、税收等方面，逐步与公有资本享受平等待遇。

10.7.6 提升行业中介组织地位和作用，发挥第三部门的作用

世界文化产业大国发展的经验表明，文化产业的发展应当充分发挥行业中介组织的作用，通过行业中介组织的协调和管理，促进行业的自我发展。我国文化行业中介组织发展起步较晚，虽然部分文化行业成立了相应的文化行业协会，但其地位和作用甚微，且独立性不强，大多隶属于政府部门。这些文化中介组织没有法定的主体资格，缺乏制度和法律上的保障，地位不明确，职权不清，而且行业协会的从业人员素质偏低，自律机制不够健全，行业协会的管理能力较低，难以像西方国家行业协会那样有效发挥作用。在我国，要发挥行业协会等中介组织的作用，要做到以下几点：一是赋予文化行业协会正确的定位，对行业协会的地位、职能、作用提供政策和制度的保障。政府文化管理部门、国家立法机关应大力培育行业协会，发挥文化行业协会的自主性，调动行业协会的积极性和创造性。二是加强行业协会的自身建设，建立有效的运行机制。行业协会必须与政府部门实现分离，同时建立健全内部各项规章制度，健全工作机构，提高工作效率和运转效能，提高人员素质，不断提高文化行业协会的公信力、凝聚力和号召力，有效实现咨询服务、组织培训、发展资助、日常管理、秩序规范、维护合法权益等职能，切

实发挥其对促进文化产业发展的重要作用。三是学习西方经验，加强文化行业协会的国际交流。世界文化产业大国行业协会发展成熟、规范，它们在规范和管理文化行业方面的经验可以为我国文化行业协会的建设提供重要参考价值。

10.7.7　加强文化与科技融合，搭建文化产业创新的科技平台

科技进步与文化产业的发展休戚相关，每一次科技进步都会带来文化行业的跨越式发展。我国文化产业的发展，必须大力依靠科技力量，促进科技与文化的融合，带动文化产业的转型和升级。要注重引进国外先进技术，对我国文化产业进行技术改造和创新。世界文化产业大国在技术方面的优势十分明显。我国在推动文化产业发展中，应该结合我国国情和文化产业发展状况，大力引进相关先进技术，促进我国文化产业的技术革新。要加大文化科技投入。我国对文化科技的科研投入水平较低，对文化科技研发机构、企业的投入资金少，扶持政策力度不大，有待于进一步加大投入力度，出台更多鼓励政策，不断提高文化科技水平。要加强文化产业中技术手段的运用。我国有丰厚的传统文化资源，但大多缺乏相应的开发手段，运用高新技术可以不断地包装、挖掘、改造传统文化资源，对大量的传统文化资源进行数字化存储、保护与利用开发，形成庞大的文化资源数据库，实行产业化开发。科学技术的运用，不仅可以将文化资源转化为文化产品，而且可以提高文化产品的科技含量和附加值，将文化资源转变为文化资本。要加快科技成果的转化利用，我国文化产业的发展应该加强相关科学研究与文化企业之间的联系，将文化科技成果尽快转化为文化产品，转变为现实的文化价值和市场价值。要注重培养科技人才，形成科技人才激励机制。

10.7.8　完善人才培养体系，健全人才激励机制

文化产业的竞争归根结底是人才的竞争，高素质的人才队伍是保证文化产业发展的关键。因此，我国必须建立一个完善的文化人才培养体系，建立合理的人才流动和激励机制，建立文化产业的系统教育培养体

系。文化产业作为一个新行业，相应的人才教育稍显滞后。而相应的硕士专业、博士专业却没有相应的学科挂靠，没有形成一个系统的培养体系。因此，必须在高校建立一个系统的教育培养体系，完善人才培养机制，建立联合的、多层次的、多行业的文化产业人才教育和培训机构。同时，在高校健全戏剧、戏曲、音乐、舞蹈、动漫、会展、设计等不同行业门类的艺术人才培养体系，重点培养既懂经营又懂文化的综合性、复合型人才。要加强对现有文化产业人才队伍的培训。针对目前文化行业中从业人员大多是半路出身、理论基础较为薄弱的现状，应大力加强对文化产业从业人员的定期教育和培训，联合有关部门开办各种形式的文化产业人才培训班，实现理论与实践的有机结合。要建立畅通的文化人才流动机制，发挥不同人才的特长，形成能进能出、能上能下的良性竞争机制。要改革分配制度，建立绩效激励机制。针对文化行业尤其是传统文化行业按资历获取报酬、福利和晋升机会的现象，逐步深化收入分配制度改革，引入竞争激励机制，激发文化人才的工作积极性。要加强对民族民间文化艺术人才的保护和培养力度。民族民间文化艺术人才是我国非物质文化遗产传承的活载体，因此，在大力保护非物质文化遗产、开发民族民间文化资源的过程中，必须加大投入力度，注重对传承人的保护和培养。

250

参 考 文 献

［1］安礼伟、张二震：《中国经济新旧动能转换的原因、基础和路径》，载于《现代经济探讨》2021年第1期，第13页。

［2］白杨：《我国文化创意产业人才管理模式研究》，北京交通大学，2011年，第123页。

［3］柏智勇：《生态系统特征的系统科学思考》，载于《中南林业科技大学学报》2007年第6期，第174～175页。

［4］卜希霆、李伟：《创意的聚合与辐射——高校文化创意产业孵化器研究》，载于《现代传播（中国传媒大学学报)》2009年第4期，第105～107页。

［5］蔡晓明、蔡博峰：《生态系统的理论和实践》，化学工业出版社2012年版，第59～61页。

［6］曹如中、高长春、曹桂红：《创意产业价值转换机理及价值实现路径研究》，载于《科技进步与对策》2010年第20期，第62页。

［7］陈红玉：《创意产业与创意人才培养》，载于《南京艺术学院学报（美术与设计版)》2012年第2期，第28～31页。

［8］陈洪彬：《浅谈新经济的特征与规律》，载于《科技与管理》2003年第2期，第45页。

［9］陈静、岳海鸥、叶权慧：《发挥科技创新驱动助力新旧动能转换》，载于《科技和产业》2018年第11期，第58页。

［10］陈琳：《国外文化创意产业发展策略分析及启示》，载于《广西社会科学》2018年第6期，第195～198页。

［11］陈柳钦：《社会资本及其主要理论研究观点综述》，载于《东方论坛》2007年第3期，第85页。

［12］陈少峰：《走向文化产业强国的对策思考》，载于《福建论坛（人文社会科学版)》2011年第4期，第40页。

[13] 陈宪：《文化产业成为未来经济增长的重要因素》，载于《文汇报》2008 年 9 月 21 日。

[14] 陈要立：《文化创意产业发展机理框架的构建及政策建议》，载于《郑州轻工业学院学报（社会科学版）》2012 年第 6 期，第 73～76 页。

[15] 陈一舟：《雅戈尔能成"龙"吗?》，载于《21 世纪商业评论》2004 年第 5 期，第 123 页。

[16] 成思危：《解读新经济》，载于《福州大学学报（哲学社会科学版）》2001 年第 2 期，第 3 页。

[17] 程质彬：《安徽省各地区文化产业与旅游产业融合发展研究》，载于《陇东学院学报》2021 年第 2 期，第 139～140 页。

[18] 崔跃武：《实施文化产业"走出去"战略的若干思考》，载于《黑龙江日报》2007 年 6 月 18 日。

[19] 丁俊杰、李怀亮、闫玉刚：《创意学概论》，首都经济贸易大学出版社 2011 年版，第 71～73 页。

[20] 丁永刚：《西安历史文化资源转化为文化产业的路径分析》，载于《唐都学刊》2007 年第 5 期，第 37 页。

[21] 董文静：《创意产业化运行机制研究》，中国海洋大学，2014 年，第 80 页。

[22] 杜德斌、盛垒：《创意产业：现代服务业新的增长点》，载于《经济导刊》2005 年第 8 期，第 78～82 页。

[23] 杜璐璐：《基于发展视角下的日本文化产业研究》，载于《北京印刷学院学报》2019 年第 10 期，第 13 页。

[24] 范建华、秦会朵：《"十四五"我国文化产业高质量发展的战略定位与路径选择》，载于《云南师范大学学报（哲学社会科学版）》2021 年第 9 期，第 76 页。

[25] 范小舰：《美国文化创意产业培育与启示》，载于《求索》2012 年第 7 期，第 84～85 页。

[26] 范宇鹏：《价值链视角下的广东省文化创意产业的发展研究》，载于《特区经济》2014 年第 8 期，第 114 页。

[27] 方宝璋：《我国文化产业对文化历史资源的开发和利用》，载于《山西财经大学学报》2004 年第 6 期，第 50 页。

[28] 冯丽帆：《品牌"造节"营销的成功因素分析——以青岛啤酒节为例》，载于《现代营销》2020年第2期，第65～66页。

[29] 傅春、赵晓霞：《双循环发展战略促进新旧动能转换路径研究——对十九届五中全会构建新发展格局的解读》，载于《理论探讨》2021年第1期，第85页。

[30] 傅琳雅：《文化创意产业链的构建及发展战略》，载于《沈阳工业大学学报》2014年第2期，第108～111页。

[31] 顾江：《全球价值链视角下文化产业升级的路径选择》，载于《艺术评论》2009年第9期，第81页。

[32] 郭新茹、顾江：《基于价值链视角的文化产业赢利模式探析》，载于《现代经济探讨》2009年第10期，第39页。

[33] 郭玉兰：《山西文化品牌的成功案例》，山西人民出版社2008年版，第314页。

[34] 韩顺法：《文化创意产业对国民经济发展的影响及实证研究》，南京航空航天大学，2010年，第45页。

[35] 韩振峰：《五大发展理念是中国共产党发展理论的重大升华》，载于《思想理论教育导刊》2016年第1期，第68页。

[36] 郝渊晓、张洁、周美莉：《文化创意产业对城市竞争力的作用机理研究》，载于《西安邮电学院学报》2009年第7期，第110页。

[37] 何苏华：《企业网络组织的特征，成因及其运行机制》，载于《商业研究》2005年第20期，第12页。

[38] 赫鹏飞：《京津冀协同发展进程中文化产业人才合理配置研究》，载于《山西财经大学学报》2016年第1期，第10～12页。

[39] 胡斌、章仁俊、邵汝军：《企业生态系统健康的基本内涵及评价指标体系研究》，载于《科技管理研究》2006年第1期，第60页。

[40] 胡惠林：《我国文化产业发展战略理论文献研究综述》，上海人民出版社2010年版，第89～98页。

[41] 胡惠林、陈昕：《中国文化产业评论（第18卷）》，上海人民出版社2013年版，第46～61页。

[42] 胡晓鹏：《基于资本属性的文化创意产业研究》，载于《中国工业经济》2006年第12期，第7页。

[43] 花冰倩、陈其姝：《文化企业发展路径思考》，载于《合作经

济与科技》2021 年第 16 期，第 108～109 页。

[44] 黄汉权：《推进产业新旧动能转换的成效、问题与对策》，载于《经济纵横》2018 年第 8 期，第 34 页。

[45] 黄明：《基于胜任力模型的文化创意人才测评选拔体系的构建》，载于《湖北文理学院学报》2016 年第 11 期，第 61～66 页。

[46] 霍步刚：《国外文化产业发展比较研究》，东北财经大学，2009 年，第 46～48 页。

[47] 江奔东：《文化产业创意学》，泰山出版社 2009 年版，第 272 页。

[48] 蒋国俊、蒋明新：《产业链理论及其稳定机制研究》，载于《重庆大学学报（社会科学版）》2004 年第 1 期，第 37 页。

[49] 金元浦：《公共文化服务与文化产业的协同发展》，载于《中华读书报》2020 - 05 - 20。

[50] 金元浦：《文化创意产业与北京的发展》，载于《前线》2006 年第 3 期，第 23 页。

[51] 靳埭强：《浅谈创意人才培养》，载于《装饰》2011 年第 1 期，第 54～55 页。

[52] 肯·罗宾逊：《让思维自由——用创造力应对不确定的未来》，浙江人民出版社 2015 年版，第 31 页。

[53] 赖林冬：《"一带一路"背景下东盟孔子学院的发展与创新》，载于《南洋问题研究》2017 年第 3 期，第 38 页。

[54] 李福柱、田爽：《我国经济增长中供给侧与需求侧新旧动能转换效应研究》，载于《长沙理工大学学报（社会科学版）》2020 年第 11 期，第 82 页。

[55] 李海：《胜任力模型研究综述》，载于《国网技术学院学报》2020 年第 4 期，第 27～28 页。

[56] 李浩然：《美国文化产业的发展经验及其启示》，载于《人民论坛》2020 年第 3 期，第 140～141 页。

[57] 李嘉珊、张莹雨：《韩国文化创意产业概况与特点》，载于《北京文化创意》2020 年第 5 期，第 92 页。

[58] 李津：《创意产业人才素质要求与胜任力研究》，载于《科学学与科学技术管理》2007 年第 8 期，第 193～195 页。

[59] 李培英、潘海岚:《西南民族地区文化资源产业化路径》,载于《开放导报》2015 年第 5 期,第 78 页。

[60] 李强、揭筱纹:《基于商业生态系统的企业战略新模型研究》,载于《管理学报》2012 年第 2 期,第 233~237 页。

[61] 李强、揭筱纹:《基于商业生态系统的企业战略新模型研究》,载于《管理学报》2012 年第 2 期,第 234 页。

[62] 李仕明:《产业链中间产品动态定价研究》,载于《经济师》2005 年第 3 期,第 24 页。

[63] 李文雅:《小微文化企业的创意型人才激励机制研究》,山东师范大学,2016 年,第 98~103 页。

[64] 李向民、王晨:《文化产业管理概论》,山西人民出版社 2006 年版,第 71 页。

[65] 李晓溪:《高校文化创意产业人才培养研究》,上海大学,2014 年,第 78 页。

[66] 李鑫鑫:《加快新旧动能转换促进经济转型升级》,载于《中国产经》2021 年第 3 期,第 27 页。

[67] 李雅丽:《美国文化产业:发展模式、产业政策及启示》,载于《经营管理》2018 年第 11 期,第 71~78 页。

[68] 李玉琼:《企业生态系统健康诊断探析》,载于《当代财经》2007 年第 9 期,第 70~71 页。

[69] 李志华:《德国会展业给我国会展业的启迪》,载于《北方经贸》2007 年第 3 期,第 42 页。

[70] 李佐军:《加快新旧动能转换促进经济转型升级》,载于《领导科学论坛》2017 年第 18 期,第 67 页。

[71] 厉无畏:《创意产业导论》,学林出版社 2006 年版,第 54 页。

[72] 厉无畏:《创意改变中国》,新华出版社 2009 年版,第 11 页。

[73] 联合国教科文组织网站:http: www. unesco. org/culture/industries/,2008 年 12 月 12 日。

[74] 林华:《阿根廷文化产业的发展及政府的相关政策》,载于《拉丁美洲研究》2007 年第 4 期,第 22 页。

[75] 林秀君、安娜:《文化创意产业人才胜任力模型的构建》,载于《莆田学院学报》2017 年第 6 期,第 48~53 页。

[76] 刘欢:《文化创意人才胜任特征研究》,西安石油大学,2014年,第5~9页。

[77] 刘江鹏:《基于供应链整合的农产品物流模式研究》,载于《物流工程与管理》2010年第12期,第65页。

[78] 刘军:《创意产业多词多义的横向解析》,载于《法制与社会》2007年第6期,第787页。

[79] 刘珊:《文化产业发展促进区域经济发展方式转变的作用机制及实证研究》,江西财经大学,2015年,第40页。

[80] 刘勇:《新时代传统产业转型升级:动力、路径与政策》,载于《学习与探索》2018年第11期(总第280期),第102页。

[81] 柳杰:《转向与超越:文化创意人才激励机制构建》,载于《探索与争鸣》2020年第6期,第143~148页。

[82] 隆国强:《新旧动能转换的意义、机遇和路径》,载于《中国发展观察》2017年第21期。第28~31页。

[83] 卢琳:《以"创"促"转"——浅谈新常态下如何推动新旧动能转换》,载于《中国集体经济》2021年第11期(4月),第20页。

[84] 吕鸿江、刘洪、程明:《多重理论视角下的组织适应性分析》,载于《外国经济与管理》2007年第12期,第58页。

[85] 吕挺琳:《文化资源的集群特征与文化产业化路径选择》,载于《中州学刊》2007年第6期,第98页。

[86] 罗森伯格:《机械工具产业技术进步》,中信出版社2003年版,第76页。

[87] 马凤芹、王凌霞:《高校文化产业人才培养策略探讨》,载于《教育探索》2013年第6期,第87~88页。

[88] 马歇尔·麦克卢汉:《理解媒介》(何道宽译),商务印书馆2001年版,第33页。

[89] 马作宽:《组织激励》,中国经济出版社2009年版,第86页。

[90] 迈克尔·波特:《竞争优势》,华夏出版社2005年版,第36页。

[91] 媒体专家热议:《新经济为发展注入新动力期盼多措并举促进新经济健康发展》,载于《互联网信息日报》2016年3月25日。

[92] 闵光辉:《关于我国文化产业化发展研究》,西南交通大学,

2002 年，第 69 页。

　　［93］牛维麟：《国际文化创意产业园区发展研究报告》，中国人民大学出版社 2007 年版，第 117 页。

　　［94］欧阳友权：《文化产业通论》，湖南人民出版社 2007 年版，第 76 页。

　　［95］潘成云：《解读产业价值链——兼析我国新兴产业价值链基本特征》，载于《当代财经》2001 年第 9 期，第 7 页。

　　［96］齐骥：《文化产业促生经济增长新动力研究》，载于《山东大学学报（哲学社会科学版）》2017 年第 3 期，第 42 页。

　　［97］钱晓芳：《艺术院校在文化产业发展中的担当》，载于《新美术》2010 年第 3 期，第 93 ~ 97 页。

　　［98］清华大学美术学院中国艺术设计教育发展策略研究课题组：《中国艺术设计教育发展策略研究》，清华大学出版社 2010 年版，第 47 ~ 65 页。

　　［99］邱法宗、薛岩松：《公共管理学理论与案例》，中国铁道出版社 2011 年版，第 202 页。

　　［100］任志成：《习近平关于产业新旧动能转换科学论述的战略性与实践路径》，载于《南京社会科学》2020 年第 5 期，第 8 页。

　　［101］邵翃恩：《英国文化创意产业初探》，载于《上海工艺美术》2018 年第 4 期，第 82 页。

　　［102］施振荣：《再造宏碁：开创、成长与挑战》，中信出版社 2006 年版，第 110 ~ 112 页。

　　［103］水洲：《新疆文化产业对经济发展的影响研究》，新疆大学，2014 年，第 58 页。

　　［104］宋海东、杨学聪：《美国文化产业发展及对我国的启示探讨》，载于《现代商贸工业》2019 年第 29 期，第 42 页。

　　［105］宋锐：《开封市文化产业人才管理研究》，河南大学 2012 年，第 20 ~ 22 页。

　　［106］宋胜洲：《产业经济学原理》，清华大学出版社 2012 年版，第 306 页。

　　［107］苏昊：《文化产业视域下人才培养机制创新路径探索》，载于《文化创新比较研究》2021 年第 5 期，第 169 页。

[108] 孙安民：《文化产业理论与实践》，北京出版社 2005 年版，第 45～48 页。

[109] 孙蕾：《新旧动能转换下山东省人才支撑体系评价与建设研究》，山东大学，2019 年，第 102 页。

[110] 唐文平：《创新人才激励机制》，载于《理论学》2006 年第 7 期，第 27 页。

[111] 滕宇：《法国文化产业的发展经验及其对我国的启示》，载于《文化创新比较研究》2018 年第 2 期，第 158 页。

[112] 王才勇：《大众传媒在德国》，载于《国际新闻界》2001 年第 1 期，第 30 页。

[113] 王家庭、唐瑭：《新时代中国文化产业新旧动能转换的初步探索》，载于《同济大学学报（社会科学版）》2019 年第 5 期，第 32 页。

[114] 王建芹、李刚：《文旅融合：逻辑、模式、路径》，载于《四川戏剧》2020 年第 10 期，第 183～184 页。

[115] 王敬儒：《新文科建设背景下文化产业管理专业人才培养途径探析》，载于《兰州文理学院学报（社会科学版）》2021 年第 3 期，第 124～128 页。

[116] 王玲俊、陈健：《中国装备制造业产业链风险评价体系构建》，载于《价值工程》2017 年第 5 期，第 81 页。

[117] 王荣欣：《中国创意阶层的职业选择：来自体制与父代的影响》，载于《青年探索》2017 年第 3 期，第 68 页。

[118] 王淑娟、张丽兵：《中国民族文化产业化模式的整合与创新》，载于《学术交流》2014 年第 8 期，第 220～224 页。

[119] 王文锋、徐小立：《区域文化产业竞争力决定要素及指标体系研究》，载于《中国文化产业评论》2014 年第 1 期，第 17 页。

[120] 王雪野、王颖聪、顾小慈：《文化创意人才培养模式研究》，载于《现代传播》2014 年第 2 期，第 105 页。

[121] 王英雪：《德国科技期刊运行机制和发展环境》，载于《图书情报工作》2006 年第 3 期，第 60 页。

[122] 王好扬、苏勇、程骏骏：《创意人才胜任力模型构建研究——以传媒创意产业为例》，载于《管理现代化》2014 年第 6 期，第 78～80 页。

［123］王志标：《传统文化资源产业化的路径分析》，载于《河南大学学报（社会科学版）》2012 年第 3 期，第 26～34 页。

［124］王志标：《文化产业人才培养的困惑与产学结合的探索》，载于《学术论坛》2012 年第 10 期，第 65～70 页。

［125］魏晓晓：《美国文化创意产业发展经验对我国的启示》，载于《滁州职业技术学院学报》2016 年第 3 期，第 75～77 页。

［126］文祯中：《生态学概论》，南京大学出版社 2011 年版，第 33～35 页。

［127］文祯中：《生态学概论》，南京大学出版社 2011 年版，第 165～187 页。

［128］吴存东、吴琼：《文化创意产业概论》，中国经济出版社 2010 年版，第 50～51 页。

［129］吴贵明：《文化创意产业研发人才胜任力的结构特征及其开发机制构建》，载于《东南学术》2017 年第 6 期，第 112～113 页。

［130］吴贵明：《文化创意产业研发人才胜任力的结构特征及其开发机制构建》，载于《东南学术》2017 年第 6 期，第 112 页。

［131］吴金明：《产业链形成机制研究——"4＋4＋4"模型》，载于《中国工业经济》2006 年第 4 期，第 37 页。

［132］吴军：《吸引创意阶层流动与聚集：人文环境与场景——西方创意阶层理论综述》，载于《中国名城》2019 年第 5 期，第 32 页。

［133］吴珺楠：《基于胜任力模型的浙江省高校文化创意人才培养研究》，浙江工业大学，2012 年，第 20 页。

［134］吴予敏：《基于新媒体产业环境的创意人才培养》，载于《深圳大学学报（人文社会科学版）》2010 年第 5 期，第 99～100 页。

［135］夏智：《基于企业文化建设的石油企业人才考评管理》，载于《企业科技与发展》2008 年第 16 期，第 51～52 页。

［136］向勇：《创意领导力——创意经理人胜任力研究》，北京大学出版社 2011 年版，第 210 页。

［137］向勇：《文化产业创意经理人胜任力素质研究》，载于《同济大学学报（社会科学版）》2009 年第 10 期，第 57～62 页。

［138］向勇：《文化产业人力资源开发》，湖南文艺出版社 2006 年版，第 76～83 页。

[139] 项仲平、刘静晨：《文化创意产业背景下高校艺术教育的发展路径探究》，载于《浙江传媒学院学报》2009年第3期，第71～74页。

[140] 萧俊明：《文化专项的由来——关于当代西方文化概念、文化理论和文化研究的考察》，社会科学文献出版社2004年版，第10页。

[141] 肖亚运、曹冰倩：《企业视角下文化创意产业中的人才选聘与激励管理探讨——以无锡市为例》，载于《现代企业文化》2011年第12期，第11～13页。

[142] 谢碧君、吕庆华：《企业创意人才胜任力及其测评研究综述》，载于《河南商业高等专科学校学报》2015年第3期，第56页。

[143] 徐蕾、魏江：《创意性服务业作用于价值网络升级的机理研究》，载于《科技进步与对策》2010年第24期，第76页。

[144] 徐忠华：《基于产业链视角的我国文化产业整合研究》，北京交通大学，2020年，第100页。

[145] 许敏娟：《安徽文化产业人才政策研究》，载于《理论建设》2011年第2期，第14～21页。

[146] 许昕：《中韩文化产业发展比较及对中国的影响研究》，载于《经贸实践》2017年第23期，第72页。

[147] 薛磊、窦德强：《文化产业人才的胜任力模型及培养路径研究》，载于《中国包装》2016年第8期，第56～58页。

[148] 亚力克·福奇：《工匠精神》，浙江人民出版社2014年版，第9～12页。

[149] 颜爱民：《人力资源生态系统导论》，经济管理出版社2011年版，第147～158页。

[150] 杨公仆：《现代产业经济学》，上海财经大学出版社2005年版，第137～141页。

[151] 杨蕙馨、焦勇：《新旧动能转换的理论探索与实践研判》，载于《经济与管理研究》2018年第7期，第21页。

[152] 杨燕英、张相林：《我国文化产业创意人才的素质特征与开发》，载于《中国广播电视学刊》2010年第9期，第33～35页。

[153] 杨永利：《努力打造经济发展新动力》，载于《经济日报》2015年5月7日。

［154］姚伟钧：《高校文化产业人才培养现状与创新的思考》载于《福建论坛（人文社会科学版）》2011 年第 2 期，第 14～16 页。

［155］于小薇：《2013 年京港文化创意产业项目推介洽谈会今在京举行》，载于中国经济网 2013 年 10 月 24 日。

［156］余国师、程立扬：《企业文化创新对高技能人才管理的影响分析》，载于《就业与保障》2020 年第 17 期，第 108～109 页。

［157］郁义鸿：《产业链现状研究综述》，载于《工业技术经济》2006 年第 10 期，第 60 页。

［158］喻丽君：《杭州文化创意产业人才培养模式研究》，浙江工业大学，2012 年，第 13 页。

［159］约翰·霍金斯：《创意经济》，上海三联书店 2001 年版，第 77～80 页。

［160］约翰·霍金斯：《创意经济》，上海三联书店 2007 年版，第 33 页。

［161］张冰冰：《国内外文化创意产业发展对江苏的启示》，载于《美与时代（上）》2017 年第 9 期，第 23～24 页。

［162］张呈琮：《人力资源管理概论》，浙江大学出版社 2010 年版，第 170 页。

［163］张京成：《中国创意产业发展报告 2011》，中国经济出版社 2011 年版，第 436 页。

［164］张京成、刘光宇：《创意产业的特点及两种存在方式》，载于《北京社会科学》2007 年第 4 期，第 4 页。

［165］张俊：《IP 在文化产业链中的价值流动规律研究》，载于《科技与出版》2017 年第 1 期。

［166］张坤：《文化创意产业在城市中的显现作用研究》，载于《今传媒》2017 年第 10 期，第 85 页。

［167］张妹：《文化创意产业在社会经济发展中的作用与提升》，大连工业大学，2013 年，第 111 页。

［168］张娜、田晓玮、郑宏丹：《英国文化创意产业发展路径及启示》，载于《中国国情国力》2019 年第 6 期，第 72～73 页。

［169］张双梅：《中国文化产业发展之财政促进制度研究》，载于《广东经济》2021 年第 7 期，第 63 页。

[170] 张苏秋、彭秋玲：《分工视角下创意阶层集聚的影响因素研究》，载于《江苏社会科学》2019 年第 4 期，第 115 页。

[171] 张亚宁：《河北省文化产业复合型人才队伍建设研究》，载于《合作经济与科技》2018 年第 22 期，第 144～145 页。

[172] 张友臣：《关于我国文化产业人才培养的忧思》，载于《东岳论丛》2006 年第 2 期，第 71～74 页。

[173] 章立会：《文化产业经营管理人才胜任力模型的构建》，载于《经济师》2016 年第 3 期，第 235～236 页。

[174] 赵新宇、朱锐：《数字经济推动新旧动能转换的理论逻辑与路径选择》，载于《经济视角》2020 年第 6 期，第 9 页。

[175] 郑洪涛：《文化创意产业集群特征、聚集原理与竞争优势》，载于《中州学刊》2013 年第 5 期，第 32 页。

[176] 郑欢：《文化创意的产业化路径论》，载于《上海师范大学学报（哲学社会科学版）》2011 年第 4 期，第 86 页。

[177] 郑胜利：《产业链的全球延展与我国地区产业发展分析》，载于《当代经济科学》2005 年第 1 期，第 15 页。

[178] 郑文文：《创意产业价值链价值传递机理研究》，东华大学，2009 年第 135 页。

[179] 郑煜：《文化产业管理专业人才培养模式现状及问题分析》，载于《才智》2016 年第 31 期，第 195 页。

[180] 植草益：《信息通信业的产业融合》，载于《中国工业经济》2001 年第 2 期，第 26～27 页。

[181] ［日］植草益：《信息通信业的产业融合》，载于《中国工业经济》2001 年第 2 期，第 28 页。

[182] 中华人民共和国教育部：《教育部关于印发〈普通高等学校本科专业目录（2012 年）〉〈普通高等学校本科专业设置管理规定〉等文件的通知》，教高［2012］9 号。

[183] 周凯、武晋原：《文化产业与转变经济发展方式的关系、路径研究》，载于《现代管理科学》2012 年第 9 期，第 30 页。

[184] 周丽、刘佳、甘银丹：《四川文化产业管理人才培养解析》，载于《中华文化论坛》2021 年第 4 期，第 146～147 页。

[185] 周绍森、胡德龙：《保罗·罗默的新增长理论及其在分析中

国经济增长因素中的应用》，载于《南昌大学学报（人文社会科学版）》，第43页。

［186］周振华：《信息化与产业融合》，上海人民出版社2003年版，第74～86页。

［187］Burns R，Will W，German Cultural Policy：an Overview ［J］. *International Journal of Cultural Policy*，2003，9（2）：133－152.

［188］Chris B，Manageable creativity ［J］. *International Journal of Cultural Policy*，2010：255－269.

［189］Florida R L，Tingali I，Europe in the Creative Age ［J］. *Demos*，2004（4）：14－15.

［190］Greg H，Cassandra P，Value-creating ecologies：understanding next generation business systems ［J］. *Foresight*，2006：11－12

［191］John H，Creative Ecologies：Where Thinking Is a Proper Job ［J］. *Transaction Publishers*，2010：21－23.

［192］Kritzman M，Yuanzhen L，Principal components as a measure of systemic risk ［J］. *The General of Portfolio Management*，2011：112－126.

［193］McClelland D C. Testing for competence rather than for intelligence ［J］. *American Psychologist*，1973（1）：1－4.

［194］Peter M，Multinational firms and technology transfer ［J］. *Scandinavian Economics*，1995（3）：495－513.

［195］Poter M E，Competitive advantage ［J］. *The Free Press*，1985，1（11）：132.

［196］Richard F，The Rise of the Creative Class ［J］. *Basic Books*，2002：13－15.